JN436727

신반도문학선집

- 제2집 -

이시다 코조(石田耕造) 편
노상래 역

1

머리말

본 작품집은 최재서가 편집 겸 발행인이 되어 1944년 인문사에서 발간하였다. 여기에 수록된 작품은 1943년 12월부터 1944년 6월에 걸쳐, 주로 『국민문학』에 발표된 것들이다. 누가 보더라도 전황의 불리함이 고조되던 시기였다. 이런 전황의 긴박함을 반영하기 위함인지 수록된 대부분의 작품은 지원병이나 징병에 의한 종군을 목소리 높여 외치고 있다. 마땅히 지원병과 징병의 문학이라고 할 만하다.

이광수의 「대동아」는 1943년 12월 조선의 어용단체였던 녹기연맹의 기관지인 『녹기(緑旗)』에 발표된 작품이다. 제목에서도 알 수 있듯이 내용은 국책적 색깔이 짙다. 중국인 범(范) 교수와 그의 아들 범우생(范于生)이 일본정신의 우수성과 정당성을 인정하고 대동아전쟁의 당위성을 깨달아가는 과정을 그리고 있다.

최재서의 「부싯돌」은 1944년 1월 『국민문학』에 발표된 작품이다. 학도병 지원자를 모집하러 경주에 간 '나'는 기찻간에서 부싯돌에 정통한, 포수로 일생을 보낸 한 노인을 만난다. 학도병 지원의 정당성을 노인이 이 손자의 경우를 통해 일깨우고 있는 이야기가 골격을 이루고 있는 이 작품은 지원병 권유로 분주하던 작가 자신의 체험을 기록한 것이기도 하다.

오비 주조(小尾十三)의 「등반」은 1944년 2월 『국민문학』에 발표되어 같은 해 아쿠타카와(芥川)상을 수상한 작품이다. 이 작품은 담임교사인

'나'가 조선인 학생 야스하라 히사요시(安原寿善)를 일본정신의 길로 인도하여 황국신민으로 재생시키며, 나아가서는 징병의 길로 인도한다는 내용이다.

요시오 나츠코(吉尾なつ子)의 「나의 인연」은 1944년 4월 『국민문학』에 발표된 작품이다. 경성의 한 토목회사 중역인 히로키치(広吉)의 후처가 된 '나'와 히로키치의 아들 히사오(久夫)의 유대감이 형성되는 과정을 그리고 있다. 특히 히사오가 해군예비학교에 입대하기까지의 가정사가 중심이 되어 있지만, 무사히 입대하는 히사오를 통해 당대의 시국적 분위기를 감지할 수 있는 작품이다.

키요카와 시로(清川士郎-金士永)의 「길」은 1944년 5월 『국민문학』에 발표된 작품이다. 성실한 농군 '몽룡'을 비롯한 조선의 젊은이들이 연성소에서 국어교육과 군사훈련 등을 받는 과정을 묘사한 작품이다. 조선청년특별연성소는 1943년 10월에 발포되어, 동년 11월에 실시된, 조선청년들의 황국신민화를 위한 실행 프로그램의 구체물이다. 청년들이 장차 군무에 복무하게 될 때를 상정하여 신체의 단련을 기함은 물론 총력전체제하에서 정신의 무장을 강화함으로써 전쟁의 신성성을 부여하려는 의도가 이 작품에는 고스란히 드러나 있다.

오쿠히라 슈이치로(奥平修一郎)의 「다시」는 1944년 6월 『국민문학』

에 게재된 작품이다. 숙부의 학대를 견디지 못 하고 도망쳐 나온 마사오(正男)를 신키치(信吉)는 아무 조건도 없이 자기 집에 받아들인다. 하지만 마사오는 돌아오라는 숙부의 전갈을 받고 동생을 만날 수 있다는 감언이설에 속아 숙부의 집으로 되돌아가나, 숙부의 여전한 푸대접에 '다시' 신키치의 집으로 돌아오는 이야기이다. 여기서 일본인 '신키치'는 고통 속에 놓여있는 조선인 소년 마사오의 '구원자'로 묘사된다. 아울러 일본을 위한 훌륭한 군인이 되기를 소망하는 마사오를 통해 전시체제하의 당대 분위기를 읽을 수 있다.

이처럼 본 작품집에 수록된 대부분의 작품은 전시체제하의 징병과 지원에 초점이 맞춰져 있다. 그렇지만 일본인 작가가 쓴 작품인 「등반」, 「나의 인연」, 「다시」와, 조선인 작가가 쓴 작품인 「대동아」, 「부싯돌」, 「길」 등에 나타나는 징병과 지원 문제의 미묘한 차이를 발견할 수 있다. 이런 점을 염두에 두고 이 작품들을 읽는다면 내선일체를 목소리 높여 외치고 있긴 하지만 시대를 바라보는 조선인과 일본인의 미묘한 차이를 읽어낼 수 있으므로 그것도 매우 의미있는 일이라 생각된다.

역자의 능력 부족으로 오역이나 매끄럽지 못한 부분이 있을지도 모르겠다. 그런 것은 모두 역자가 짊어지고 가야할 짐이다. 독자제위의 질정을 바란다. 그럼에도 불구하고 부끄러운 부분보다 이 글이 많은 독자들에게 읽혀 역사적 혜안을 가질 수 있을 것이라는 믿음이 더 소중하여 감히 이 번역서를 세상에 내놓는다.

이 책이 나오기까지 어려운 환경에서도 흔쾌히 출판을 허락하여 주신 제이앤씨 출판사의 관계자 분들께 이 자리를 빌어 감사드린다.

경산 압량벌의 겨울바람도 매섭지만 이 소설들이 주는 추위에는 비길 바가 못 된다. 따뜻한 봄기운이 금세기에 한·일 양국민의 저류에서 강물처럼 넘쳐나기를 고대해 본다.

역자 지

목 차

대동아(大東亜) … 카야마 미쓰로 香山香郎 ▌7

부싯돌(燧石) … 이시다 코토 石田耕人 ▌31

등반(登攀) … 오비 주조 小尾十三 ▌57

나의 인연(わが縁) … 요시오 나츠코 吉尾なつ子 ▌157

길(道) … 키요카와 시로 清川士郎-金士永 ▌193

다시(ふたゝび) … 오쿠히라 슈이치로 奥平修一郎 ▌229

대동아 (大東亜)

| 카야마 미쓰로 香山香郎 |

옛 이름은 이광수. 1892년 평안북도 정주에서 태어남. 와세다 대학 철학과 졸. 일찍부터 문학운동에 뛰어 들어 『무정』, 『개척자』, 『흙』, 『그의 자서전』, 『사랑』, 『단종애사』 등 20여 편에 가까운 조선문 장편, 약간의 단편, 시가, 평론 다수를 발표. 1941년 이래 일본어로는 「산사의 사람들」, 「카가와 교장」, 「원술의 출정」, 「옥수수」 등 십수 편의 단편을 발표. 그 외 동아일보 편집국장, 조선일보 부사장, 조선문인협회 회장 등을 역임함. 현재 조선문인보국회 평의원임.

카케이 아케미(筧朱美)는 2층의 아버지 서재를 치우고 있었다. 아케미는 청소 수건을 쓰고 바지런히 책장과 책상, 선반을 탁탁 털고 있었다. 남쪽 툇마루에서는 근위기병연대의 숲이 보이고, 몸을 난간에서 앞으로 조금 내밀면 연대 정문의 보초까지 보인다. 아케미가 툇마루에 걸레질을 하고 있는데 탕탕, 연대 뒤편 사격장에서 군인들의 실탄사격 소리가 아침의 고요를 가르며 들려왔다.

"좋은 날씨야. 국화의 계절이야."

아케미는 기지개를 펴면서 후지산이 보일 것 같다며, 아주 맑은 서쪽 하늘로 눈을 달렸다. 아케미의 머릿속에는 범우생(范于生)의 모습이 살짝 스쳤다.

"범은 지금 무얼 하고 있을까?"

아케미는 헤어진 지 5년이 되었지만 범우생의 일을 잊은 적이 없다.

귀국할 때 역까지 배웅 나온 아케미한테 범은,

"아가씨. 저는 아가씨를 믿습니다. 사랑한다는 말 대신 믿는다고 말하고 싶습니다. 저는 지금 조국으로 돌아갑니다. 당신 조국의 적이 된 조국으로 돌아가는 겁니다. 저는 괴로워요. 당신과 헤어지는 것도 괴롭지만 그것보다도 적이 되어서는 안 되는 중국과 일본이 적이 되어 싸우고 있는 것이 괴롭습니다. 그러나 저는 국민으로서의 의무가 있어요. 그래서 돌아가는 겁니다. 하지만 저는 믿습니다. 견(筧) 선생님께서 말씀하신 것처럼 아시아는 하나입니다. 어떤 우여곡절이 있더라도 그것은 일시적인 것일 뿐 결국 아시아는 하나가 될 것이다, 그것이 아시아 여러 민족의 운명이라고 하신 말씀을 저는 믿습니다. 그래도 당분간은 저는 당신과 헤어지지 않으면 안 돼요. 저는 조국으로 돌아갑니다. 그러나, 아케미상 — 미안하지만 아케미상이라고 부르게 해 주십시오. 아케미상. 저는 당신을 믿습니다. 일본 여성을 믿기 때문에 아케미상을 믿는 겁니다. 아니 오히려 아케미상을 믿기 때문에 일본 여성을 믿는다고 하는 편이 저의 진짜 마음이겠지요. 저는 이 전쟁에서 살아남는다면 꼭 도쿄(東京)로 돌아오겠습니다. 아케미상한테 돌아오겠습니다. 괜찮겠지요. 당신은 저를 믿어 주겠지요?"

라고 말한 것을 그녀는 잊을 수가 없었다. 범이 아케미에게 이처럼 허물없는 말, 게다가 애정 고백과 같은 말을 한 것이 처음이라서 아케미는 오히려 당황스럽고 당혹스러웠지만, 그 때의 범의 진지함에 거스를 수도 없었고, 또 거스르고 싶지도 않았다. 그래서 아케미는,

"네, 믿어요. 당신이 꼭 돌아오기를 기다릴게요. 평화의 날이 오면 우리들의 날도 꼭."

하고 맹세한 것이다.

그 이후 5년이다.

아케미는 2층 아버지의 서재 청소를 할 때에는 언제나 범을 떠올린

다. 그것은 이 서재에서 우생(于生)과 중국 유학생들이 매주 한 번은 꼭 모였기 때문이다. 중국인 학생을 견 박사에게 데려오는 사람은 사실 범이고, 범은 그들 중에서 지도자격이었다.

아케미의 아버지인 카케이 카즈오(筧和夫)는 원래 상해(上海) 동아동문서원(東亜同文書院)의 교수였는데, 중국 사변의 전화(戦火)가 상해에까지 미치자 잠시 동안 와세다(早稲田) 대학에 초빙을 받아 동양사를 강의하게 되었다. 사실 범우생은 카케이 교수의 가족이 상해에 있을 때부터 아는 사이였다. 범우생이 도쿄에 온 것도 카케이 교수를 뒤쫓아서였다.

범의 아버지인 학명(鶴鳴)은 세인드존스 대학의 중국사와 중국문학을 가르치는 교수였다. 그는 구가(旧家) 출신이로 미국에서 교육을 받았다. 그의 아버지가 강유위(康有為)의 문인이었기 때문인지 중국 학문을 천명(闡明)하는 것을 자신의 임무로 삼았으며, 손문(孫文)의 숭배자인 것은 말할 것도 없었다. 그 때문에 미국에서 돌아와서도 동양적인 정조(情調)나 풍격(風格)을 다분히 가지고 있었다. 범 교수는 카케이 교수의 저서『주례(周礼)와 중국의 국민성』에 심취해서 그의 문을 두드린 것이었다.

"진짜 중국의 마음을 아는 사람은 카케이 박사다."

라고까지, 범 교수는 중국의 어느 잡지에 격찬한 적이 있다. 그리고 카케이 교수와 교제를 하면서 범 교수는 일본인의 마음이라는 것을 접하고,

"중국에서는 사라지고 없는 예(礼)가, 일본에는 살아 번성하고 있다."

라고 다시 잡지에 썼는데, 그것이 빌미가 되어 중국 사람들에게 배척을 당해 세인트존스를 그만둬야 했으나, 피트 교수가

"범 교수는 양심적인 학자이다. 학자가 자신의 신념을 솔직하게 발표

한 것 때문에 교수직을 빼앗긴다면, 본 대학의 수치이고, 학문에 대한 모욕이다.”
라고 변론을 하여 겨우 해고되지 않고 끝났다.

그러나 진리에 충실한 범 교수는 동료나 동포들에게 손가락질을 당하는 것도 개의치 않고 카케이 박사와 점점 더 친교를 맺어 일본의 역사나 문학 등을 연구할 계획도 세웠다. 또 카케이 박사를 통해 일본의 국가적 이상이나 동아(東亜)에 대한 불변의 국책 등을 듣기도 하고 일본 학자나 명사와 교유하는 데 힘쓰기도 했다.

그래서 카케이 교수와 범 교수의 개인적 친교는 양가의 가족적 친교로 발전하여, 아케미가 처음 중국인 가정에 발을 들여놓은 것도 범 교수의 정안사로(静安寺路) 집이었다.

범우생과 그 누나 범소임(范少妊)이 카케이 박사의 가정에서 일본의 아름다움을 본 것과 마찬가지로 아케미도 범의 가정에서 중국의 아름다움을 보았다. 사실 아케미는 범의 가정을 보기 전까지 중국은 더러운 곳, 중국인은 더러운 인종이라는 등의 경멸하는 감정밖에 가지고 있지 않았었다. 그런데 범의 가정을 보고 비로소 중국의 오랜 전통과 고도의 문화를 접할 수 있었다. 그것은 얕고 유물적인 서양의 장려함이 아니라, 목단 향기 같고, 그 빛깔 같아 그윽한 맛과 깊이가 있는 것이었다.

아케미는 중국인 여학생들이 배우고 있는 학교에서 공부해 보고 싶었다. 중국에 대한 깊은 흥미를 가지고 일본과 중국 양 민족에 대해 서로 이해하고 사랑하는 것이야말로 동아의 영원한 평화의 기초라고 믿고 있는 카케이 박사는 흔쾌히 아케미의 청을 받아들여, 아케미는 범의 누나가 가르치고 있는 센트마리즈코렛지에 입학했다. 아케미는 이 학교의 첫 일본인이라서 생도들이 좀처럼 아케미한테 마음을 열어주지 않았다. 게다가 당시에는 일・중 관계가 일촉즉발의 험악한 상태였던 터라 일본 여성이 이 학교에 입학한 것은 스파이가 목적이라는 말까지 돌았다.

노구교(盧溝橋) 사건이 일어나자 상해에서도 일본인 중 중국인으로부터 폭행을 당하는 사람도 나왔다. 아케미가 홍구에 있는 집에서 상해 서쪽 변두리에 있는 학교까지 왕복하는 것은 분명히 모험이었다. 그렇지만 아케미는 그것이 두려워서 학교를 쉬지는 않았다. 일・중 관계가 험악해지면 해질수록 혼자서라도 많은 중국인에게 일본을 알리지 않으면 안 된다. 일본이 전쟁에서 중국을 이겨도 마음으로 중국을 잃어서는 아무것도 되지 않는다. 진짜 일본을 이해하는 한 사람의 중국인을 만드는 것은 하나의 성을 점령하는 것 이상의 승리이다—아케미는 카케이 박사의 말투를 흉내 내며 이렇게 마음속으로 생각하고 있었다. 그러나 정치적 사정이 이렇게 절박해지자 아케미의 마음에서 우러나는 호의도 좀처럼 중국인 동창에게는 통하지 않았다. 중국인은 여학생까지도 정치적 관심이 깊어서, 특히 일본에 대해서는 심한 적개심을 품고 있었다. 그녀들이 외국 교수들에게는 부모처럼 따르고 신뢰하면서, 동종동문(同種同文)의 일본인에게는 적의와 의심의 눈을 돌리는 것을 보고 아케미는 기가 막히기도 하고 분하기도 했다.

그러나 나는, 화를 내서는 안 된다, 순가락을 던져서도 안 된다, 내가 진심으로 그녀들에게 보이는 말 한 마디 행동 하나는 꼭 씨가 되어 그녀들의 마음의 밭에 떨어져 언젠가는 틀림없이 싹을 틔울 것이다, 고작 18살의 아케미는 씩씩하게도 그렇게 생각하고 있었다. 적의 한가운데에 있기 때문에 조국의 안위가 이 소녀의 가슴에 절실히 느껴진 것이다.

이러고 있는 동안에 전화가 상해에까지 미친 것은 어쩔 수 없게 되었다. 동문서원은 당국의 명령으로 폐쇄되어, 카케이 교수 일가는 도쿄로 귀국하게 되었다. 드디어 출발 전날 밤, 야음을 타서 범 고수는 아들 범 우생을 데리고 카케이 교수 집을 방문했다.

"무슨 일입니까, 범 선생. 위험하지 않았습니까?"

카케이 박사는 범 교수의 손을 꽉 쥐어 잡으면서 걱정스러운 얼굴을 하고 있었다.

"위험하겠지요. 그러나 이것도 전쟁입니다. 카케이 선생, 저는 머지않아 중국에는 동아의 대세에 눈을 뜬 큰 인물이 나타나서, 양국 간에 평화로운 날이 올 것을 믿습니다. 그러나 그것은 절굿공이에 흐를 정도의 피가 흐른 뒤이겠지요. 정말 불행한 일입니다. 저는 이 나라 국민의 한 사람으로서 누가 나쁘고, 누구에게 책임이 있다고는 말할 수 없습니다. 결국은 저 자신이 나쁜 겁니다. 저는 당신에게 사과드립니다." 하며, 범 교수는 몹시 흥분하였지만 학자적 침착함을 전혀 잃지는 않았다.

범 교수의 진지한 태도나 말에 아케미는 눈시울이 뜨거워지는 것을 느꼈다.

범 교수가 말을 끝내자 카케이 박사는 정중하게 머리를 숙였다.

"심정은 잘 알겠습니다. 우리들은 학자입니다. 학자는 영원한 진리에 삽니다. 일시적인 현실에 갇혀서는 안 됩니다. 학자가 진리를 잃어버리는 것은 전쟁보다도 불행한 일입니다. 저는 아시아는 하나가 된다는 것을 굳게 믿습니다. 당신도 위대한 손중산(孫中山) 선생과 마찬가지로 이 점에서 저에게 공명하고 계십니다. 우리들은 이 아시아의 마음, 아시아의 혼을 질식시키지 않도록 최선의 노력을 합시다. 저는 일본인들에게,

당신은 중국인들에게 이 마음을 확실히 심읍시다."

라고 말을 끝내고 카케이 박사는 의자에서 일어나서 손을 내밀었다. 범 교수는 일어나자마자 두 손으로 카케이 박사의 손을 굳게 잡고 오열했다. 카케이 박사의 눈에서도 눈물이 흘렀다. 아케미는 두 사람의 모습을 보자 감격해서 가슴이 찢어지는 것 같았다. 아케미는 중국인이 천성적으로 냉정한 사람이라고만 생각하고 있었다. 특히 범 박사는 평소에 결코 열정을 드러내지 않았다. 그는 매우 예의가 발랐지만, 그 얼굴은 무표정하다고 할 정도였다. 중국 사람은 정열을 질식시키고 있다라고 누군가가 말한 것은 정말인 듯 생각되었나. 가슴 열정을 폭발시키는 아비지한테 익숙한 아케미에게는 범 교수의 냉정함이 얄미울 정도였다. 그것이 이 오열이다. 이 오열이 아케미를 전도(顚倒)시킬 정도로 감격시킨 것이다.

두 학자는 손을 잡고 흔들고, 다시 잡고 흔들면서, 서로 상대의 눈물에 젖은 눈을 바라보고 있었다. 이 광경을 장개석(蔣介石) 일파 사람들에게 보여주고 싶었다고, 나중에 아케미는 범우생에게 이야기한 적이 있다.

"카케이 선생. 아무쪼록, 아들을 부탁드립니다. 아들에게 진짜 일본, 일본의 진짜 모습을 보여주고 싶습니다. 그리고 배우게 하고 싶습니다. 우리 중국인이 일본을 바르게 인식하는 데에, 아시아 모든 불행으로부터 벗어나는 길이 있다고 믿습니다. 아주 미련하고 둔한 녀석이기는 하지만, 당장은 제 뜻을 잇게 할 사람은 이 녀석밖에 없습니다. 이 녀석도 선생을 경모하고 있으니까 아무쪼록 도쿄로 데려가 주십시오. 적국 사람이라서 안 될까요?"

범 교수의 얼굴은 침통했다.

"아니요, 천만의 말씀입니다. 일본은 중국 국민을 적이라고 생각하지 않습니다. 물론 일본에 살고 있는 중국 사람들은 지금처럼 앞으로도 일본의 보호 아래 편안히 거주하고 즐겁게 일을 할 것입니다. 실제로 그렇게 하고 있습니다. 좋습니다. 아드님은 분명히 맡겠습니다. 미흡하나마 전쟁이 끝날 때까지 제가 돌보겠습니다."

이런 연고로 범우생이 도쿄로 온 것이다.

도쿄에 온 범우생은 카케이 교수 집에 머물렀다. 시집 갈 나이의 딸이 있는 카케이 박사로서는 외국인 청년을 집에 머물게 하는 것은 어떨지 고민했지만 범 교수의 간절한 부탁을 생각하자, 그 아들을 차가운 하숙집으로 쫓을 수는 없었다. 카케이 부인도 잘 이해해 주었고, 아케미도 싫은 얼굴은 보이지 않았다. 그리고 범 교수의 희망을 존중해서 우생에게, 도쿄 제대(帝大) 당국의 특별 허가를 얻어 청강생으로 국문학과 국사 강의를 듣게 했다.

처음 우생은 즐거워 보였지만 점점 어둡고 우울한 모습이 카케이 집안 사람들 눈에 띄기 시작했다. 이전과 다르게 학교에서 늦게 돌아오기도 하고, 식탁에 앉아서도 좀처럼 말을 하지 않았다. 자기 방에 들어가면 무엇을 하고 있는지 얼굴도 보이지 않는다.

"범상이 무슨 일일까요?"

카케이 부인과 아케미도 걱정하기 시작했다.

"어둡고 우울해지지 않을 수 없겠지?"

카케이 박사는 당연한 것처럼 말은 하고 있지만, 속마음은 평온하지 않았다. 남경(南京)이 함락되고 전승 축하회가 있던 날, 우생은 몸이 좋지 않다면서 방에 틀어박혀 저녁 식사도 거른 채, 복도서 카케이 집안 사람들과 마주쳐도 그저 고개만 조금 숙일 뿐 전혀 말을 하지 않았다. 무호(蕪湖), 구강(九江)이 연이어 함락되었다는 소식과 여산(廬山)의 격전 소식이 전해졌고, 가을도 깊은 10월 29일에는 드디어 한구(漢口)까지도 함락되어 장개석 정권은 중경의 산속으로 도망쳐 버렸다는 것이다. 일본에서도 장개석에 대한 적개심이 점점 고조되어 도쿄에 남아 있던 중국인 유학생들은 무더기로 귀국하던 참이었다. 카케이 박사의 말처럼 이런 와중에 범우생이 어둡고 우울해지는 것도 무리는 아니었다.

그 와중에서도 우생을 위해서 가슴 아파하는 사람은 아케미였다. 젊은이의 마음은 똑같은 젊은이에게 더 잘 통한다. 나이로 보면 우생이 23세이고 아케미가 19세이었지만, 조숙한 아케미에게는 23세의 우생이 동생처럼 여겨졌다.

"어떻게든 위로해 주고 싶다."

아케미는 부모에게도 고백하지 못하고 혼자서 고민하고 있었다.

그러나 아케미는 여자이고, 범우생은 외국인 남자다. 동정한다고 해도 스스로 한계가 있을 것이다. 우생의 책상 위에 꽃을 한 송이 장식해준다던가, 옷을 깔끔하게 개주는 것 말고는 어떻게 할 수가 없었다.

우생으로서는 중국의 전통인 남녀부동석이라는 예의에서 자유로울 수 없었다. 또 자신이 존경하는 스승의 집이니 자연히 조심스러워하게 될 것이다. 아케미는 물론이고 카케이 부인에게조차 검고 허물없는 행동을 하지 않았다. 게다가 일본인이라면 누구나 가지고 있을 법한 붙임성도 겉으로 드러나지 않았다. 사실 우생은 틀에 박힌 듯한, 뭔가에 심하게 구속된 것 같은 표정과 말투라서 정말 답답함을 느끼게 했다. 그의 눈에는 언제나 불안한 경계의 빛이 있었다.

“범상은, 너무 신경을 쓰고 있어.”

하고 아케미는 생각하지만 그조차 미안할 정도였다.

“자네, 좀 더 느긋해지게!”

어느 날 온 식구가 함께 차를 마시면서, 밤 한 때를 즐기고 있던 카케이 박사가 우생에게 이렇게 말한 적이 있다.

“자네, 그렇게 어려워하지 않아도 되네. 자네 집에 있던 때와 똑같이 솔직하게 행동하게. 우리 집에서는 자네를 가족처럼 생각하고 있으니까 말이야. 좀 더 느긋해지게, 느긋해져.”

“예. 아무래도 아직 일본의 예의에 익숙해지지 않아서.”

우생은 부끄러워했다.

“정말로 범상, 그렇게 조심스러워하지 않아도 돼요.”

하고 카케이 부인도 말했다.

“당신이 학업을 끝내고 모국으로 돌아가서 돌이켜 보아 아, 카케이의 집에서는 답답했었다라고 생각하게 된다면 우리들이 미안하지 않겠습니까? 카케이의 집에서는 정말로 유쾌했다고 자녀나 손자들에게 차근차근 이야기해주게 되지 않고서는, 그죠, 범상!”

카케이 부인은 우생의 찻잔에 차를 따라주면서 미소 지었다.

“아니요, 천만의 말씀입니다.”

우생은 당황했다.

“그, 그런 것은 없습니다. 사모님. 저는, 저는, 이미 감사의 마음으로 가득찼습니다. 그저 감사의 마음을 표현하지 못 할 뿐입니다.”

우생은 자신의 서툰 표현이 너무나도 안타까워서 참을 수 없는 듯이 무릎 위에서 두 손을 쥐고 있었다.

아케미는 우생의 마음을 알 수 있을 것 같았다.

카케이 박사는 우생을 가만히 보고 있던 눈을 깜빡거렸다. 이 청년의 조국에 대한 고민이 느껴지는 것 같아서 가슴이 무거워졌다.

"범 군."

카케이 박사는 장중한 말투로 불렀다.

"예."

우생은 두 손을 반듯하게 무릎 위에 놓았다.

"자네는 일본의 예의를 아직 모른다고 했지?"

"예."

"일본의 예의 중, 노대체, 어디를 모르겠다는 건가?"

"아무래도 아직 무엇 하나 자신이 없습니다."

"일본의 예의와 자네 나라의 예의가 다르다고 생각하는가?"

"예. 비슷한 부분도 있고, 다른 부분도 있다고 생각합니다."

"과연 자네 말대로군. 그러나 자네는 예의의 근본이 무엇이라고 생각하는가?"

"사양지심(辞讓之心)은 예지단야(礼之端也)라고 맹자(孟子)께서 말씀하셨습니다."

"그래. 사양지심 말이군."

"예."

"사양지심이라는 것은 어떤 마음인가?"

"상대를 존경하는 마음입니다."

"자네 말대로다. 그러니까 상대를 존경하고 상대에게 감사하는 마음으로 말을 하고 행동을 하면 예가 되는 것이다. 예의삼백위의삼천(礼儀三

百威儀三千)이라고 했는데, 요컨대 마음이다. 마음이 없는 예의, 즉 마음에 없는 예의는 무의미한 것이 아니겠는가. 자네, 어떻게 생각하나?"

"예. 말씀 그대로라고 생각합니다."

"그러니까 마음에 있는 대로 진심으로, 솔직하게 행동하면 되는 거야. 일본의 예의와 중국의 예의가 다른 것이 있다면 표현하는 형식뿐이네. 예를 들어 사의(辞儀)를 표현하는 법이지. 일본에서는 두 손을 짚고 몸을 굽히고, 자네 나라에서는 두 손을 움켜쥐고 흔든다는 것처럼 말이야. 그러나 그 마음은 하나다. 상대를 존경하고 상대에게 감사하는 마음이라는, 근본적인 마음은 하나다. 그것이 진심인지 거짓인지에 있다. 어떤가? 범 군! 오늘날 자네 나라의 예의에는 진심이 있는가, 아니면 거짓이 많은가? 솔직하게 말해 보세."

범은 고개를 떨어뜨렸다. 진심이 있다고 하면 자신이 속이는 것이 되고, 거짓이 많다고 하면 조국을 비난하는 것이 된다. 한편으로는 범의 양심이 가책 받고, 다른 한편으로는 범의 애국심이 용서하지 않았다. 그러나 카케이는 스승이다. 스승을 속이는 것도 양심은 허락하지 않는다. 범은 몹시 곤란했다. 범은 자신의 조국이 일본에 비해서 너무나도 초라한 상태에 있기 때문에 조국에 대한 애국심이 외고집이 되었다. 자신의 조국이 거짓으로 가득한 것을 너무나도 잘 알고 있기 때문에, 거짓이 있다는 말을 듣는 것이 더욱 괴롭고 화가 났다. 범은 누구보다도 자신의 조국 사람들의 거짓이나, 이기주의나, 사대주의나, 권모술수를 증오하고 있다. 또 일본인의 정직함을 부러워하고 있다. 그래도 자신의 입으로 그것을 말하고 싶지는 않았다. 그래서 카케이 교수로부터 그런 말을 듣는 것이 창피를 당하는 것 같았다. 물론 범은 카케이 박사의 성실을 알고 있다. 카케이 박사가 중국인에 대해서 깊은 이해와 동정을 가지고 있는 것도 잘 알고 있다. 그래서 지금의 경우 카케이 박사가 이런 것을 묻는 것은 자신에게 가르쳐주기 위해서이고, 자신이나 자신의 조국에 대해 창피를 주기 위한 것이 아닌 것도 잘 알고 있다. 그러나 그런 사정을 잘 아는 것과 자신의 괴로움과는 전혀 달랐다.

범이 깊이 고개를 떨어뜨리고 침울해 있는 것을 보고 카케이 박사는 범의 기분을 살폈다.

"범 군! 자네의 기분은 잘 알고 있네. 그저 내가 자네에게 말하려고 하는 것은 말이야, 일본인도, 자네들 중국인도 말이야, 아니, 아시아의 모든 민족이 그 동종성(同種性), 그 형제성에 눈 떠, 특히 그 공동운명성이라고나 할까, 진치보차(唇歯輔車)라는 말도 해당되지 않아. 그것 이상이니까 말이야. 일본 없이는 중국이 없고, 아시아가 영국과 미국 것이 되면 일본도 없는 거야. 아시아 여러 민족이 하나로 뭉치지 않고서는, 영국과 미국의 독아(毒牙)로부터 자신을 해방하고, 빛나는 아시아인의 아시아를 현현(顕現)할 수 없어. 장개석이 일본을 쓰러뜨림으로써 중국을 장악하려는 것은 착각이네. 이 무슨 불행한 착각인가! 범 군, 일본과 자네 조국은 화합하면 유지되고, 싸우면 쓰러진다는 상관성 있는 관계야. 이것을 가령 공동운명성이라고 하자. 운명공동체라고 하는 편이 더 적절할 지도 몰라. 일본이 자네 조국의 영토를 빼앗아 자네 조국을 쓰러뜨리고, 일본만이 일어서려 한다는 야심이 없다는 것은 고노에성명(近衛声明)에 의해 분명해졌겠지. 자네는 고노에 성명을 알고 있지?"

"예. 알고 있습니다."

"자네는, 고노에성명을 문자 그대로 믿어 주겠지?"

"믿고 싶습니다만, 종래 열강의 성명이라는 것이 얼마나 믿을 수 없는 것인지를 본 저희들로서는 곧장 신뢰할 수는 없습니다."

범은 눈을 빛내며 단호히 말했다.

"과연 자네는 아주 솔직하게 말해 주었네. 그러나 거기에 자네들의 근본적인, 중대한 착각이 있어. 자네는 알아차리지 못했는가?"

"무엇인지요?"

범은 조금 전의 쭈뼛거리던 수줍음과 부끄러움을 완전히 버리고 오히려 도전적인 눈으로 카케이 박사를 똑바로 바라보는 것이었다.

"일본과 더불어 영국, 미국과 함께 하려는 것이 근본적인 착각인 것이야. 그것과 이것과는 근본 이념의 차이가 있어. 일본에도 여러 가지 결점은 있겠지. 그러나 일본은 거짓이 있을 수 없다는 것이 특질이다. 한 사람 한 사람 일본인은 거짓말을 할 수 있어. 하지만 말이야, 일본은 천황이 지배하는 나라이기 때문에, 국가로서는 내국민에 대해서나 바깥 열강에 대해서 거짓말을 하는 일은 있을 수 없어. 그렇기 때문에 일본 국민은 절대적으로 국가를 믿지. 만약 국가가 거짓말을 한 번이라도 한다면 국민은 국가를 믿지 않아. 그래서 일본은 건국 이래 만세일계의 천황에 의해 지배되고 있어서, 예전부터 한 번도 국가가 국민에게 거짓말을 한 적이 없어. 그것이 일본 국체 만방에 가장 뛰어난 부분이고, 일본국민이 애국심 강한 이유이기도 해. 그러니까 일본국민은 고노에의 삼원칙(선린 우호, 공동 방공, 경제 제휴를 일컬음 : 역자)을 그대로 믿고 있어. 더욱이 고노에성명은 어전회의를 통과한 것이라서 절대 변하지 않네. 응, 알았는가?"

카케이 박사는 범을 바라보았다.

"예."

범은 카케이 이론의 이해보다도 그 표정의 성실함에 감명 받았다. 그의 눈에서 도전적인 빛이 사라지긴 했지만 그렇다고 활발해지지는 않았다. 일본의 좋은 점이 부럽고 조국의 기개 없음이 슬펐다. 범의 마음은 중국이 일본보다도 더더욱 훌륭한 특질을 가지기를 바란 것이다.

아케미는 안심하는 기분으로 범의 옆얼굴을 가끔 몰래 보았다. 범은 최근 눈에 띄게 홀쭉해졌다. 원래부터 창백한 얼굴이기는 하지만, 그 창백함에 시들한 빛까지 더해진 듯 했다. 아케미는 오빠나 남동생의 자유로운 젊은이다운 무관심함에 비해서 암담했다. 조국의 고마움, 조국의 소중함을 아케미는 절실히 느꼈다.

"그래서 말이야."

카케이 박사는 손으로 찻상 테두리를 쳤다. 찻잔이 찻상 위에서 딸그락 소리를 내었다.

"예."

범은 얼굴을 들었다. 그 표정은 조금 전보다도 훨씬 부드러워져 있었다. 이제 뭐든 받아들이겠습니다라는 표정이었다.

"아시아 운명공동체의 여러 민족이 진짜 예의 마음으로 돌아가야 해. 그것이 중요하고도 유일한 길이야."

카케이 박사는 입을 닫고 범의 얼굴을 바라보았다.

"예의 마음으로 돌아가는 겁니까?"

범은 의외라는 표정으로 눈을 크게 떴다. 흰자위가 좀 많은 검은 눈이다. 아케미는 범의 눈에서 일본인과는 다른 특색을 발견했다. 뭔가 알지 못할 야릇한 눈이라고 생각했다.

"그래. 아시아인은 예로 돌아가는 거야. 아시아인은 원래부터 예를 존중하는 민족이었어. 법을 무시한다는 의미가 아니야. 법의 근본은 예에 있다는 것이 아시아의 본연의 모습이었던 것이야. 자네는 자네 나라의 주례(周礼)라는 것을 알고 있겠지. 공자(孔子)께서 말씀하시길 정령(政令)으로써 이끌고 형벌로써 가지런히 하면 백성들은 피하기만 할 뿐 부끄러움을 모른다고 말씀하셨지. 이것은 차선을 말씀하신 거야. 그 다음에 공자님은 이것을 인도하기 위해 덕(德)으로서, 이것을 갖추기 위해 예(礼)로서 하면 부끄러움을 알 뿐만 아니라 떳떳해진다고 말씀하셨지. 즉 공자님은 정(政)과 형(刑)의 정치를 아래로, 덕과 예의 정치를 이상으로 삼으신 거야. 그런데 슬픈 일은 공자님의 이상이 자네의 나라에서는 행해지지 않고, 겨우 상앙(商鞅)이나 관중(管仲)식의 정치를 이상(理想)으로 한 것에 지나지 않았다. 이것은 자네 아버지도 그렇게 말씀하셨어. 거기에 영국, 미국의 교지(巧智)와 이욕(利慾)의 사상이 들어가, 자네들 지식층을 풍미(風靡)했지. 그래서 예는 자네 조국에서 땅에 떨어진 것이야. 교지와 이욕 말이야. 이것이 미국과 영국 사상의 근본이네. 미국, 영국은 교지와 이욕으로 감쪽같이 자네 선배들을 낚았어. 낚은 거야, 고기를 낚듯이 낚았어. 장개석 일파는 지금도 예리한 낚싯바늘을 품은 영국과 미국이 던지는 먹이에 달라드는 것이 자기를 구하는 길이라고 생각하고 있네. 그런데 일본은 그따위 교지는 모르네. 그런 이욕에는 어두워. 일본인은 3천년 동안 예의 생활을 가르쳐왔네. 일본 정치에는 민중을 조종하는 교지라는 것이 없어. 오로지 정(正)은 정, 부정은 부정이다. 국가는 거짓말을 하지 않는다. 국민은 순순히 국가를 믿는다. 이렇게 단련된 일본인이라서 국제 관계에 있어서도 오직 정직 하나야. 그래서 일본은 잘 속는다. 잘 속기 때문에 일본이 다른 나라를 속일 수가 없어. 이른바 일본인의 도의성(道義性)이지. 영국이나 미국 놈들은 이 때문에 일본을 다스리기 쉽다고 생각하고 있었어. 그렇지만 말이지. 일본인은 결코 부정을 용납하지 않아. 일본인은 부정불의(不正不義)라고 생각하면 칼을 빼들고 일어나지. 이욕으로 일어난 영국이나 미국과는 근본적으로 달라. 자네 나라는 일본의 이와 같은 근본 성격을 파악하지 못했어. 그래서 진짜 친구, 정직한 형제를 적으로 돌리고, 교활한 교지 그 자체인 영국이나 미국의 먹이에 걸려, 중국 사변이라는 큰 불행을 야기했어. 원수의 꾐에 빠져 형제를 떠나버린 것이지. 자네들은 예로 돌아가지 않으면 안 돼. 예의 눈을 통해 일본을 다시 보라는 거야. 그렇게 할 때에만 자네 조국이나 아시아도 구원을 받을 수 있어. 자네들은 일본의 예, 즉 일본의 도의성을 확실히 인식해서, 일본이 말하는 것을 순수하게 받아들이면 돼. 그리고 자네들은 과거 역사에 대한 오만을 버리고 현실의 일본의 우월성과 지도력을 순수하고 겸손하게 받아들여야 해. 자네 조국의 과거의 영광은 자네들의 영광이 아니야. 그것은 자네들 선조의 영광이야. 자네들은 앞으로 자네들 자신의 영광을 자력으로 만들어가지 않으면 안 돼. 그것은 결코 회고적인 자아도취나 현실에 눈을 덮는 오기에서 오는 것이 아니야. 자아도취도, 오기도, 결국 거짓이고 어리석음이니까 말이야. 있는 그대로의 현실을 직시하는 것이야말로 진정한 용기다. 그것이 예인 거야. 알았는가, 번군! 극기복례(克己復礼)라고 했지. 아시아 여러 민족은 지금 극기복례의 자기수련을 당장 시작해야 해. 그래야만 아시아 운명공동체는 번성할 수 있네. 지금 일본이 절규하고 있는 대동아 공영권이 바로 이것이네. 즉 이욕 세계를 쳐부수고 예의 세계를 세우려는 것이야. 일본은 진지해. 피로써 이 대업을 완수할 각오가 되어 있네. 영국과 미국이 변함없이 동양제패의 비망(非望)을 버리지 않는 한 일본은 꼭 영국과 미국을 깨부수려고 일어날 것이야."

"일본이 영국, 미국과 싸우는 겁니까."

범은 믿을 수 없는 듯한 얼굴이었다. 범이 보기에 일본은 중국과 싸워서 이기겠지만 영국과 미국에까지 손이 미칠 수는 없을 것이라고 생각했던 것이다.

"물론!"

카케이 박사의 목소리는 격분하고 있었다.

"일본은 결심한 것은 반드시 이루네. 그것은 의(義)를 위한 것이지 욕(慾)을 위한 것이 아니기 때문이다. 욕을 위한 것이라면 욕을 버리면 싸우지 않고도 해결된다. 의는 버릴 수 있는 것이 아니야. 자네는 일본의 할복과 동반 자살을 알고 있겠지? 일본인은 의나 인정을 위해서는 목숨도 아까워하지 않아. 자네도 일본을 알고자 한다면 이 점을 확실히 파악해야만 하네."

카케이 교수는 마치 야단치는 모습이었다. 어째서 중국인은 일본의 진의를 이해하지 못하는 것일까라는 생각에 미치자 피가 역류했다.

"선생님. 고맙습니다. 잘 알겠습니다. 오늘 밤 하신 선생님의 말씀에 일본의 진면목을 확실해 깨달은 것 같습니다. 그런데 슬픈 것은 대다수 중국인이 그것을 모른다는 것입니다. 슬픈 운명이라고 생각합니다."

범은 이렇게 말했다.

카케이 교수는 범이 오늘밤 자신의 이야기를 모두 이해하리라고는 기대하지 않았다. 범은 아직 젊고, 또 중국인 누구나 가지고 있는 일본에 대한 외고집이 있는 것을 잘 알고 있었기 때문이다.

어느 날 범은 저녁 식사 후 차가 나왔을 때에 돌연

"선생님, 중국으로 돌아가겠습니다."

라고 말을 꺼냈다.

"무엇 때문에 돌아가려는가?"

그러나 카케이 교수는 놀라지 않았다.

"무엇 때문인지는 모르겠습니다. 그저 편안히 쉬고 있을 수 없습니다. 조국이 끊임없이 부르는 목소리가 저의 귀에 들립니다. 그래서 저는 돌아가겠습니다."

범은 침통한 얼굴을 하고 있었다.

"하지만 자네 아버지는 전쟁이 끝날 때까지 자네를 내게 맡기셨네."

"선생님, 저는 일본정신을 배웠습니다. 그것에 의하면 아버지보다도 조국이 소중합니다. 그래서 저는 돌아가려는 겁니다."

"돌아가서 어떻게 하려는가? 군인이 되어 일본과 싸우기라도 할 텐가?"

"그것은 뭐라고 말씀드릴 수 없습니다. 다만 하나 말씀드릴 수 있는 것은, 저는 선생님께 배운 것을 몸으로, 목숨으로 실행하고 싶다는 것입니다."

카케이 박사는 잠시 눈을 감고 범이 한 말의 진의를 생각해 보았지만 생각할 필요도 없을 것 같았다.

"그런가? 그렇다면 말리지 않겠네. 다만 예를 잊지 말게."

하고 부드럽게 말했을 뿐이었다.

"예. 제가 일본의 진의가 사실로 입증되어 이해할 수 있는 날이 오면 다시 선생님 문하로 찾아들겠습니다. 선생님은 총리대신도, 정치가도 아니니까요."

범의 말은 수수께끼 같았지만 당당한 우국지사의 태도였다. 아케미는 범이 보통 사람이 아니라고 생각했다.

"좋아, 좋아. 사실로 입증되어 일본은 거짓말을 하지 않는다는 것을 이제 곧 자네도 알 수 있겠지. 그 때에는 남자답게 행동하게."

"예. 일본이라는 나라가 정말로 선생님 말씀과 같은 나라인 것을 안 순간, 저는 목숨을 내던져 선생님 말씀을 제 동포에게 전하겠습니다. 선생님, 그것만은 믿어 주십시오."

"좋아, 자네를 믿도록 하지. 아니 자네를 믿어."

이렇게 해서 범은 도쿄를 떠나 중국으로 돌아간 것이었다.

범은 카케이 박사를 믿었다. 아케미를 믿었다. 사실 아케미는 범의 마음에 숨겨진 애인이었다. 그는 아케미에게 한 번도 자신의 마음을 고백한 적은 없다. 그러나 범은 아케미를 자신의 생애의 애인으로 정하고 있었다. 범은 일본인이 정말로 카케이 박사의 설명처럼 아시아 여러 민족을 형제처럼 생각해, 그들을 구하기 위해서 싸우는 것이라면 자신의 사랑의 신청은 아케미에게 받아들여질 것이라고 믿고 있었다.

아케미도 범에게 호의가 있었다. 그저 좋아하는 젊은 남성이라는 것뿐만 아니라, 범은 왠지 중국 역사나 민족을 대표하는 청년 같아 무한한 흥미를 느꼈다. 만약 자신이 범의 아내가 됨으로써 대동아공영권 건설에 조금이라도 도움이 된다면 자신의 몸과 마음을 모두 범에게 바쳐도 좋다고 생각했다.

범에게서는 나가사키(長崎)에서,

"드디어 일본 땅을 떠납니다. 다시 선생님 밑으로 꼭 돌아올 수 있는 날이 있기를 희망하며 또 믿습니다. 아케미상 아무쪼록 저를 믿어 주십시오."라고 쓴 엽서가 한 장 왔을 뿐 오랫동안 소식이 없었다.

왕조명(汪兆銘)의 남경정부가 섰는데도 범으로부터는 아무런 연락이 없었다. 아마도 중경에 있을 것이라고 아케미는 한숨을 쉬었다. 대동아 전쟁이 시작되어 말레이지아나 서남태평양에서 큰 전과(戰果)를 올려, 올해 들어서는 중국에서의 치외법권(治外法権)이 철폐되고 상해가 원래대로 회복되었으며, 미안미는 독립하였다. 바로 며칠 전인 10월 14일에는 필리핀이 독립했다. 일본은 카케이 박사가 범에게 말한 것들이 사실로 증명된 것이다.

아케미는 범이

"일본의 진의가 사실로 증명되는 날이 오면 다시 선생님 문하로 돌아오겠습니다."라고 한 말을 떠올렸다.

"범상이 만약 살아있기만 하다면 일본으로 꼭 올 거야."

아케미는 범을 믿고 있었다.

그러나 국화 향기 나는 메이지절(일본 메이지 천황의 생일인 11월 3일을 지칭함 : 역자)이 가까워져도 범에게서는 아무 소식도 없었다.

지난 5년 동안 아케미 일가의 변화도 컸다. 오빠는 작년에 소집되어 남쪽 선선에서 싸우고 있고, 남동생도 바다의 독수리가 되어 바로 3일 전 전선을 향해 출발했다. 카케이 박사의 뜰 화단 사리에는 대피호(待避壕)가 입을 딱 벌리고 있다. 아케미는 어머니와 둘이서 쓸쓸해진 집을 지키며 아침 저녁으로 출정한 오빠와 남동생 사진 앞에 꽃과 밥을 올렸다. 카케이 박사도 두드러지게 흰머리가 늘어갔고, 두 아들을 전쟁에 보낸 어머니는 점점 신앙가가 되어 진언종(真言宗)의 독경과 신사 참배에 부지런히 힘썼다.

“일본은 이렇게 성심을 다하는데도 불구하고 중국 사람들한테는 통하지 않는 걸까?”

아케미는 국화 향기를 머금은 바람을 맞으면서 서쪽 하늘을 바라보며 중국 4억의 민중과 아시아 여러 민족을 눈에 그리고 있었다.

“아케미야, 전보다!”

아래층에서 어머니의 목소리가 울렸다.

“예!”

아케미는 유리로 된 빈지문을 닫더니 아래로 뛰어 내려갔다.

“어디에서요.”

라고 하면서, 아케미는, 어머니로부터 전보를 받아들고 봉을 뜯었다.

“**내일 오후 1시 도착 범우생**”이라고 되어 있다.

“어머. 어머니. 범으로부터예요. 내일 오후 1시에 도착한대요. 나가사키 국(局)이에요.”

아케미는 가슴을 두근거리면서 전문(電文)을 몇 번이나 다시 읽었다.

“어머, 범상이!”

카케이 부인도 눈을 동그랗게 떴다.

아케미는 무척 기뻤다. 일본의 성실은 결국 범우생이라는 한 청년의 마음을 얻은 것이다. 그것은 머지않아 10억 아시아의 마음을 얻는 첫걸음이 될 것이다.

아케미는 범이 있던 방을 치우고, 꾸미고 하면서 아버지 카케이 박사가 돌아오는 것을 기다리고 있었다.

부싯돌 (燧石)

| 이시다 코토 石田耕人 |

소설을 시작한 첫 해, 세상의 비평은 너무 엄격하다. 너의 소설은 평론풍이라고 운운하는 것은 너의 소설은 격론을 급히 내려 재미가 없다는 비난일 것이다. 그런데 평론이 막다른 골목에 봉착하여 소설로 선회하였다고 하는 일반적인 논평에 비하면 비평은 아무리 혹평이라도 매우 고맙다. 나는 평론을 그만두고 소설로 옮아간 것은 아니다. 나는 동포들과 생각해보고 싶은 여러 가지 주제를 가지고 있다. 그것이 평론으로는 표현될 수 없다. 솔직히 말하면 내게 훨씬 많은 독자가 필요하다.

전쟁은 많은 것을 발명했지만 또 많은 것을 부활시켰다. 부싯돌도 그 하나이다.

요즘 시골에 가면 부싯돌 쓰는 농민의 모습이 조금씩 늘었다. 짧은 담뱃대에 살담배를 채우자, 천천히 주머니 속에서 손때 묻은 돌과 철조각과, 그리고 쑥을 — 쑥도 넉넉지 않아서인지 낡은 천 조각을 쓰는 사람들도 있다 — 꺼내어, 찰칵찰칵하고 두, 세 번 치자 희미한 불꽃이 쑥에 옮겨 붙는다. 그러자 쑥을 집었던 왼손으로 딱 원을 그리듯 해서 두, 세 번 부채질하자 쑥은 연기를 내면서 빨갛게 탄다. 그것으로 제법 담배의 불씨가 된다. 분명히 전쟁이 만들어낸 새로운 풍경의 하나이지만, 그것은 결코 대용품이라는 차가워 보이는 명칭으로 불릴 성질의 것이 아니고, 오히려 그와는 반대로 일종의 정감과 따스함을 가진, 그리운 것이다.

그렇다고는 해도 요즘 부싯돌이 다시 돌아오다니 이 무슨 시세(時勢)의 변천인가? 내가 철이 든 소년 시절에 집에는 언제나 7, 8명 정도의 머슴이 있었지만, 부싯돌을 쓰는 것은 상투를 튼 늙은 영감 한 사람밖에 없었다. 내 기억에도 황린(黃燐) 성냥이나, 더 옛날에는 닭 날개모양

같은 얇은 나뭇조각의 뾰족한 부분에 콩알 정도의 큰 유황을 발라, 그것을 그대로 불에 지펴 불꽃을 내는 부목도 있기는 있었지만, 뭐라고 해도 안전성냥의 진출은 놀라워, 부싯돌을 꺼낼 때마다 늙은 영감은 언제나 젊은이들로부터 비웃음을 사지 않으면 안 되었다.

이러한 30년 전의 기억이 되살아나기도 해서, 어쨌든 돌을 치는 농민의 모습은 나에게는 참을 수 없게 그리운 것이었다. 마침 필요해서라기보다는 일종의 수집벽에서, 한 세트 시골에서 살 수 없을까 하고 물어보았더니, 그거라면 경성에도 좋은 것이 얼마든지 있어요, 종로(鐘路) 야시장이나 돈암(敦岩)동 노점에 가면, 예술적으로 만들어진 철이 돌과 함께 산더미처럼 쌓여 있을 겁니다라고 말해 준 사람이 있다. 과연 그럴까 하고, 나는 다시 한 번 감탄하지 않을 수 없었다.

그런데 부싯돌을 쓰는 농민들도 그저 배합성냥 대용이라는 기분뿐만이 아니라, 나와 똑같은, 아니 나보다도 훨씬 강한 애착으로, 이 고풍스러운 도구를 만지고 있는 것이라는 것을 발견했다. 경주(慶州)에서의 이야기이다.

학도(学徒) 출진의 명령이 내려진 지 이미 보름, 대국의 판단을 잘못해서 결국 국가의 기대에 반하는 사람이 후배 중에서 나와서는 안 된다고, 22일에는 경성에서 학도 선배단(先輩团)이 갑자기 조직되고, 다음날 아침에는 이미 백여 명의 단원이 13개 반(班)으로 나뉘어 조선 전체로 투입되었다. 나는 경상북도를 할당받아, 4명의 단원을 인솔해서 곧장 대구로 향했다.

대구에서는 도(道)의 간부들과 협의한 뒤 현지의 응원을 받아 두 반으로 나누어, 제1반은 경주, 포항(浦項), 영덕(盈徳)의 해암선(海岩線)을 따라가고, 제2반은 안동(安東), 의성(義城), 영주(栄州)의 경경선(京慶線)을 따라 북상하게 되었다.

3일 뒤에는 우리들 제1반은 소정의 지역에서 좌담회나 호별 방문을 끝내고 돌아와, 포항에서 경주행 기차를 탔다. 기차라고 해도 예의 성냥갑 같은 협궤 철도였다. 우리들이 탔을 때는 이미 만원이었다. 초등학교 아이들한테 자리를 양보 받아서, 간신히 앉을 수 있었다.

아무리 남쪽이라고는 해도 10월말에 이렇게도 따뜻한 것은 역시 바다에서 따뜻한 바람이 불어오기 때문일 것이다. 어쩐지 푹푹 찌는데다가 기차 안은 또 기묘한 냄새로 코를 쥐고 싶어졌다.

타고 있는 무리는 대부분이 상인풍의 남자와 적은 수의 부인이었다. 부인들은 시장에 물건을 사러 가는 무리임을 금방 알 수 있었지만, 대부분의 남자는 제각각으로 금방 정체를 알 수는 없었다. 선반 위나 의자 밑이나 입구 바닥 가운데에 줄 보따리나 꽉 채운 상자가 전혀 어울리지 않게 큰 짐이 좁은 곳까지 쌓여있는데, 냄새는 그 짐에서 새어나오는 것 같았다. 일행 중에 눈치 빠른 U 군이 재빨리 질문의 화살을 쏘았다.

"이 냄새 참을 수가 없는데, 이것 모두 뭐죠?"

그러자 촌스러운 모습의 젊은 남자가 눈을 슴벅거리면서 대답했다.

"갈치에요."

"갈치? 그러면 제군, 암거래에서 돌아온다는 것이군?"

"무슨 말입니까? 이 대낮에 암거래라니 웃기지도 않아! 아이들 먹이려고 생각해서 아주 조금 사가는 건데." 이번에는 옆에 앉아 있던, 사람 좋아 보이는 중년 남자가 눈을 동그랗게 뜨고 변명했다.

"이것이 전부 아이들한테 줄 선물인가? 왕성한 녀석이군."

이것으로 암거래 사건은 웃음에 섞여 버렸다. 포항을 출발할 때 받은 감을 두 개 정도 먹자, 나는 졸음이 와서 깜빡했다.

기차 구석 쪽에서 예의 새된 경상도 사투리가 맹렬하게 울리고 있어서 눈을 떠보니 어디에서 탔는지, 은색 턱수염에 싸인 얼굴에 홍조를 띈 듯한, 키가 큰, 한 노인이 지팡이로 바닥을 울리면서 끊임없이 뭔가를 말하고 있다. 광대뼈가 튀어나오고, 코가 납작하고, 수염이 입술을 덮을 듯이 덥수룩한, 전형적인 조선 얼굴이었다. 전체적인 모습은 크지만 단지 눈만은 유별나게 작았는데, 눈이 쌓인 것 같은 눈썹 아래에서, 마치 대리석에 아로새긴 검은 다이아처럼 이상한 날렵함과 사나움을 발하고 있었다.

"부싯돌의 가격차는 절에 있는 것이 아니고, 돌에 있지, 알겠는기? 극단적으로 말하면 철은 녹만 없으면 어떤 것이라도 괜찮아. 불을 내는 것은 돌이니까 말이야."

그는 옆에 앉아 있는 낡은 중절모를 쓴 촌스러운 모습의 젊은 남자에게 열을 내며 설명했다. 그 남자는 아까부터 아무리 해도 쑥에 불이 붙지 않자, 자포자기한 듯한 모습으로 철과 돌을 마치 내동댕이치듯이 서로 부딪치고 있었다.

"그렇게 무턱대고 치는 게 아니야. 그건 마치 석공이 끌로 돌을 파는 것 같잖아. 진짜 부싯돌이라는 것은 이렇게 양쪽 손가락 끝에 끼워서, 가볍게, 응 가볍게, 조금 비비는 정도로, 두, 세 번 찰칵찰칵 하면, 확 불이 붙는 거야. 어디 나한테 줘봐."

그렇게 말하면서 그는 젊은 남자로부터 철과 돌을 낚아채듯이 해서, 자신의 눈앞에 가져왔다. 잠시 살펴본 후 그는 장중한 말투로 단언했다.

“과연 이 철은 잘 갈고, 희(囍)라는 글자 등을 투각해서, 제법 깨끗하게 만들어졌어. 하지만 이 돌은 쓸모없는 돌이나 마찬가지야. 뭐라고 해도 돌에는 확실히 본질이 있어서 말이야……나는 지금 저 보따리 속에 좋은 것을 하나 가지고 있는데, 그건 완전히 영물(靈物)이야. 철에 닿기만 하면 벌써 불을 토하니까 말이야.”

그렇게 말하고 그는 반한 눈으로 선반 위 보따리 쪽을 보았다.

“아무리 좋은 돌이라고 해도 철에 닿기만 하면 불을 낼까. 이야기가 지나칩니다. 이 돌도 한 세트에 3원이나 주고 산 것인데.”

이번에는 젊은 사람이 불만스러운 듯이 말했다.

“뭐라고? 이야기가 지나치다고? 이 노인이 거짓말을 하기라도 한다는 건가? 정 그렇다면 꺼내서 보여주지. 대신 내기를 하자. 만약 저 돌이 내 말대로 불을 토하지 않으면, 여기서부터의 기차삯을 내주지. 또 만약 원한다면 내 부싯돌을 자네가 가져도 좋아. 대신 내 말이 사실이라면 어떻게 할 건가, 젊은이?”

지금까지 노인의 이야기에 빠져있던 차안 사람들의 시선이 이번에는 일제히 젊은이에게로 쏠렸기 때문에, 그는 얼굴을 붉히고 머뭇거리면서 고개를 숙이고 말았다.

“그 돌의 본질이라는 것은 어떤 것인가요?”

그만 이야기에 끌려서 나도 정중한 어조로 물어보았다.

이번에는 알지도 못하는, 게다가 도회인 차림을 한 나한테 질문을 받아서인지, 노인은 내 쪽으로 방향을 바꾸면서 만족스러운 듯 미소를 흘렸다.

“응, 부싯돌에는 확실히 본질이 있어. 뭐 이 주변으로 말하면, 의성이 밀석(密石)이라든가, 단양(丹陽)의 흑석(黒石)이라든가……특히 밀석이라는 것은 신기한 것이오."

그는 부싯돌을 가볍게 치는 흉내를 내보이면서, 계속 말을 이어갔다.

"내가 지금 가지고 있는 것이 바로 그 밀석이지."

"그것은 어디에서 손에 넣었습니까?"

나는 갑자기 수집욕이 생겨 추궁하지 않을 수 없었다.

"바로 얼마 전에 대구에서 손에 넣었소. 이상한 뒷골목에 부싯돌이니, 실패니, 어지럽게 늘어놓은 가게가 있었지. 그 앞을 지나자 묘하게 그은 돌멩이가 언뜻 눈에 띄지 않겠소. 이런, 하고 생각하며 다가가서 보니, 이건 오, 놀랍게도 밀석이었소, 과장 없는 밀석. 20년이나 찾았던 밀석이 분명히 잡다한 돌 속에 굴러다니고 있었어."

그렇게 말하는 노인의 얼굴 위에는 희열의 빛이 반짝반짝 빛났다. 그는 거기에서 이야기를 끊고, 뭔가를 떠올리려는 듯, 잠시 눈을 감더니, 이윽고 생긋 얼굴을 펴면서 계속 이야기했다.

"세상은 재밌어. 전쟁이 터지자 부싯돌이 나오지, 짚신도 유행하지, 달구지(牛車)는 제멋대로 설치니까 말이야. 고마운 세상이야!"

그는 무릎을 치면서, 하하하 하고 웃었다.

"이 늙은이, 아직 부싯돌인가! 하며 놀리던 무리가 말이야, 요즘은 배급성냥이 모자라서, 쪼들리고 있어. 또 고무신발이니, 작업화니 해서, 요즘 농민은 짚신 짜는 법도 잘 몰라. 그래서 농민이 되겠느냐 말이야. 2천년 동안 짚신을 신고 일해 온 농민이 말이야. 게다가 우차는 어떤가? 트럭이 넘치자 달구지를 부셔서 온돌 땔감으로 쓴 분별없는 사람이 우리 마을에도 두세 명 있어. 솔직히 말해서 벌이도 없었던 것 같은

데 말이야. 그런데 나라가 열심히 전쟁을 하는 국면이 되자, 이런 편리한 것이 또 어슬렁거리며 나타나니, 고마운 일이야. ……"

차안의 사람들은 말없이 싱글거렸다.

"하지만 거기 얼간이 영감은 20전을 내자, 저 밀석을 덥석 내줬어. 아무래도 죄받을 짓을 해서 뒤끝이 안 좋아."

이번에는 모두가 놀랄 정도의 큰 목소리로 껄껄 웃었다.

나는 정열적으로 말하는 노인의 모습에 감명 받아, 새삼스럽게 그 얼굴을 다시 보지 않을 수 없었다. 눈처럼 희고 풍성한 수염에 덮인 붉은 얼굴은 새삼 또 윤이 났다. 그의 새파랗게 젊은 생명불은 들어가는 나이에 대항해 언제까지나 끓어오르려는 것 같았다. 그리고 그의 복장은 흔한 농민의 그것과 그다지 다르지 않지만, 그러나 아무리 해도 그를 농민이라고는 생각할 수 없는 기품이라고 할까, 기골이라고 할까, 어쨌든 보통이 아닌 뭔가가 그의 전신에 감돌고 있었다. 그래서인지 이 주변 일대 부락들에 아직 근근이 몇 백 년의 가통을 잇는 몇몇 마을의 무슨 씨라고 하는 명문의 혈통이라도 되는 것 같다. 그것은 말의 심한 억양만으로도 짐작이 간다. 사태가 여기까지 오자, 나는 갑자기 그의 정체가 알고 싶어 참을 수가 없었다.

"할아버지, 실례지만 올해 연세가 어떻게 되십니까?"

하고 물었다. 그러자 노인은 갑자기 둔감한 얼굴이 되어 고개를 갸우뚱거리며 귀를 기울이는 듯 했다. 나의 묻는 방법이 좀 너무 고상했나 하고 생각하고 있자, 노인은 호소하듯이 말했다.

"귀가 멀어서 말이야!"

옆에 앉아 있던 터키풍의 젊은 남자가 내 질문을 경상도 사투리로 바꿔 큰 목소리로 소리쳤다.

"할배, 나이가 몇인교!"

"…………"

그는 뭔가 중얼거리면서 두, 세 번 끄덕여 보이더니 결국 쓸쓸한 미소를 띠면서, 오른쪽 손 엄지를 굽히고 네 개의 손가락을 펼쳐 보였다.

"아홉이에요, 아홉. 일흔아홉이요."

"호오!"

나는 뒷말이 이어지지 않았다.

"팔십의 노인이 아닌가!"

차내의 사람들도 새삼스레 기운찬 것에 놀란 것 같았다.

"팔십이나 되면 이제 안 돼. 귀가 못쓰게 되어서 말이야, 원망스러운 이 귀!"

그렇게 말하면서 그는 놀리듯이 오른손으로 가볍게 탁! 자신의 귓불을 쳤다.

"아직 기력이 정정하지 않습니까? 우리들 젊은이가 부끄러울 정도에요."

나는 위로하는 마음으로 말했다.

"아니. 눈과 다리만은 말이야. 이건 아직 누구에게도 지지 않을 거요."

과연 이상하게 빛나는 그 두 개의 눈동자는, 이 노인의 과거를 감추고 있을 것이다. 나는 가만히 그 눈빛에 넋을 잃고 있었다. 그러자 노인도 그것을 눈치 챈 것인지 싱긋 웃으면서 대답했다.

"나는 젊었을 때에 포시를 했었어. 그 덕분이겠지."

"포시?"

내가 무슨 말인지 몰라 하자, 내 옆에 앉아 있던 현지의 N 씨가 "포수를 말하는 겁니다, 사냥꾼." 하고 표준어로 번역해 주었다.

"이걸 봐 주시오. 이게 그 흔적이오."

자세히 보니, 오른쪽 눈 아래에 비스듬히 3cm 정도의 흉터가 있고, 거기만은 멍처럼, 살이 붉게 솟아올라 있었다.

"이것은 저 토함산(吐含山) 산속에서 멧돼지와 일대일로 싸웠을 때의 흔적이오."

"호오, 스물세 살 때 말이지요?"

"그래, 어쨌든 열두, 세 살 즈음부터 포시를 따라 다녔으니까 말이야. 나는 한 평생 총을 쏘았소. 그래서 총을 놓으면 아무 것도 할 수 없는 무시근한 놈이오."

"주로 사냥한 것은?"

"이 주변은 멧돼지지요. 가끔은 노루도 나오지만, 재미없습니다. 뭐라 해도 멧돼지 사냥은 진지한 승부니까 말이오."

이야기가 점점 자기 본질로 들어왔는지 노인은 주먹을 쥐고 무릎을 앞으로 움직이면서 이야기하기 시작했다.

"이상하지요 — 산에 들어가면 우리들은 이미 모든 것을 잊고, 몸 전체가 들떠버려서 말이야, 다리에는 마치 날개가 난 것 같고, 10리, 20리라도 개의 뒤를 따라서 아무렇지도 않게 달릴 수 있게 됩니다. 사냥의 반은 개가 해주는 거나 마찬가지라서, 이 녀석들이 앞으로, 앞으로 섬섬 달리면서 사냥감을 점찍어 주지요. 지금의 셰퍼드 같지는 않지만, 조선의 개도 익숙해진 녀석은 잘 해 주지요. 그리고 사냥감과 마주하면 두 마리의 개는 — 그렇게 멧돼지 사냥에는 두 마리가 아니면 안 됩니다

— 맹렬하게 짖으면서, 멧돼지 앞을 오른쪽으로 뛰거나 왼쪽으로 뛰거나 하면서, 가는 길을 방해해. 그러면 멧돼지란 놈은 몹시 화가 나서, 휙! 하고 방향을 틀지. 멧돼지라는 것은 재미있는 짐승이라, 일직선으로 가는 것밖에 몰라. 이른바 저돌맹진(猪突猛進)이라는 것으로, 옆길로 빠져 도망가는 법을 모르지. 이쪽은 바위 그늘이나 어디에 숨어서, 가만히 총을 겨누고 기다리고 있어."

그렇게 말하면서 그는 갑자기 짚고 있던 지팡이를 들어올려 반듯하게 무릎쏴 자세를 취했다. 한 쪽 눈을 감고, 뜬 왼쪽 눈으로 창밖의 한 부분을 응시하는 자세는 정말로 시원해보였다.

"그러고 있는 동안에 바스락거리는 소리와 함께 검은 덩치가 불쑥 나타나, 조준 속에 딱 들어오면, 이제 이쪽은 참을 수 없어."

가슴속이 두근거리는지 노인은 주름진 얼굴을 웃음으로 무너뜨리고 몸 전체를 부르르 떠는 것이었다.

"그런데 이 겨냥이 중요해. 사냥감은, 특히나 멧돼지는 아무데나 총알을 박혀서는 안 돼. 가령 등이나 옆구리에 맞추어 봐, 비계가 7, 8부나 되는 멧돼지라서 좀처럼 죽지 않아. 줄줄 폭포처럼 피를 흘리면서도 도망치기 시작해. 뭐 그 핏자국을 따라서 하루, 이틀이라도 뒤따라가면 잡힐 때도 있지만 대개는 헛일이야. 또 급소를 빗나가면 멧돼지가 죽을 힘을 다해서, 이쪽 품으로 뛰어드는 경우가 있어. 사냥꾼이 당하는 것은 대개 그런 경우이지. 지난 번에도 시마다(島田) 나리가 상처 입은 멧돼지한테 옆구리를 찔려서 결국 죽었지만, 참혹한 짓을 한 거지."

경주를 방문한 적이 있는 사람이라면 누구라도 알고 있는 시마다야(島田屋) 여관의 주인이 바로 4, 5일 전 사냥하러 갔다가 멧돼지 이빨에 찔려 죽었다는 이야기는 대구를 출발할 때 안내해 주는 N 씨한테 들어서 나도 알고 있었다.

"내가 여기를 당한 것도 그런 거지. 옛날 총은 지금처럼 연발식이 아니어서 순간적으로 장전(裝塡)이 되질 않아. 아차, 큰일이다, 하는 순간에 멧돼지가 몸채로 얼굴에 부딪혀서……하지만 다행이었습니다. 이빨은 볼을 스치고, 나를 넘어뜨려 놓은 채 멧돼지는 멀리 도망갔지요. 실수는 그 전에도, 그 후에도 이 한 번 뿐. 덕분에 명예로운 상처를 남겼지요."

"그럼 어디를 겨냥하면 됩니까?"

"그건 말할 것도 없이 관자놀이지. 관자놀이만 확실히 겨냥해 빵! 한 발이면, 녀석은 빙글빙글 돌면서 털썩 쓰러지지요. 간단하지요."

나는 창밖으로 눈을 돌렸다. 옅은 검은 색으로 거무스름해져 가는 산들의 봉우리가 마치 나라(奈良)에서 보는 것 같은 완만한 곡선을 그리며, 경주를 빙 둘러싸고 있다. '경중십칠만팔천구백사십육호, 일천삼백육십방, 오십오리(京中十七万八千九百四十六戸, 一千三百六十坊, 五十五里)'라고 구가 된 넓은 경주는, 그러나 나라가 그러한 것처럼 하나의 분지이다. 마을 정남쪽에 웅크린 금오산(金鰲山)이 경주의 미카사야마(三笠山)라고 불린 것은 최근 들어 30년 정도 되었지만, 그렇게 서로 닮은 산이 동과 서에 있다는 것은 이상한 인연이다. 그뿐이 아니다. 나라는 조선어로는 국가 또는 국도(国都)를 의미하는 말로, 양자 어원을 같이 하는 것은 학사의 설명을 기다릴 것도 없을 것이다. 이렇게 나라의 도시라는 것이 고대 두 민족에 있어서는, 그 명칭에서도, 그 관념에서도, 또 그 이상에서도 같다는 것은, 뭔가 큰 의미가 있는 것처럼 생각되어, 나는 두 곳을 방문할 때마다 언제나 깊은 생각에 빠진다.

오늘날 나라에 가면 유명한 사슴몰이가 있어, 신 그대로의 세계를 보여주지만, 경주에는 그러한 우아한 것은 없다. 그러나 고대에는 어떠했을까? '삼국유사(三国遺事)'는 신라(新羅) 제1대 왕 박혁거세(朴赫居世)의 탄생을 묘사하며 다음과 같이 말하고 있다. "그 알을 쪼개어 남자 아기를 얻었는데 모습이 번듯하고 아름답다. 놀래어 이를 신기하게 여겨서 동쪽 샘에 가 미역을 감겼더니, 몸에서 광채가 나고, 새와 짐승이 몰려와 노래하고 춤추며, 천지가 진동하고 해와 달이 맑고 밝았다. 그로 인하여 혁거세라 이름하였다." 역시 똑같은 풍경이었던 것 같다.

역사의 도시, 문화의 도시로만 방문했던 나에게 경주의 산야에 멧돼지가 출몰했다는 것은 왠지 기이한 일로 여겨졌다. 그래서 나의 문화개념이 끊임없이 망설여졌지만, 역사상 사람과 동물과의 접촉은 우리들이 생각하고 있는 것보다도 훨씬 밀접했던 것이 사실인 것 같다. 예를 들어 삼국사기(三国史記)에는 예의 간결한 문장으로, '모년 모월 금원(禁苑)에 호랑이 출현'이라는 것과 같은 기사가 여럿 있는데, 그것은 아무리 해도 불행한 사건이라는 느낌은 주지 않는다. 조용한 금원 안에 갑자기 호랑이가 나타나, 궁녀들이 큰소리로 아우성치는 안을 경호 무사가 나타나 용감하게 물리친 훌륭하고 즐거운 에피소드라는 느낌이다. 게다가 또 사람을 종교나 예술로 인도할 때에 동물이 무척 성실한 하나의 역할을 해냈다는 사례도 많다. 불국사(仏国寺) 건립의 유래는 그것이다.

가을도 한창을 막 넘어, 무척 높은 하늘이 청자색에 빠지면 빠질수록, 산의 낙엽은 점점 그 선명함을 더해 간다. 오늘도 뜰 저쪽 나뭇가지 끝에서 작은 새의 울음소리가 들리니, 사냥을 좋아하는 귀공자 김대성(金大城)은 더 이상 참을 수가 없어 읽던 책을 덮고, 벽에 걸어두었던 활을 내리더니, 초당을 빠져나가 몰래 뒷문으로 나갔다. 목표는 빈사(賓士)의 들, 불국사 아래 평원. 그저께 결국 놓쳐버렸던 한 마리의 큰 곰이 아무래도 단념이 되지 않았다.

대성은 하루 종일 토함산 기슭 일대를 뛰어다녔다. 겨우 목표로 한 큰 곰을 만나 그저 한 발의 화살로 훌륭하게 쏘아 죽였을 때는, 이미 날도 완전히 저물어, 경주의 도시는 아지랑이 속에 있었다. 그러나 염원을 이룬 대성은 피로도 잊고 유유히 산을 내려와 그날 밤은 아는 민가에 머물기로 했다. 그런데 그날 밤 큰 곰의 영혼이 귀신이 되어 꿈에 나타났다.

"네 이놈 김대성, 너는 무슨 원한이 있어 나를 죽였느냐! 나는 꼭 너를 물어 죽일 것이야." 하고 으르렁거리면서 큰 곰은 이를 갈며 뛰어든다. 놀란 대성은 필사적으로 손을 비비면서,

"아, 내가 잘못했다. 아무쪼록 용서해다오. 그 대신 네 말이라면 무슨 일이라도 다 할테니까."

"좋아. 그렇다면 절 하나를 건립해서 나를 위해 명복을 빌어라."

"알았다! 칼을 걸고 맹세하지!"

그렇게 말하면서 베개 밑에 놓아두었던 단검에 손을 댄 순간, 꿈에서 깨어났다. 전신이 땀으로 흠뻑 젖어, 요까지 흥건히 적셨다.

그때부터 대성은 발심(発心)해서, 밥보다도 좋아하는 사냥을 딱 그만두고, 꿈에서 약속한 대로, 죽은 곰을 위해서 웅수사(雄寿寺)라는 절을 곰이 죽은 자리에, 또 장수사(長寿寺)라는 절을 곰을 처음 발견한 장소에 지었다.

결국 김대성은 아버지 문량(文亮)의 뒤를 이어 신라 재상이 되었다. 그때 왕이던 경덕왕(景德王)은 불심이 의외로 독실해, 친히 절들을 순례하시고는 경(経)을 강의하시고, 혹은 시주가 되어 공양을 준비하시는 등 열심이었다. 따라서 나라 전체에 사원이 연이어 신축되거나 개축되어, 그 번성함이 전대미문(前代未聞)이라고 칭해졌다.

불국사는 제22대 법흥왕(法興王) 22년에 창립되었지만, 경덕왕 때에 이르러 면목을 일신할 정도로 크게 개축되었다. 그것은 단순히 곰의 망령에 움직여서 부처에 귀의한 김대성이 발안(発案)이 된 것이었지만, 이번에는 부모의 장수를 기원하고, 국가의 안태(安泰)를 축복하기 위한 것이었다.

그런데 김대성의 성장에는 이상한 이야기가 전해지고 있다. 대성은 원래 모량리(牟梁里) 마을에 경조(慶祖)라는 과부를 어머니로 해서 가난하게 자랐다. 머리가 유별나게 크고, 게다가 정사각형의 모습을 하고 있어서, 딱 성이 우뚝 솟아 있는 것 같다. 그래서 대성이라고 이름 지었다. 어머니는 대성을 등에 동여매고, 아침부터 밤까지 주인집을 위해서 거친 일을 하지 않으면 안 되었다. 어느 날 한 스님이 주인 복안(福安)의 집에 와서 시주를 청했다. 그 때 스님은 노래하듯이 다음의 문구를 읊었다.

"하나를 베풀면 만 배를 얻고, 안락 장수할 것이다."

소년 대성이 그것을 듣고 바로 집으로 돌아와서 호기심으로 눈을 빛내면서 어머니께 물었다.

"어머니, 지금 나리 집에서 스님의 경을 듣고 있자니, 하나를 베풀면 만 배를 얻고 안락 장수한다고 했는데, 그게 정말인가요?"

"정말이고말고! 스님께서 말씀하신 것이 사실이다."

"그럼 우리도 스님께 시주를 하면 어떨까요? 집이 이렇게 가난한 것은 분명 전생에 아무것도 베풀지 않았던 탓이 아닐까요?"

너무나도 조숙한 아이의 말에 어머니는 왠지 불안의 그림자가 스치면서도 몹시 감탄한 눈빛으로,

"아, 좋은 생각이구나. 뭐든지 드리렴."

어머니의 승낙을 얻고 완전히 기운을 차린 대성은 아주 조금밖에 없는 밭 하나 분량의 마늘을 그대로 스님에게 주어버렸다. 그 일이 있고 나서 얼마 안 되어 대성은 병이라고 할 만한 병도 앓지 않고 마치 어린 나무가 꺾이듯 덜컥 죽어버렸다.

그런데 그날 밤 똑같은 시각에 그때의 재상 김문량의 집에 하늘로부터의 목소리가 있어,

"모량리의 아들 대성이 이 집에 다시 태어날 것이다."라고 했다.

바로 사람을 보내어 모량리를 조사하게 하니 과연 평판 좋던 대성이 그날 밤 죽었는데, 김 재상의 부인도 그 때 임신해 열 달을 지나 태어난 아이는 용모가 유난히 우람한 사내였다. 무슨 까닭인지 왼손을 굳게 쥐고 펴지 않는다. 7일이 되어 겨우 편 것을 보니, 금패에 대성이라는 두 글자가 새겨져 있다. 그래서 하늘의 알림이 적중한 것을 알고, 아이의 이름을 대성이라고 지었다. 그와 동시에 모량리에서 아이 대성을 잃고 혼자 쓸쓸하게 울고 있는 경조를 저택으로 맞아들여 극진히 부양했다.

전설은 이렇게 이야기하고 있다.

그런 우리들은 이 전설을 어떻게 해석하면 좋을까? 위인이라고 불리고 영웅이라고 불릴 정도의 사람이 일시적 유희로 담장의 꽃을 꺾고, 가시에 찔려 나중에까지도 곤란을 겪는다는 이야기는 지금이나 옛날이

나 끊이지 않는다. 특히 신라왕조 시대에는 그 예가 많았다. 사냥하고 돌아오는 길에 비천한 여자를 가까이 하여 그로부터 아이가 태어나 여러 가지 파문을 그린다. 그것도 영웅의 생애에 어울리는 에피소드라고 하면 못할 것도 없을 것이다.

그런데 이렇게 태어난 대성은 수양아들로서 생애를 초토에 묻히게 하기에는 너무 잘났다. 유난히 우람한 풍모며, 비범한 지력, 특히 순수한 마음가짐하며, 하나에서 열까지 아버지 문량의 감식안을 자극하지 않을 수 없는 뭔가가 있었다. 그래서 큰맘 먹고 대성을 저택으로 불러들여 적자(嫡子)로 함과 동시에, 그 생모도 유모라는 명목으로 맞아들이기로 했다. 그리고 그 입적을 정당화하기 위해, 하늘의 소리라는 전설을 짜내는 것을 잊지 않았다. 하지만 한편으로 배 아파 낳은 아이를 내 아이라고도 부르지 못하는 경조의 괴로움! 더군다나 정실부인이 노골적으로 증오의 불꽃을 태우는 눈초리와, 하인들이 넌지시 모욕의 빛을 품은 눈빛! 경조의 생애는 결코 즐겁지도 화려하지도 않았다. 영리한 대성은 언제부터인가 어른들의 비밀을 다 알고, 그것을 혼자 가슴 깊이 간직해 두고 있었다.

그리고 재상 김대성은 국왕에 헌책(献策)해서 불국사 중수(重修)를 했다. 그 때 그의 가슴속에는 슬픈 한 여성을 위해서, 조촐하지만 진혼이 담긴 하나의 절을 건립하고 싶다는 비원(悲願)이 끝없이 용솟음치고 있었다. 어린 자신을 등에 동여매고 일년 내내 악전고투한 어머니의 모습, 저택에 맞아들여지긴 했지만 차가운 감시 속에서 꾹 이를 악 물지 않으면 안 되었던 어머니의 모습! 이 어머니의 모습을 어떻게 하면 영원화(永遠化)할 수 있는가!

대성은 결국 뜻을 정하고, 땅을 점쳐서 석불사(石仏寺)를 창건했다. 그리고 토함산의 햇볕 잘 드는 꼭대기 주변에 석굴을 뚫어, 동해에서 떠오르는 태양의 첫 광선을 백호(白毫-부처님 미간에 있는, 흰 빛을 낸다는 털)에서 받을 수 있는 위치에 본존석가불(本尊釈迦仏)을 안치하고, 더불어 제천제불(諸天諸仏)을 배치하며, 십방정토(十方浄土)의 현출을 기원하여 비원의 일단을 채웠다.

어쨌든 장려하기가 동도제일(東都第一)이라고 불리는 불국사를 창건해, 불가사의한 생명의 약동을 천년 후 오늘날까지 전해주는 석굴암(石窟庵)을 창건한 김대성을 부처님께 인도한 것은 한 마리의 큰 곰이었다. 이런 전설이 어느 종교사에 있을까?

그러나 생각해 보면 이것은 그리 이상한 것도 아니었다. 왜냐하면 곰은 조선인에게는 신앙의 대상이었기 때문이다. 단군(檀君)전설에 의하면 태백산(太白山)에 강림한 환웅(桓雄)은 곰의 비원대로 그를 여자의 몸으로 환생시켜, 그녀와 결혼, 단군왕검을 낳았다고 되어 있다.

조선인의 곰 숭배는 멀리 야마토(大和) 땅에도 전해져, 큐-슈-(九州)에서는 신라와 통한 예족(濊族)을 쿠마소(熊襲)라고 부르며, 또 흔히 한인(韓人)을 코마진(コマ人)이라고 부른다. 아마 태백산맥을 따라 남하해온 예, 맥족(貊族)은 지금의 강릉(江陵)이나 울진(蔚珍) 주변에서 바다로 나와, 일본해(日本海)의 흑조(黒鳥)를 타고, 탄바(但馬)로 건너가고, 나아가 다른 일파는 남해안에서 직접 큐-슈-로 건너갔을 것이다. 어쨌든 곰과 임금과 신은 고조선어(古朝鮮語)에서 그 발음을 같이 할 정도의 관계에 있었다.

김대성의 일은 나중에 신라 재상이 될 정도의 것이었으니, 이러한 것들을 모를 리 없다. 혈기대로 제법 곰은 쏘아 죽였지만, 이번에만은 (아마 그것은 그의 정신적 전환을 나타내는 중요한 순간이었을 것이다), 죽을 때의 큰 곰의 원망스러운 눈빛이 언제까지나 따라다녀서 밤에도 잠들지 못했을 것이다. 그것이 동기가 되어 그는 아직 눈 뜨지 않은 신앙심을 개안(開眼)하게 되고, 나아가 신래(新来)의 불교 모두를 절충해서, 무인 김대성은 인생행로의 더욱 심한 길을 오르기 시작한 것은 아니었는가?……

"그 때에도 총이 있었나?"

누군가 이런 바보스러운 질문을 해서 나도 상상의 세계에서 내동댕이쳐졌다. 노인을 보니 놀라서 말을 못하겠다는 표정이었다.

"그건 당신, 내지에서 조선에 처음 총을 보내온 것이 임진난(壬辰乱) 바로 전이었으니까, 벌써 3백년이나 됐네. 하긴 지금과 같은 훌륭한 연발총이 아니지. 하지만 아주 잘 맞혔어. 게다가 포수라는 것은 단순한 사냥꾼이 아니야. 윗전의 부르심이 있으면 언제라도 전쟁에 나가지. 그들이 또 고용 병사와는 비교할 수 없을 정도로 매우 훌륭한 봉공의 모습을 보여주었지. 그래서 조선 포수라고 하면 이름이 청국(清国)에까지 널리 알려져 있었어. 나는 배운 것이 없어서 자세히는 모르지만, 효종(孝宗) 연간에 청국이 아라사(俄羅斯-러시아)와 흑룡강(黒竜江) 윗쪽에서 싸웠을 때, 조선에서 함경도(咸鏡道) 포수 50명을 받아서 겨우 쫓아냈다고 해. 어쨌든 아라사 녀석들은 의외의 곳에서 총알이 날아와서 점점 자기편을 죽이니까, 거품을 물고 도망치기 시작했다지. 방약무인(傍若無人)한 아라사 병사에게 꽝! 하고 한 방 먹인 것은 다름 아닌 조선 포수야."

"그런데 다음 해가 되자, 청국에서 또 조선 포수의 원병을 청했다네.

당시 아라사는 흑룡강 이남으로 진출하려고 끈질기게 쳐들어왔던 것 같아. 그래서 청국은 1만의 군대를 보내어 아라사의 근거지인 호마이성(呼瑪爾城)을 둘러쌌지만, 20일이 지나도 함락되지 않아서 어쩔 수 없이 돌아온 참이었다. 그래서 조선에서는 북변구읍(北邊九邑)의 포수 2백 명에 군속 60명을 붙여 보내주었다. 그들이 영고탑(寧古塔)에서 청의 대군과 합류하여 척척 송가라강(宋加羅江)을 내려갔다. 그런데 청군은 1만이나 모여 있었지만 포수는 하나도 없었어. 도저히 싸움이 되지 않아. 부딪힐 때마다 조선 포수가 나가서 물리쳐 버린다. 마지막에는 불화살로 적선의 화약을 폭발시키고, 10여 척을 뒤엎어서 도망친 것은 단 1척. 이 전쟁에서 적은 스테하노소라는 대장을 잃어버렸기 때문에 뿔뿔이 흩어져 결국 청군의 승리로 돌아갔다. 그래서 조선 포수군이 돌아왔을 때는, 이번 승리는 완전히 조선군 덕분이었다면서 고맙다는 말을 들었으며, 출정한 무리 중에는 청의 조정으로부터 작위(爵位)를 받은 사람도 있다고 해. 나는 어린 시절, 이 이야기를 내 스승인 강(姜) 선생님께 몇 번이나 들었는지 몰라."

이야기를 들으면 들을수록 운치 있는 노인이었다. 그렇다고 해도 조금 전 젊은이의 무미(無媄)한 질문은, 그 질문의 주가 나 자신이기도 한 것 같은 자책의 마음이 일어 내 신경을 자극했다. 그래서 나는 사과하는 마음으로 노인을 향해 말했다.

"좋은 이야기군요! 지금의 젊은 사람들이 그런 좋은 이야기를 점점 잊어간다는 것은 쓸쓸한 일입니다."

"이야기만이 아닙니다. 혼도 점점 잊어가고 있는 것 같습니다. 나는 지금 한포(汗浦)에 살고 있는 딸집에 다녀오는 길입니다만, 남편이 어업을 이것저것 크게 하고 있어서, 나는 사치라고 생각하지만, 아들을 경성 전문학교로 보내기도 하고 말이오. 그런데 얼마 전 애국반장이 와서, 이번 조선 전문대학교생들에게도 내지인 학생들처럼 육군에 특별 지원을 하는 길이 열렸다, 이번에 나가는 학생들은 앞으로 황군 간부가 될 자격이 주어지도록 정해져, 절호의 기회다, 조선인 학생은 모두 나가지 않으면 잘못이다고 하더군요. 나는 깜짝 놀라서 우리 손자 녀석은 어떻게 됐냐고 물었더니, 글쎄 그것이 확실하지 않아서 말이오, 아무래도 고향에 돌아온 것 같은데 자기한테는 아무런 의논도 없었다는 이야기. 나는 한심하기도 하고, 화가 나기도 해서, 몹시 노해 딸한테 편지를 보냈소. 그랬더니 딸도 패기가 없어서 본인 마음이 정해지지 않는 것 같다는 둥 이러쿵저러쿵 변명만 늘어놓더군요. 무슨 말을 지껄이나 싶어 어젯밤 집을 나와 7리 길을 힘차게 달렸소. 이래도 하루 12리는 걷은 다리요. 7리는 그리 대단한 거리도 아니오."

나는 이런, 이런 하고 생각하면서 겨우 여기까지 노인의 이야기를 들었는데, 이제 가만히 있을 수가 없었다.

"그래서 어떻게 되었습니까?"

"이유를 막론하고, 갑자기 들어가서 이불을 걷어붙이고, 자, 도장을 찍을 거냐 말 거냐 하고 항의했소. 그러자 그 녀석, 후후후, 신기하게 머리를 숙이면서, 할아버지, 죄송합니다, 찍을 게요 하는 거야."

"다행이군요!"

나도 안심하고 환성을 질렀다.

"한밤중에 도착한 터이라, 잠자리를 습격 당해 모두 당황해 버려서 말이야. 좀 안 되었어."

"세상의 아버지가 모두 당신 같이 훌륭한 분이면 말이죠."

하고 목구멍까지 나왔지만 나는 가만히 있었다.

"어떻게 될까요? 선생님은 뭐든지 알고 계시겠지만, 3천 몇 명인가 하는 학생들, 모두 기운차게 나가 줄까요?"

노인은 침통한 표정으로 묻는 것이었다.

"나가겠지요! 기일(期日)까지는. 또 취지가 철저하지 않아 우물쭈물하고 있는 무리도 있는 것 같지만."

나는, 하나는 자신의 신념에서, 하나는 이 노인을 낙담시키고 싶지 않아서 이렇게 단호히 대답했다.

"나는 배운 것이 없는 사람이라 아무것도 모릅니다만, 이 좋은 세상에 젊은이가 우물쭈물하고 있는 것은 아무래도 재미없어요. 솔직히 말해서 조선의 젊은이한테 이런 좋은 세상이 있었을까? 내가 젊었을 때는 집이 먹는 데 궁할 정도는 아니었지만 배우지는 못했어. 공부만큼 편리한 것은 없어. 어쩔 수 없이 사냥꾼을 따라서 산으로 들어갔지. 그래서 총을 다루는 기술을 배우고, 경주 배(裵) 포수라고 조금 이름을 알릴 정도가 되었어. 그래서 어쨌다는 건가. 연백(年百) 연중 짐승 상대니, 가지고 태어난 피를 주체할 수 없어. 아니 그밖에 공을 세우려고 해도 세울 곳이 없어. 썩었어, 나는. 이래도 조상을 조사해 보면, 어엿한 무가(武家) 핏줄이오. 그 자손이 모처럼 총을 잡은 것이 사냥꾼이면 우선 선조님에 대해 너무 죄송스러운 이야기라서 —" 노인은 여기에서 이야기를 끊고, 조용히 눈을 감았다. 얼마 지나서,

"내가 서른여섯 살 때였나, 일본 수비대가 처음으로 여기에도 와서 말이야. 늠름한 군복에 반짝반짝 빛나는 총을 메고, 척척 걷고 있는 것

을 보자, 무척이나 부럽고 부러워서, 한 번이라도 좋으니까 저 옷을 입고 총을 쏘아보고 싶다고, 정말로 진지하게 생각했었는데, 하하하."

"정말이에요!"

나는 크게 끄덕여 보였다.

"그런데 이번에는 우리들한테도 그것이 가능하게 되지 않았소. 게다가 이번에 나가는 학생들은 모두 훌륭한 군인이 되도록 한다는 이야기인데, 이런 고마운 이야기가 있겠소. 내 손자도 이렇게 전쟁에 나가서, 코쟁이의 저 높은 콧대를 눌러 꺾어 준다고 생각하니, 나는 처음으로 선조님한테도 면목이 서는 것 같은 기분이 듭니다."

어느 틈엔가 쌀쌀해졌다. 해는 그늘져 있는 것이 아니라 저물고 있는 것 같았다. 기차가 경주에 가까워졌는지 슬슬 내릴 준비를 하는 사람들도 있었다.

"그런데 선생님, 어디까지 가십니까? 괜찮으면 경주에서 하룻밤 묵고 가시지요. 경주에는 아직 좋은 돼지고기를 먹을 수 있는 집이 있습니다. 내가 안내할 테니, 경주의 막걸리라도……"

"아 고맙습니다만, 우리 일행은 어떻게 해서라도 오늘밤 대구까지 돌아가야 해서요."

그 사이에 나는 노인과 헤어져야 할 시간이 왔다. 노인을 향해 거수의 예를 하고 — 국민복을 입고 있어서 —, 그리고 진정으로 별리(別離)의 말을 했다.

"노인장, 아무쪼록 건강하게 사십시오. 그리고 꼭 곰 한 마리 쏘아죽여 주십시오."

그러자 노인은 놀란 듯한 표정으로, 내가 올린 왼손을 두 손으로 삼

가 받으면서,

"아하하하! 사냥 말입니까, 예, 하지요. 꼭 하지요! 아하하하, 아하하."

그의 웃음은 계속 이어졌다. 그리고 눈에는 반짝반짝 빛나는 뭔가가 있었다.

등반(登攀)

오비 주조 小尾十三

1909년 10월 26일. 이토 히로부미 공이 암살되던 날 오비 주조 태어남. 이듬해에 한국 병합. 야마나시현(山梨県) 키타코마군(北巨摩郡)에서 서적상을 경영하며 대(大)히로부미당(党)에서 수학의 진기함에 열중하던 아버지는, 애오라지 자손에게서는 히로부미 같은 위인을 배출하고 싶어, 히로부미의 아버지 이름인 주조(重蔵)를 따서 주조라고 이름을 붙였다고 전해진다. 가세가 기울어 고후(甲府)상업학교 중퇴. 중등교원자격검정시험(文検)을 통해 조선의 상업학교에서 가난한 교편을 잡은 적이 있었다. 조선에서 청춘의 대부분을 묻었다. 문학 따위에는 빠져들지 않았다. 이것이 오랜 과거, 자기에게 부여된 혹독한 형벌의 하나였던 것임에도 불구하고…….

1

비는 진눈깨비가 되어 눈으로 바뀌었다. 아직 푸르른 백양목 가로수의 나뭇가지 끝은 눈의 채찍을 피하려고 열심히 고개를 흔들고 있었다.

—선생님, 저는 도대체 어떻게 하면 좋을까요? 저는 어제 저녁 경찰의 가택 수색을 받아, 밤 12시쯤까지 경찰서에 있었습니다. 오늘도 다시 중간고사를 끝내고 가야 합니다. 경성의 중학교에 있는 친구한테 보낸 편지와 그로부터 받은 편지에 의심을 받고 있는 것입니다. 저는 그저 정직하게 말했습니다. — 아주 예전에는 나빴다. 작년까지는 방황하고 있었다. 지금도 추궁해 보면 방황하고 있는지도 모른다. 그러나 완전한 일본인이 되는 것이 나의 숙원이다—. 오늘 가더라도 저는 솔직하게 그것을 반복할 것입니다. 이것이 제 최대한의 진실이기 때문이며, 진실에 주어지는 대답을 기다릴 뿐, 저에게 다른 길은 없습니다. 선생님, 아무쪼록 저의 마음을 믿어 주십시오. 선생님마저 믿어 주지 않으시면 이 세상에서 아무에게도 매달릴 사람이 없습니다. 그리고 만약 이 엽서가 도착

하기 전에, **경찰서에서 나왔다**는 전보가 오지 않으면, 선생님께서 보호하겠다고라도 해서 아무쪼록 구해 주십시오. 신께 맹세코 저는 어떤 나쁜 일도 계획한 적이 없습니다. 저는 조선인으로서, 아니 한 사람의 인간으로서 인생만사를 의심하고 고민한 것뿐입니다. 이만 총총—

2시간째 수업을 끝내고 자기 자리로 돌아온 키타하라 쿠니오(北原邦夫)는 책상 위에 야스하라 히사요시(安原寿善)로부터 온 그런 엽서를 발견했다. 히사요시는 키타하라의 전임 학교인 북선(北鮮)의 중학교에서 담임을 했던 학생이다. 전보도 받은 적 없고, 오랫동안 소식도 끊겼던 그로부터 갑자기 그런 소식을 받았기 때문에 그는 적잖이 가슴을 졸였다. 그는 진정하려고 애를 쓰며 정성들여 문장을 읽었다. 언제나 단려한 글자를 쓰는 히사요시의 필적은 생각 탓인지 흐트러지고, 글 첫머리의 큰 문자는 점점 작아져 끝은 다 쓰지 못해 아래쪽으로 돌고, 그래도 끝나지 않아 ※ 표시를 붙여서 첫째 줄 오른쪽에서 끝나고 있었다. 그 엽서는 북선에서 신경(新京)까지 5일 걸려서 도착했다.

예의 팽개쳐진 것일지도 모른다. 놀라기는 했지만 쉽게 혐의를 벗었기 때문에 그것을 당연한 결과로 보고, 그런 경우 교사의 근심 따위는 생각도 못 하고 전보를 칠 기회를 놓친 것임에 틀림없다. 학생의 신상에 관련된 일이라면, 당사자나 학부형 이상으로 마음 아파서 백방으로 노력하나, 그때마다 그들로부터 외면을 당한 키타하라는 이번에도 그런 일일지도 모른다고 스스로의 마음을 달래보았다. 하지만 자신에 대한 키타하라의 사랑을 알고 있는 히사요시가 그것을 모를 리가 없을 터인데라고 스스로를 위안해보지만 그런 위안조차 소용이 없었다.

키타하라는 진척도 없는 생각에 지쳐 엽서를 책상 위에 내팽개치고서는 창가로 다가갔다. 10월 중순인데도 눈은 언제 그칠지도 모른 채 푸른 잎사귀 위에 끈질기게 내리고 있다. 그것은 만주(滿洲)에서 첫 겨울을 맞이하는 자신을 깨닫게 하는 풍경으로 보였다. 그는 조심성 없이 나오는 한숨으로 유리를 흐리게 하면서, 그 한숨의 출처와는 다른 호기심어린 시선으로 제철이 아니게 내리는 눈을 바라보고 있었다. 그러자 갑자기, 아니 이것은 한 번 본 풍경이잖아! 하고 알아차렸다. 흐린 유리 건너에 한 장의 그림이 급속도로 펼쳐졌다. 그 그림 속에도 윤이 나는 푸른 잎에 눈이 쌓여 있었다. 그리고 키타하라와 히사요시가 그것을 생각에 잠겨 바라보고 있었다.

그것은 금강산(金剛山) 많은 봉우리 중의 하나, 깎아지른 것 같은 세존봉(世尊峰) 정상에서였다. 그것도 오늘 온 히사요시의 엽서에 뒤얽혀있다. 모든 것은 지금 생각에 닮아 있었다.

키타하라는 올해 5월 신경의 중학교로 전임(転任)해 온 지 얼마 되지 않았고 그때까지는 히사요시가 있는 중학교에 말석으로 교편을 잡고 있었다. 서른두 살이나 되는 그가 말석인 것은 도쿄(東京)의 사대(私大)에 재학 중 고향 수와(諏訪)의 농민운동에 관계하다가 퇴학을 당했는데, 그것이 늘 그의 신원조사에 따라다녔기 때문에 이리저리 옮겨 다니며 방랑을 거듭하지 않으면 안 되었기 때문이다. 그러나 예의 말석이라고 해도, 그런 상처를 가진 그가 관리인 공립중학교 교사로서 떳떳하게 부임할 수 있었다는 것은 사정을 아는 선배가 무진 애를 쓴 덕택이긴 하지만, 방랑하던 10년 동안 일본국민으로서의 자각에도 정도는 있겠지만, 그는 그 나름대로 그 자각을 회복했기 때문이다.

키타하라는 방랑 10년 동안에 언제인지도 모르게 등산의 맛을 느껴 지금은 그의 가장 즐거운 취미가 되었다. 그런 이유로 학교에 봉직하면서 그는 어느 사이에 등산부장으로 추대되어, 단련등산 때마다 리더를 맡았고, 근로봉사작업에서는 산 취사의 솜씨를 발휘해, 몇 백 명이 넘는 합숙학생의 취사를 혼자서 맡기도 했다. 하지만 산을 오르는 진실한 즐거움은, 다른 사람이 뭐라고 해도 할 수 있는 일이라면 혼자 해야 한다는 데 있다고 그는 믿고 있다. 그렇다고는 해도 그의 임지 가까이에는 원하는 산다운 산은 없어 약간 부족함을 느끼고 있었다. 그래도 금강산이 가까워서 한가할 때마다 훌쩍 나가서는 간신히 위로하고 있었다.

작년 10월도 다 갈 무렵, 교정의 벚꽃 잎이 물들기 시작했기 때문에 신의 단풍도 아마 아름다울 것이라고 생각하며 그는 금강산행을 계획했다. 하지만 계획해보니 평소의 취향과는 날리 누군가 상대를 필요로 했다는 것은, 그 즈음 그가 뭔가에 쫓기 듯 허둥지둥 결혼한 여학교 교사인 아내에게 예전에 애인이 있었다는 것을 알고, 게다가 상대는 같은 동리에 사는 실업가로 중년이며, 또 서로 단념하지 않는 모습까지 보이고 있었기 때문에, 지금에 와서 결혼에 대한 자신의 경솔함이 후회되고, 그도, 아내도 작은 마을에서는 사회적 입장이 있는 터이라, 귀찮은 세간의 말을 고려해서 결단을 망설여, 다른 사람들 모르게 어두운 나날을 보내고 있던 때였기 때문에, 오히려 혼자가 되는 것이 허무하게 생각되었던 것이다.

상대를 필요로 한다고 해도 30살을 넘어 부임한 마을에 가슴속을 털어놓을 수 있는 친구가 있을 리 없고, 그런 경우 학생 중에서 물색하는 수밖에 없었다. 아니 오히려 결혼의 실체에는 무지한 학생 쪽이 망각의

한 때를 지내기에는 걸맞았다.

하지만 상대를 선택한다고 해도 많이는 필요하지 않았다. 한 명이라고 해도 다수를 상대하는 교사의 입장이었지만 전혀 적당한 사람은 발견할 수 없었다. 그 중학교는 내선공학(内鮮共学)으로, 그가 담임하고 있는 4학년 2반은 내선이 거의 반반이었다. 그가 학생을 사랑하는 태도는 잃어버린 소년 시절을 재건하는 것 같은 열이 담긴 것이라서, 교사에 대해서는 어쨌든 허무적 태도로 나오기 쉬운 나이인 그들도 키타하라의 속마음을 알았는지 비교적 쉽사리 친해져, 그와 함께 등산하거나, 말을 타고 멀리 나가는 일을 일종의 여학생 같은 심정으로 기회를 기다리는 모습이었다. 그러나 그만큼 또 그들을 사랑하는 법에는 세심한 주의를 기울이지 않으면 안 되었다. 즉, 주의하고 있지 않은 틈에 어느 학생만을 편애하는 위험이 전혀 없는 것만은 아니기 때문이다. 평범하지만 각각의 입장에서 더 공평하게, 더 깊이 사랑한다는 것이 목표가 아니면 안 되었다. 그러나 각각의 입장에서 더 공평하게, 깊이 사랑한다는 것은 말처럼 쉬운 일이 아니다. 교사도 미완성인 한 사람의 인간이고 보면, 사랑은 단순한 심정이 아니고 그 인간에게 갖추어진 어떤 역량의 문제이기도 하기 때문에, 아무리 조심해도 편애의 과오는 의식하지 않고 범하기 쉬운 것이다. 양심적이라고 한다면 고민도, 노력도 그 한 점으로 응집되어야 하겠지만, 그는 양심에야말로 자기가 신보할 수 있는 결정적 계기가 있다고 생각한나. 반면에 자신의 직무에 소년 같은 마음으로 행복하다고 생각히였나.

그는 담임반 학생인 등산부원 중에서 여러 명의 학생을 떠올리며, 누구에게 상대를 해달라고 할까 하고 물색해 보았지만, 그들은 사이좋게 그룹을 만들고 있어서 그 중 한 명한테만 권해서는 그의 염원인, 교사에 대한 그들에게서의 사랑과 존경을 받지 못할 것이고, 그들 서로 간에 아름다운 우정의 세계를 만들어 주고 싶은 그의 방침에 거스르는 것이라서 마음의 가책을 느끼게 하는 짓이었다. 게다가 그 학생들은 내지인 학생뿐이었다. 그는 내지인보다 조선인 학생을 보다 많이 사랑하고 싶었다. 내선을 함께 담임해보니 정(情)이 향하는 것은 내지인 학생 쪽이 아무런 이유 없이 익숙했다. 사랑이 적은 사람을 보다 열심히 사랑하고 싶다—. 그것은 또 다른 면에서의 그의 자연스러운 정이고, 생각해보면 10년 동안 방랑하지 않으면 안 되었던 과실의 근본 원인도 키타하라에게는 그런 정이었다. 그리고 그것은 지금 신념화되었을 정도로 깊어져서, 10년 동안의 방랑에도 불구하고 조금도 비뚤어지지는 않았다. 그렇다고는 해도 한 사람을 선택하는 것은 내선이 똑같을 텐데도, 내지인 학생의 경우는 과장해 말해서 죄의식을 느끼는데, 조선인의 경우는 그것이 없는 것은 이상했다. 그렇다는 것도 그들은 어딘지 모르게 고독한 풍모를 풍기기 때문일지도 몰랐다. 사실 잘 조사해보면 내지인 학생에 비해서 우정이라고 할 만한 사이는 드문 것 같았다.

그러나 키타하라의 그러한 세심한 주의나 노력에도 불구하고 일대일로 긴 하루를 마주보며 생활한 뒤 서로 마음 따뜻한 상대라고 할 사람은 조선인 학생 중에서 쉽게 생겨나지 않았다. 지금의 겨우 23명인 4학년을 2학년 때부터 담임했지만 어느 쪽이 잘못이라고 할 수도 없다. 그러나 어쨌든 답답한 질문이란 걸 잘 알고 있었다. 하지만 팔굉일우(八紘一宇-세계를 하나의 집으로 한다는 것: 역자)나 내선일체나 결국은 거기까지 가지 않으면 안 되고, 또 출발점이기도 하다고 그는 생각하고 있었다.

조선인 학생 중에서 누군가를 ―이라고 생각했을 때, 그래 그 녀석을 ―이라고 생각한 학생이 기질을 알게 된 23명 중 야스하라 히사요시였었다.

2

야스하라 히사요시가 지금에야 키타하라의 마음에 따뜻하게 맨 먼저 떠오르지만 담임 당초에는 완전히 반대였으며, 다른 조선인 학생과 똑같았다. 아니 똑같다고 하기보다 그의 경우는 특별히 심했다. 키타하라의 격려로 유도부에 들어가 몸도 어떤 산을 올라도 견딜 수 있을 만큼 씩씩해졌지만, 그 즈음은 마르고 뼈가 앙상한 볼 위에 웃음기 없는 눈동자를 굴리고 있었다. 전체적으로 인상이 옅은 학생이었기 때문에 담임은 하고 있었지만 부임해서 얼마 되지 않은, 히사요시가 2학년 때는 특별히 그 존재를 의식한 적은 없었다. 그러던 것이 3학년 초 어느 날 그의 마음을 심하게 잡았다.

그 즈음 학교에서는 이수과(理数科) 교원의 부족으로 고민 끝에 다른 과목 교사가 수학 등을 대신 가르치지 않으면 안 되었다. 키타하라의 전공은 영어였지만, 박물(博物) 교사가 담임해야 할 농업대의(農業大意)라는 과목을 맡아야만 했다. 영어과가 농업과를 맡는 것이 언뜻 보기에는 기묘하지만, 키타하라는 농가에서 자라, 방랑 시절 시스오카 켄(静岡県)에 있는 사설 농사 연구소에서 봉공이니 마찬가지로 근무한 경험이 있어서, 뭔가 대신 가르치라고 해서 맡았다. 그 농업대의 시간에 총론을 다 끝냈을 때였다. 질문이 없는가 하며 그들을 쳐다보자, 시골이긴 하지만 도회라는 이름이 붙는 곳에서 자란 그들은 그런 과목을 배우는 것조차 어려운지, 전혀 흥미 없는 것처럼 손을 드는 사람은 보이지 않았다. 그것도 당연하다고 생각되어, 그는 방과 후 실습에 중점을 두면 되겠다고 생각해, "그럼 다음, 토양."이라며 페이지를 넘기자,

"예."

하고 손을 든 사람이 있었다. 천성적으로 웃는 근육을 잃은 것 같은 안수선(安寿善)이었다.

"엉, 질문인가?"

하고 키타하라는 질문을 받은 것도, 그것이 히사요시인 것도 의외라고 생각하며 일부러 반문했다.

"그렇습니다."

거의 질문하지 않는 학생의 버릇 때문에 조금 노기를 품은 목소리였다. 그는 왠지 모르게 잠깐 당황하며, "어딘가." 하고, 교과서대로 가르친 것도 아니면서 서둘러 페이지를 되돌리자, 히사요시는 당황스러움을 놓치지 않겠다는 듯 짓궂은 눈초리를 하며,

"아름다운 도덕의 전통은 농촌에서 계속 유지된다고 하셨는데 저는 반대입니다."

그것은 교과서 안에 쓰여 있고, 그래서 농업 연수는 중요하다고 끝맺고 있는 것을 가리켰다. 하지만 순차적인 공부 방식에서 말하면 그 한 항목(項目)은 단순히 총론으로서의 겉모양에 지나지 않는다고도 볼 수 있어 간과하기 쉬운 부분이었다. 키타하라 스스로 중학생의 농업대의가

그 관점까지 도달할 수 있으면 대단한 것이라고 생각하면서 깊게 들어가지 않고 가볍게 취급해 둔 것이다. 그래서 약간 허를 찔린 듯한 느낌이었다. 그것에 반대한다고 단호히 말한 어조에서 명료하고 도전적인 태도를 느끼고, 그들한테서 보면 기묘한 질문에 쥐 죽은 것처럼 고요한 학생들의 시선 속에서, 볼 근육이 놀라는 것을 어쩔 수가 없었다. 하지만 그것을 맞받은 솔직함은 이미 키타하라의 것이 아니었다. 그가 미소를 만들어 조용히 반문했다.

"호오. 반대라니 재미있군, 어떤 이유인지 말해 보렴."

"이유는 없습니다, 현실이 그렇습니다."

질문에서 대답까지 3학년치고는 어른스러웠다. 게다가 히사요시처럼 생각지도 않았던 학생인 것이 한층 그의 흥미를 부추겼다.

"현실이 있으면 그것이 이유겠지, 그 현실을 말하면 돼."

히사요시는 어두운 표정의 눈동자를 한층 어둡게 해서 주저하고 있었지만,

"저는 농촌에서 태어났기 때문에 농촌의 일은 잘 알고 있습니다. 그러나 농민은 선생님께서 말씀하시는 것처럼 아름다운 도덕 같은 건 조금도 가지고 있지 않습니다. 게으름뱅이인데다 욕심이 많습니다. 게다가 이기적인 사람만 많고 인정 같은 건 없습니다."

하고 과감히 단언했다. "허." 하고 키타하라는 기세에 눌린 것처럼 아연실색하고 말았다. 그런 말을 하면 누군가 비웃을 것이겠지만, 내선의 구별 없이 학생들도 놀라고 있었다. 문제가 농업에서도, 3학년이라는 입장에서도 너무나도 떨어져 있기 때문이었다. 그래도 키타하라는 눈 깜짝할 사이에 평정을 되찾아

"그렇다면, 너 자신은 어떠냐?"

하고 침착한 미소로 반문했다. 그러자 히사요시는 신기하게도 볼을 누그러뜨리고,

"저도 그럴지도 모릅니다."

라며 짓궂어 보이는 미소로 대답했다. 학생들은 아하하하하! 하고 웃기 시작했다. 키타하라는 좋다며 앉으라고 명령하고, 농민이 모두 순박하다는 것이 아니라고 말하는 사람도 많이 있을지도 모르지만, 작물을 키우기에는 단순한 이욕 생각만 했으면, 풍성한 수확의 기쁨은 맞이할 수 없다, 자애롭다는 마음이 없으면 작물은 키울 수 없다, 농민은 이론 없이 그것을 깨닫고 있고, 그 마음은 부지불식간에 인간사회에도 미치는 것을 보면, 농민에게는 자연 순박한 사람이 많은 것이다. 또 한 나라의 미덕이라고 불릴 만한 것도, 한 번 농민 사이에 침투하면, 한 그루의 과수에서 열매를 얻을 때까지도 10년 걸린다는 것은 신기한 것이 아니고, 그 인내와 먼 장래의 열매를 믿는 마음은 한 때의 유행이라고 한 것을 경시하는 모습을 그들 사이에 만들어내어, 언제까지나 그 미덕을 계속 지키는 습성을 만들어낸다. 널리 사회 각층에 주목한다면, 일반적으로 말해서 그렇게 말할 수 있기 때문에, 이 교과서의 저자는 이렇게 썼겠지, 또 나도 그렇게 믿고 있다. 너의 관찰도 옳겠지만, 너는 일부러 어두운 면에서만 그들을 보려고 하는 것이 아니냐. 'both side of the shield' 얼마 전 리더에 있었지. 이 문제만은 아니지만, 일은 공평하게 순수한 마음으로 보는 것이 중요하다고 생각해. 이런 식으로 끝맺음을 했다. 히사요시는 불만스러운 이의를 제기하고 싶은 표정이었지만, 그 때는 벌써 마침종이 울려버렸다. 종은 울렸지만, 키타하라의 마음은 끝나지지 않았다.

의기양양하게 단언한 히사요시의 마음이 그를 부추겼다. 이상한 질문을 해서 교사의 관심을 끄는 학생이 자주 있었다. 히사요시도 그런 방법을 쓴 것일까? 아니면 말대로 현실에 그가 저항하려고 발버둥치고 있기 때문에, 그 설명을 흘려들을 수 없었던 것일까? 그는 농촌의 실체가 어떤지를 잊고, 히사요시의 마음을 여러 가지로 추측해 보았다. '저도 그럴지도 모릅니다'고 말하는 것은 아무리 생각해도 3학년치고는 위축되어 있다.

그런 질문을 주고받은 뒤에 교사와 학생 사이는 한층 가까워져 어떤 분위기를 만들어 내는 법, 그 뒤 키타하라는 자신의 그런 감정을 눈빛으로 나타내어 돌보듯이 히사요시를 바라보았다. 그러나 히사요시는 이전과 마찬가지로 영어 시간이나 훈화 때도 여전히 웃음 없는 눈동자를 하고 있었다. 그리고 어느 날 노동 때에는 모두가 기운 넘치게 청소를 하고 있는데, 히사요시 혼자서 창가에 기대어 멍하게 밖을 바라보고 있기에, 다가가서 어깨를 치며, 어이, 빨리 해야지, 모두 열심히 하고 있지 않느냐 하고 주의를 주자, 키타하라를 무시하듯이 천천히 몸을 일으켰다. 키타하라의 강한 시선에 부딪히자, "쳇." 하고 분명하게 혀끝을 차고, 떨떠름하게 물통 있는 곳으로 갔다. 그렇게 혀끝을 차는 것은 자주 경험해서 익숙해진 키타하라도 담임 반 학생으로부터 얼굴을 마주보고 그렇게 당하자, 이 녀석! 하고 때려눕히고 싶은 기분을 금할 수 없었다. 그러나 급조처럼 솟아오르는 뭔가가 그것을 가까스로 억눌렀다. 저도 그럴지도 모릅니다. 그런 호언을 할 수 있는 사람에게 그 일격은 역효과밖에 나지 않는다는 것을 교사로서 직감하지 않을 수 없었다. 이쪽의 마음이 어떠하든, 그 역효과의 수정은 거의 절망이라는 것도, 쓰디쓰게 잘 알고 있었다. 그렇다고 해서 분명히 후회할 것을 놓칠 수도 없어서,

“어이, 잠깐 기다려!”

하고 용서하지 않는다는 마음을 목소리에 담아서 불러 세웠다. 심통나서 뒤돌아본 히사요시의 얼굴은 밉다기보다, 어떻게 된 일인지 애처롭게 조차 느껴졌다. 교육자라고 언제나 자제하는 마음이 그런 감정을 키타하라에게 키웠는지도 모른다. 그 얼굴에 설교는 두부에 꺾쇠박기인줄 알면서도, 그래도 분별없음을 깨우쳐주지 않을 수는 없다. 걱정대로 한 마디 대답도 하지 않은 채 키타하라의 뜨거운 말을 어디서 부는 바람인가 하고 히사요시는 흘려듣고 있었다. 이럴 경우 대개 초조해지면 교사가 지는 것이다. 느긋하게 기회를 기다리기로 하고, 그 일은 용서해 주었다. 그 후에도 주의를 주면 키타하라의 열의를 알아줘 기운차게 노동하는 모습을 보여주는 학생들 속에서, 히사요시만은 혼자 지루하게 게으름만 피우고 있었다. 키타하라를 보자 아주 싫어하는 녀석이나 온 것처럼, 머뭇머뭇 노동을 하기 시작하는 모습은 그저 히사요시의 개성이라고도 볼 수 없고, 아무래도 저의가 있다고밖에 느껴지지 않았다. 그리고 수업 시간에 키타하라가 재미있게 농담을 섞거나 하면 아하하하! 하고 엉뚱하게 웃어서 특별히 찜찜한 마음은 없는데도 왠지 심정의 배후를 돌아보면 싱거운 생각에 사로잡혔다. 그러한 상급생 간의 허무적인 헛웃음은 상대가 제재력(制裁力)이 없다고 보이는 경우로, 정말로 교묘하게 잡은 기회를 놓쳐버린 듯, 키타하라는 그 때마다 등줄기에 흐르는 식은 땀으로 몸서리쳤다. 그것은 무력한 사람의 유일한 무기처럼 그에게는 느껴졌다. 듣고 있으면 곤란해져 오는 근원의 깊이가 가슴에 밀려와, 꾸짖어서 일시의 진정을 얻는 것이 아무런 교육적 효과도 없는 허무함으로 느껴지는 것이었다. 그렇다고 해서 그러한 웃음의 기회를 방해하려고 한다면, 교사는 언제나 권력 덩어리와 같이 차가운 가장을 계속하지 않으면 안 되고, 그것을 길게 계속한다면, 그들에 의해 언제인지 모르게 성격 변화를 강요받을 염려조차 전혀 없는 것도 아니었다. 아, 싫다, 하고 탄식하는 동료의 목소리도, 대부분의 원인은 그러한 자기 성격에서 정취가 상실되는 것을 아까워하는 데에 있는 것 같았다. 그래서 키타하라는 어떻게 해서든지, 자신의 담임 학생만은, 그러한 영향으로부터 막아 지키고 싶어서 노력했다. 그 효과는 있었다고 믿고 있었다. 그런데 3학년으로 성장하자 벌써 히사요시가 나타나서 쓸데없이 마음을 졸였다.

게다가 히사요시는 복통이나 두통을 이유로 자주 결석했다. 어느 날 역시 두통이라고 통지한 후 사흘이나 결석을 해서 불시에 가정방문을 해 실정을 살펴볼 요량으로 수업의 짬을 이용해서 자전거를 타고 나섰다. 제출해 놓은 약도를 따라 자전거를 달려서 가보니, 표지되어 있는 어유(魚油) 공장 있는 곳으로 나왔다. 바다는 바로 눈 앞에서 푸르고 부드러운 평면을 펼치고 있고, 오고가는 어선들의 흰 페인트는 5월도 가까워진 햇빛에 반짝거려 눈이 부셨다. 하지만 거기에서 한 발작만 옆 마을로 들어가도, 어째서 인간사회는 이렇게도 답답할까 생각될 만큼 좁은 골목길이 나오면 곧 특유의 비린내 나는 비좁은 길이 이리저리 돌고, 따끈따끈한 길가의 똥마저 자전거 길을 방해했다. 하지만 뜻밖에도 가고자 하는 히사요시의 집은 불결한 골목길과는 다르고, 평소 보는 히사요시의 제목이 씻어져 보기 흉한 것과도 달리, 붉은 벽돌담을 두른, 청결한 느낌의 조선식 가옥이었다. 안희선(安喜善)이라는 표찰과 나란히 교장(校章)의 낙인이 들어간 안수선의 명찰이 걸려있지 않았다면, 들어가기를 주저할 만큼 훌륭한 집이었다. 두꺼운 나무문을 밀자 끼익하고 소리를 냈다. 안내를 청하자 조용한 안쪽에서 당사자인 히사요시가 병자답지 않은 안색으로 아무 말 없이 나타나더니 의외의 방문자에 놀란 표정이었다.

"뭐야, 아픈가 싶어 왔더니 멀쩡하네."

하고 고압적으로 나가자 조금 당황하며,

"여동생이 아픕니다."

하고 무뚝뚝하게 대답하고서는 딴 곳을 쳐다보았다.

"여동생이라고? 그러면 그렇다고 연락을 하지. 정직하게 말하지 않으면 괜한 걱정을 하게 되니까, 안 돼."

"어느 쪽이든 쉬지 않으면 안 됩니다."

"아버지는 계시냐?"

"아버지가 아닙니다, 여기는 큰아버지 집입니다."

"아, 그런가, 큰아버님 집에서 하숙을 하고 있는 게로군. 큰아버님은 계시냐?"

"안 계십니다, 큰아버지와 큰어머니는 S사 꽃놀이에 가셔서 집을 비우셨습니다."

S사라고 하면 기차로 2시간 정도 걸리는 조선의 고찰로 북선의 벚꽃 명소 중 한 곳이었다. 키타하라는 근래 꽃놀이라는 것은 아예 잊고 있는 듯이 생활하고 있었는데, 말을 듣고 보니 과연 오늘쯤, 늦게 피는 산벚꽃은 아마도 아름다울 날씨였다. 그렇더라도 학생이 쉬어야 할 만큼 아픈 환자가 있는데도 꽃놀이에 간다는 것은 믿을 수가 없었다.

"그럼 너 혼자 간병을 하고 있단 말이냐?"

"어머니가 계십니다."

"어머니께서? 그럼, 네 가족은 전부 여기서 산단 말이냐?"

"아버지께서 돌아가셨기 때문에 어쩔 수 없습니다."

일일이 학생의 신상을 외울 수는 없었지만 그런 사정도 모르고 방문한 것은 바보 같은 짓이다. 그 말을 듣자 꽃놀이 사정도 납득 가지 않는 것은 아니었다.

"그럼 어머니를 불러 오너라."

"만나셔도 소용없어요. 어머니께서는 국어를 모르십니다."

아무렇지도 않게 들은 그 한 마디는, 아무렇지도 않은 만큼 키타하라의 마음을 쳤다. 학생에 대한 사랑 같은 건 우습게 생각하면서, 그 일선에서 게으름을 피우고 있는 자신이 부끄러워졌다. 하지만 그렇다고 해서 그대로 물러나는 것은 더욱 태만한 것이었다. 현관에 가로막고 서서 실내뿐만 아니라 마음속에도 발 들이는 것을 단호히 거절하고 있는 히사요시를, 교사라는 신분을 앞세워 학생을 가볍게 무시하듯 하여, 여동생이 어떤 모습인지 병문안이나 하고 가려고 그는 신발을 벗었다. 떨떠름하게 안내하는 히사요시를 따라가자 병실은 안쪽의 부엌 근처 온돌방으로, 닫힌 미닫이문의 작은 창도 어둡고, 금방 보고 온 푸른 바다나 방울져 떨어질 것 같이 아주 맑은 넓은 하늘과는 달리, 열 있는 환자의 마늘 냄새나는 체취가 가득했다. 키타하라가 들어가자 더러운 흰옷의 어머니가 울부짖으며 괴로운 듯이 신음하는 환자의 베개 맡에서 겁먹은 듯한 눈빛으로 맞이했다. 살이 오른 둥근 얼굴로, 둥그런 눈매의 기품 없는 어머니였다. 키타하라는 따뜻한 온돌에 손을 짚고, 아, 오늘은 대단히 죄송스럽지만 걱정이시겠다고 인사를 했지만, 우두커니 서서 내려보고 있는 히사요시는 그 말을 어머니한테 통역도 하지 않았다. 어머니는 당황하며 갈팡질팡하는 모습으로 입속에서 뭔가를 중얼거렸다. 기분 나쁜 붉은 반점이 있는 환자의 이마에 슬쩍 손을 대어보았더니, 지금 손을 짚은 온돌의 온기 정도의 열이 가만히 손바닥에 느껴지는데 족히 40도는 됨직 했다.

"의사한테 보였느냐?"

"그런 돈이 있으면 쉬지 않습니다."

"하지만 큰아버님은 부자인 듯한데."

"큰아버지는 저희들 둘을 학교에 보내주시기 때문에, 모든 걸 다 말할 수 없습니다."

알고 보니 방구석에는 작은 이불에 싸인 아기가 잠들어 있었다. 한 가족 4명의 생계를 봐주고 있어서 환자 걱정까지 할 수 없다는 것인가? 또 그것을 분별하여 히사요시가 의료비를 청구하지 못하는 것인가 하고 생각하니, 평소 우울하게 즐거워하지도 않는 히사요시의 모습이 이런 까닭이었나 싶어 갑자기 애처로워졌다. 하지만 뭔가 약이라도 하고 물으니, 어제 근처의 무녀가 와서 굿을 해주었다고 대답해 키타하라를 놀라게 했다. 어떤 굿인가 물으니, 그 무녀는 이 근처에서도 신망 있는 할머니로 젊었을 때 중국에 있었던 일도 있다던가, 긴 주문을 읊은 후, 환자의 이마와 등에 지압요법을 해주었다고, 히사요시도 그 요법을 의심하지 않는 순수한 답변이었다. 환자 이마에 큰 우메보시(梅干) 같은 붉은 반점이 기분 나쁜 일렬을 만들고 있는 것은 그 흔적이었나 하고 점점 놀랐는데, 학교에 가는 히사요시에게서 멀어져 어수선한 이 방안을 돌아본다면, 그것도 특별히 놀랄 것까지 없는 자연스러운 것으로 생각되었다. 그와 함께 그들의 교육의 어려움을 새삼스럽게 깨달았다. 어쨌든 의사가 필요했다. 그저 감기라고 볼 수 없는 열이었다. 그러나 무료로 와주는 의사는 없다. 그는 자신의 돈을 내어서라도 치료를 해줘야겠다고 생각했지만, 그 또한 당당하게 갖추고 사는 이 집 주인을 골탕 먹이는 일이라 여겨져, 좋은 방법이 없을까 혼자 고민했다. 그러자 문득 좋은 생각이 떠올랐다. 간이보험(簡易保険) 의사한테 진찰을 받는 방법이었다. 그래서 간이보험에 가입해 있는지 물어보니 가입해 있지 않다고 한다. 그러나 그 상담소의 의사는 키타하라와 동향으로, 현인회(県人会)에서 얼굴을 마주한 적도 있어서, 부탁하면 와줄 거라고 생각했다. 길게 끈다면 정당한 가입을 해도 좋다. 밖으로 나와 전화를 걸어보니, 가입자가 아니라도 가겠소, 이제 점심시간이 가까우니까 그 때라도 하며 흔쾌히 받아들여 주었다. 다시 돌아와 기다리고 있자 사이렌이 울리고, 얼마 지나지 않아 의사가 왔다. 무녀의 치료 이야기를 하자 의사는 웃으며, 두통이면 기분전환의 효능은 있겠지요, 어디, 어디 입을 벌려 보렴, 하아, 편도선이 부었네, 아니 이거 엉망이군, 아무래도 기분 전환으로 이 녀석은 낫지 않을 거야 하며, 루골액을 솜에 묻혀서 목구멍을 닦으면서, 걱정하지 않아도 돼요, 2, 3일 내로 완전히 나을 겁니다 하며 맘 편하게 웃었다. 습포나 양치질하는 방법을 친절하게 설명하고, 바로 약을 받으러 와, 돈은 필요 없어, 정부에서 하는 일이니까 걱정 없어 하고, 키타하라의 전화로 사정을 알고 있던 의사는 모든 일을 떠맡아서, 상냥하게 히사요시의 머리를 툭 치고, 그럼 오후 환자가 기다리고 있어서 라며 돌아갔다. 키타하라도 오후 수업이 있어서 오래 있을 수는 없었다. 일어나자, 히사요시는 학교에서 배운 정좌를 하고, 딱딱하게 머리를 숙여,

"고맙습니다."

하고 비교적 밝은 목소리로 말을 하며, 키타하라를 슬쩍 올려다보았다. 그 눈동자는 젖은 것 같기도 하고, 예의 그의 예민한 빛은 기분 탓인지 사라졌다. 그러자 키타하라는 그 예각을 이처럼 강요하는 듯한 방법으로 누른 자신이 뭔가 죄를 짓고 있는 것 같아, 갑자기 미안한 기분이 들어, 앉은 히사요시의 머리를 의사의 흉내를 내어 이유 없이 가볍게 쳐주었다. 그러자 짧게 깎은 두발은 딱딱한 털솔처럼 튕기고, 성장하는 소년의 숨이 손바닥을 통해 작은 다툼 같은 건 날려버려, 밝은 소년으로서 교육할 수 있을 것 같은 희망이 가슴에 마구 솟아올랐다.

"있잖아, 뭐든지 숨기지 말고 힘든 일은 의논해야 돼. 너는 언제나 가슴에 엉큼한 것이 있는 것 같은 얼굴을 하고 있으니까 말이야, 그 속셈을 내뱉고, 후련해져야 해—"

헤어질 때 쾌활하게 그런 농담도 하니 히사요시 역시도 별로 화난 모습을 보이지 않았다.

그 일이 있고 나서 히사요시의 바보 같은 웃음은 어느덧 사라져 버렸다. 그렇다고 해서 눈에 띄게 밝은 표정으로 바뀐 것도 아니었다. 다만 종례 훈화 때 눈동자를 내리깔고 가만히 듣는 모습을 가끔 발견하는 정도가 눈에 들어올 뿐이었다. 속셈을 내뱉으라고 말은 했지만 그 일을 기회로 친숙하게 다가가기에는 키타하라에게는 교사로서, 또 히사요시에게는 학생으로서의 벽이 너무 많았다. 또 키타하라는 히사요시만 신경 쓸 수 없었다. 수업은 제쳐두고라도, 점점 개성이 표면화되어 이름이 암호가 아니고 실체를 나타내는 것이라고 느껴지는 것처럼 학생은 성장해, 그들과의 사적인 교섭은 기쁨과 근심이 교대로 점점 많아질 뿐으로 관심을 많이 쏟지 않으면 히사요시도 평범하게 간과하기 쉬웠다. 하지만 1학기도 끝날 무렵, 성적일람표를 만들어보니 놀랍게도 지금까지 절반 이하의 석차였던 히사요시가 두 반 합쳐서 일약 6등에 올라 있었다. 동료에게 물어보니 그런 일은 흔하다는 평범한 대답밖에 들을 수 없었지만 키타하라는 마음속으로 납득이 가는 것이 있어 그 날 종일 기뻤다.

그 여름에는 담임을 맡고 있는 학생들의 처음 근로 봉사 작업이 있었다. 부근 차량 공장의 흙 나르기로, 열 명을 한 조로 만들어 경쟁적으로 분담시키기로 했다. 그래서 키타하라는 큰 맘 먹고 히사요시를 1반의 반장으로 명했다. 그는 취사 당번이기 때문에 늘 교사(校舍) 안에 있어서 히사요시가 일하는 모습을 전혀 볼 수 없었지만, 저녁 시간에 귀교해서 한 반씩 책임교사에게 인원 보고를 하는 히사요시의 태도는 힘이 넘쳐 몰라볼 정도였다. 그리고 많은 학생과 함께 교정 구석의 수돗가로 달려가 팬티바람으로 땀을 닦는 모습은 노동을 게을리 한 히사요시라고는 도저히 믿을 수 없는, 기쁜 모습이었다. 히사요시는 수건을 짜서 그것을 등에 두르고, 햇볕에 그을어 부어오른 등 한가운데를 솜씨 좋게 문질렀다. 비스듬하게 잡아당긴 수건이 훌륭히 뒷면 전체에 미끄러지는 것을, 백인 분을 지을 수 있는 솥 옆에 서서 키타하라는 재미있게 바라보고 있었다. 그러자 갑자기 히사요시가 획 돌아서서 키타하라의 눈과 마주치자, 흰 이빨을 드러내며 싱긋 웃었다. 여태까지 한 번도 본 적 없는 히사요시의 그런 웃은 얼굴에 키타하라가 오히려 당황하여 히쭉 웃어주었지만, 허둥지둥 시선을 피하지 않을 수 없었다.

3

그 여름 방학이 끝날 즈음의 어느 날 키타하라는 해수욕을 하러가서, 헤엄을 치다 지쳐 뜨거운 모래 위에 등껍질을 말리고 있었다. 그러자 "안녕하세요!" 하고 외치는 사람이 있었다. 벗은 모습으로 직립부동의 거수경례를 하고 있는 히사요시였다. 모자를 벗고 있을 때는 15도 예로 해야 하는 것을 아하하하 하고 웃기 시작하는 이상한 모습이었다.

"이야, 제법 검어졌구나. 혼자?"

"예."

"벌써 헤엄치고 왔느냐."

"지금 막 왔습니다."

"그러면 같이 헤엄칠까."

"예."

그리고 두 사람은 물로 뛰어들어, 기분 좋게 차가운 파도에 잠시 동안 몸을 맡겼다. 꽤 뭍에서 떨어진 바다까지 헤엄을 쳤기 때문에, 이쯤에서 돌아가자고 두 사람은 방향 전환을 했다. 그리고 작은 배 정도 되는 재목부표(材木浮標)에 다가가서 올라갔다. 일본해로 연결되는 그 해수는 차가워서 부표에 오르자 몸이 부들거렸다.

"와, 차가워!"

키타하라가 먼저 엎드리자 히사요시도 그에게 살을 맞대고 엎드렸다. 그 맞댄 살과 마른 재목의 온기와 내리쬐는 한여름의 햇볕이 그들의 몸과 마음도 부드럽고 따스하게 만들었다. 여동생의 병 이후 이렇게 가까이에서 히사요시를 보는 것이 처음이었지만, 벗은 몸으로 마주한 탓인지 키타하라나 히사요시도 그것을 그렇게 부자연스럽게는 생각하지 않았다.

"그건 그렇고, 너는 창씨(創氏)를 하지 않을 심산이냐."

키타하라는 불쑥 그것을 물어보았다. 창씨제의 발표와 함께 학생들은 합심하여 신고서를 내었는데도 히사요시 혼자 신고서를 제출하지 않아 신경이 쓰였었다.

"창씨는 했습니다. 큰아버지께서 야스하라라고 바꾸었기 때문에 저도 야스하라입니다. 그러나 이름을 어떻게 할까 싶어서 신고서를 내지 않았습니다. 선생님께 의논드린 후 제출하려고 생각하고 있었거든요."

"뭐야, 그렇다면 빨리 말했으면 좋았을텐데."

"하지만……"

"하지만이 아니야. 이야기하고 싶은 것이 있으면 언제든지 하숙집으로 찾아오면 돼."

"그러나 선생님 댁은, 아무래도 방문하기 어렵습니다."

"바보구나, 아직 그렇게 생각하고 있느냐? 물론 선생 중에는 답답한 사람이 있을지도 모르지만, 적어도 나한테만은 그리 망설일 필요 없다. 그렇다 해도 대접은 못하지만 말이야, 그러나 그 사이에 결혼을 하면 대접해 주도록 하지."

"선생님, 결혼하세요?"

"이상한 듯 보지 마, 나도 사람인데 결혼도 하겠지."

히사요시는 잠시 말을 끊고, 재목가로 턱을 쑥 내밀어 바닥이 보이지 않는 푸른 물을 가만히 응시하고 있었다.

"……그래서 이름을 어떻게 할 거냐."

“아, 이름 말씀입니까, 뭐라고 하는 것이 좋을까요? 이 참에 큰맘 먹고 일본인다운 이름으로 바꾸려고 생각하고 있습니다만……”

“일본인답게? 조선인도 훌륭한 일본인이지 않느냐?”

“훌륭하다고요? 선생님은 정말로 그렇게 생각하십니까?”

푸른 물에서 키타하라로 옮긴 눈동자는 사람 마음을 비추듯이 다가온 빛이었기 때문에 그는 당황해서 시선을 피했다. 그리고 이번에는 반대로 그가 푸른 물을 응시하며 움직이는 마음을 한데 모으지 않을 수 없었다. 하지만 이내,

“훌륭하지. 물론 조선인이라도 훌륭하지 않은 사람은 얼마든지 있어. 하지만 그렇게 말하면 내지인이라도 살인자, 강도가 얼마든지 있으니까 말이야.”

하고 반문했다. 하지만 그것은 잠깐의 변명이 아니고 그의 정직한 사상의 고백이었다.

“그런 것은 말씀하시지 않아도 알고 있습니다. 전체로서 말입니다. 내지인, 조선인으로서 말입니다. 어느 쪽이 일본인으로서 훌륭한가 하는 겁니다.”

그렇게 추궁을 당하자 히사요시 앞에서 명료한 대답을 정말이지 할 수 없었다.

“죄송합니다. 다 알고 있는 것을……”

그렇게 말하고 히사요시는 깊은 한숨과 함께 푸른 물을 손바닥으로 떠올려 쥐더니, 무슨 생각을 했는지 갑자기 거칠게 해면을 세차게 내려쳤다. 키타하라는 다 자라지 않은 소년의 벗은 몸을 새삼스럽게 돌아보며 적지 않게 가슴이 찔렸다. 그래서 소년의 가라앉은 마음을 북돋아

주듯이 햇볕에 그은 등을 두드리며 애써 밝은 모습으로,

"바보구나, 그렇게 어둡게 생각할 필요는 없지 않느냐? 현실이라는 것은 말이야, 그렇게 어딘가 부족해. 부족하기에 우리들은 노력한다. 노력은 힘들기도 하지만 그것이 살아 있다는 것의 재미다. 네가 만약 정말로 조선인이 부족한 것을 인정한다면 그 수정을 계획하는 것이야말로 너의 의무이고, 네가 그것을 자각하면 자신이 살아 있는 것이 정말 의의 있는 것이라고, 공부든 뭐든 맹렬히 할 의욕이 생길 것이라고 생각한다. 하지만 말이야, 너는 아직 어린 아이니까, 그런 일에 깊게 딴 마음 뺏기는 것보다 학교 공부에 정진하지 않으면 안 돼."

"어린 아이라고요? 선생님까지 그런 말씀을 하시는 겁니까……"

경멸과 낙담이 분명하게 얼굴에 드러나 있다.

"아니, 나는 깊이 생각하고 말하는 건데 말이야. 세상은 이론으로 되지 않는 일도 있어. 시간이 지나면 자연히 알 수 있는 것도 있어. 그러기 위해서는 좋은 선배를 믿고 그것에 따르는 것이야."

온화하게 말했지만 그 속에서 일말의 노기를 재빨리 느꼈는지 히사요시는 입을 다물고 말았다. 키타하라도 그렇게 말했지만 사상적으로 조숙해 보이는 이 소년에게 46시간 늘 따라다닐 수도 없고, 지도력에 확신도 없었다. 그러나 이 녀석은 좀 더 잘 주의해서 보살피지 않으면 안 된다고 그 때 강하게 결심했다. 언젠가 교실에서 대답한 이상한 말이나 지금의 깊은 한숨도 그 실체는 맹목적인 조선인에 대한 애정의 고백인 것을 그는 날카롭게 꿰뚫어보았기 때문이다. 애정도 맹목적이어서는, 특히 그들의 경우 중대한 문제로 발전한다는 것을 기타하라는 과거 경험을 통해 쓰디쓰게 상상할 수 있는 부분이었다.

수영을 끝내고 나서 그들은 같이 돌아갔다. 20분 정도면 돌아갈 수 있는 길을 키타하라는 이야기가 부족하다는 생각에 소나무 숲을 빠져나가더니 골프 링크의 넓은 잔디로 들어가 아카시아가 무성한 조용한 산길을 우회했다. 키타하라는 히사요시의 이름에 대해 글자를 그대로 해서 히사요시라고 훈으로 읽으면 어떠냐고 했다. 그렇게 하겠다고 곧장 밝게 대답한 히사요시의 표정에는 옛 이름에 대한 강한 애착을 나타내고 있었다. 내지식 이름도 좋지만 키타하라는 그걸로 됐다고 생각했다. 가령 그 혼자 내지식이 되었다한들 2천여 만의 조선 동포가 모두 갑자기 약진할 수 있는 것은 아니다. 그렇다면 어딘가 장래성 있는 히사요시에게야말로 동포와 함께 괴로워하고 그들과 함께 빛에 도달하는 남자다운 길을 걸어가길 바랐다.

히사요시는 산길에 들어섰을 때 머리 위에 늘어진 아카시아 잎을 힘껏 억지로 꺾더니 그것을 공처럼 맑은 하늘로 던져 올렸다. 그리고 비처럼 흩날리며 떨어지는 아카시아 잎을 덮어쓰면서 갑자기,

"선생님, 저는 비겁한 건가요?"

골똘히 생각한 듯 말을 했다. 갑작스러워서 뭐라 대답을 못하고 있는 키타하라에게 그의 신상에 대해 말하는 것이었다. 이야기는 이러했다. 큰아버지 안희선은 히사요시 부친의 형으로 안(安)씨 집안의 상속자이지만, 원래부터 구두쇠이고, 완고해서 할아버지가 돌아가신 후에도 남동생에게 재산을 나누어주려고 하지 않았을 뿐만 아니라, 독립심이 강한 아버지도 조선의 풍습인 기식(寄食) 생활을 떳떳하게 생각하지 않아 국경 마을에서 장사를 시작했다고 한다. 그러나 너무 정직한 분이어서, 장사가 어렵게 되자 토공이 되었다. 그런데 익숙하지 않은 노동 때문에

폐병에 걸려 피를 토하고 죽어버렸다. 어머니는 아버지와는 성격이 반대여서 고향을 떠나 장사하는 것도 처음부터 반대하였기 때문에 남편의 의지를 따를 생각이 없어, 일곱 살이 된 히사요시와 세 살의 여동생을 안고서는, 이렇게 하는 것이 행복이라고 여겨 조속히 고향으로 돌아와 큰아버지인 희선에게 기식을 청했다. 아무리 구두쇠라도 고래의 풍습과 세간의 말에 굴복하여 큰아버지는 기식을 허락했다. 그즈음 큰아버지의 집은 시골에 있었기 때문에 기식을 허락 받은 어머니는 대신 소작인과 마찬가지로 혹사를 당해야 했다. 그러나 아들 히사요시가 큰아버지의 외아들인 4살 연상의 카주요시(一善)과 같은 학교에 다니고 있는 것을 보면 그렇게 불평만도 못하고 참고 견디고 있었다. 그런데 원래 게으름뱅이라서 참고 지내는 것도 잠시, 3년 쯤 지나자 큰아버지의 허락도 얻지 않고 집을 뛰쳐나와, 아버지가 남겨 주신 감춰두었던 아주 적은 돈을 밑천으로 하여 근처 광산에 광부를 상대로 하는 술집을 열었다. 히사요시도 여동생과 함께 거기에서 통학하게 되었다. 하지만 설령 시골 장사라도 혼자서 그런 지혜가 나오는 어머니가 아니고, 지혜를 거든 사람이 있다는 것을 아직 어린 히사요시이었지만 얼마 되지 않아 알게 되었다. 그 사람은 큰아버지 집의 소작인 권평택(權平沢)이었다. 아는 사람 하나 없는 마을로 왔는데도, 개점하자마자 권은 찾아와서 자기 집인양 행동을 하였으며, 그 후에도 밤늦게까지 마시는 것이 보통이었다. 히사요시는 권은 밉다고 생각했다. 육친도 아닌 그가 자신의 어머니한테 건방지게 행동하는 것을 볼 때마다 뭔가 주권을 침해 당한 것 같았고, 그럴수록 히사요시는 사촌형 카주요시가 있는 큰아버지 집이 그리웠다. 카주요시는 바이올린을 사서 학교 여선생님으로부터 켜는 법을 배워, 제법 홍이 나자 키 높은 포플러 잎이 상쾌하게 울리고 근처 물이 맑게 흐르는 이랑에 히사요시를 데리고 나와서, 예전에 한 번도 맛본 적 없는 고상한 세계로 히사요시의 생각을 이끌곤 했었다. 그런 황홀한 세계를 훔쳐간 것도 권평택의 짓이다. 그렇게 생각하자 그런 미운 남자와 친하게 노는 어머니도 점점 성장하는 히사요시에게는 답답하고 진저리가 났다. 그래서 차라리 그런 어머니가 죽어버리는 것이 오히려 자신들에게는 행복한 일이라고 골똘히 생각한 적도 있었다. 이사를 한 후 어머니는 완전히 권 씨한테 빠져서 아이들 일은 전혀 돌보지 않았다. 히사요시는 사사건건 권 씨에게 증오의 눈길을 보냈으며, 어머니에게도 반항을 하며 위로되지 않는 위로를 구했다. 그러나 죽어버리면 좋겠다고 생각한 것은 거짓말이었다. 6학년이 된 지 얼마 되지 않은 어느 날이었다. 히사요시가 학교에서 돌아와 보니 집에는 열쇠가 채워져 있었다. 아무리 불러도 어머니는 대답이 없었다. 귀를 기울이자 뚫어진 미닫이문 구멍에서 바람이 불어와 기분 나쁘게도 쓸쓸한 소리를 내며 울리고 있을 뿐이었다. 시끄러운 세상과 아들의 증오의 눈을 피해서 떳떳하게 함께 살기 위해 어머니는 다시 권과 도망을 친 것이었다. 울면서 큰아버지 집에 뛰어 가 그 사실을 알게 된 히사요시는, 아이인 자기에게는 아무리 애써도 기어오를 능력이 없는 심연에 떨어져 왠지 우는 것조차 허무하게 느껴졌다. 큰아버지 일가는 카주요시의 중학교 통학편도 생각해 주거를 중학교가 있는 마을로 옮겼고 히사요시도 더불어 전학했다. 학교는 온통 모르는 사람뿐이었다. 여동생과 어머니도 없고, 카주요시의 바이올린조차 이제 위로가 되지 못했다. 밉고 진저리나는 어머니도 언제부턴가 더할 수 없이 따뜻한 샘으로 바뀌어 매일 밤 책상에 엎드려서는 혼자 흐느껴 우는 것이 습관이 되었다. 카주요시의 희망으로 히사요시도 중학교에 입학하게 되었을 때, 큰아버지인 희선은 여전히 흐느껴 우는 히사요시를 보다 못해, 어머니를 다시 데려올까 하고 말했다. 이 기회를 놓칠 수 없다 싶어 히사요시는 무릎을 앞으로 내밀면서 간청했다. 큰아버지는 바로 기차로 나갔지만, 고충을 꾹 참은 얼굴로 돌아와, 썩은 여자, 그런 여자는 더 이상 어머니로 생각하지 마라고, 목적이 이루어지지 않았음을 말했다. 있는 곳을 알고 보니 그리운 생각은 기름을 부은 것 같이 활활 타올라, 그럼 자신이 다시 꼭 데려오겠다고, 혼자 여행을 허락 받았다. 경성 근처 역까지 밤기차로 가서 뜨거운 마음 그대로 곧장 찾아낸 어머니 앞에서 지난 일을 다 털어 내고, 마침 권이 없어서 다행으로, 홱 낚아채듯 어머니를 빼앗아 왔다.

다시 어머니와의 동거가 허락되었다. "오빠!" 하고 부르는 여동생의 부드러운 목소리도 오랜만에 들을 수 있게 되고, 동경하던 중학교 제복도 입게 되었다. 권평택의 피를 받은 여자 아기도 익숙해지니 귀여워 히사요시에게는 오랜만에 행복이 찾아왔다. 하지만 그 행복도 정말 잠시, 안정된 것 같던 어머니는 또 다시 불평을 토하기 시작했다. 큰어머니가 자주 아파서 청소에서 취사, 빨래 등 모두가 어머니의 일이었다. 게으름뱅이인 그녀가 그것이 싫어 예전에 도망친 것을, 큰아버지는 풍습에 따라 히사요시를 돌보지 않으면 안 되는 속죄로서, 당연히 그것을 요구해서 다시 불러들인 것이다. 큰어머니와 어머니는 거의 매일 다투었다. 히사요시도 큰어머니가 자기 요강까지 청소하라고 명령하는 것을 보고는 무조건 어머니의 태만을 책망할 수도 없었다. 사촌형인 카주요시는 히사요시의 괴로운 입장을 동정해서 큰아버지한테 사정을 일러

주기도 했다. 그러나 카주요시마저 예전부터 동경하던 도쿄음악학교에 합격하여 부자 어업가(漁業家)의 딸과 결혼해서 도쿄로 가버리자, 히사요시는 어머니의 불평을 혼자 듣고 고민하지 않으면 안 되었다. 어머니는, 너만 건방지게 중학교를 가지 않고 봉공(奉公)에라도 나가주었으면, 나는 권평택과 느긋하게 살 수 있었다고 불평이었다. 큰아버지는 자식을 중학교에까지 보내주는데도 좀 바쁜 것을 불평하는 것은 사치라고 했다. 큰아버지는 세간의 말도 있고, 또 자신의 일가에서 학문한 사람을 나오는 것은 자랑스럽기도 해서 히사요시의 퇴학을 반드시 찬성하는 것도 아니었다. 히사요시의 입장에서는 무지한 어머니에게 그녀만의 희생을 요구할 수도 없었으며, 그렇다고 큰아버지의 뜻에 찬성하는 것도 아니었지만, 겨우 공부의 즐거움을 맛보아, 어떻게 해서라도 중학교만은 졸업하고 싶었다.

"비겁한 건가요?" 하고 히사요시가 말한 것은 작은 가슴속의 딜레마에 대해 계속 고민하고 있는, 바로 이 일을 가리킨 것이다. 다 듣고 나서도, 키타하라는 뭐라고 곧장 대답할 수 없었다. 키타하라가 만약 히사요시라면 어머니를 권에게 보내고 봉공해서라도 독학의 길을 취할 것이다. 하지만 아들을 위해서 죽음의 길을 취할지언정 자기 만족만 고집하여서 아들을 고민하게 하는 어머니를 상상할 수는 없었다. 또 철저한 구두쇠지만 조카를 교육시키려는 큰아버지의 세계도 상상 밖의 일이다. 모든 것은—키타하라는 그 고백에 매우 놀란 것은 아니다. 학생들은 한 명 한 명 접해보면, 키타하라 자신이 복잡한 사회에서 인간 관계에 고민하며 살아가고 있는 것처럼, 그들도 각각 특수한 관계의 고민을 제각기 헤쳐가고 있는 것을 새롭게 느끼고 있었기 때문에—조선인 거리에서 볼 수 있는 기괴한 미로와 닮아 있었다. 이런 작은 시골 마을이라고 업신여기고 찾아온다면, 대강 짐작은 하겠지만 전혀 다다르지 않는 그 답답함.

"큰아버님이 얼마나 부자인지 모르겠지만 학교에 두 사람이나 보내는 것은 쉬운 일이 아니니까 말이야, 그만큼 돈이 있으면 무리하게 네 어머니가 아니더라도 하녀는 부릴 수 있을 것 같은데도, 그것을 생각하니 큰아버님의 입장도 그렇게 나쁘게는 볼 수 없을 것 같구나."

"그렇습니다. 큰아버지는 저에게는 무척 좋으십니다. 상급학교에도 보내줄 것이라고 말씀을 하시니까요. 그러나 생각해 보면 그것도 사촌형이 음악을 해서 기대할 수가 없으니까 노후는 저한테 의지하시려는 마음으로도 보입니다."

"이런, 그게 안 될 일이야, 그렇게 뒤만 보려고 했으니. 자신이 신세지고 있다는 것을 알았으면, 그래 노후는 내가 돌보겠다는 보은의 마음이 솟지 않아서는 말이야."

"그러나 선생님, 저의를 분명히 알고 나니 그만 그런 생각이 듭니다. 순수, 더 순수하게 살고 싶습니다."

"응? 순수?"

"그렇습니다. 더 정직하게, 자신의 마음을 속이지 않고 말입니다."

"음."

키타하라는 말이 없었나. 옛 상처에 다시 길을 댄 것처럼 느낀 것이다. 그것은 마음으로 살아가는 사람의 초보적이면서 영원한 과제가 아닐까? 현재 그것은 키타하라가 살아가는 삶의 중심 과제로서, 예전부터 줄곧 열중하고 있는 대목이다. 또 가르치는 사람으로서 학생들의 마음에 그것을 키워주는 일이야말로 최대의 욕구여야 한다. 그래서 그는 히사요시의 절규하는 듯한 한 마디를 듣고 한층 친근하게 느끼며, 가여움이 배가되어 오는 것을 느꼈다. 하지만 그 때문에 히사요시의 처신법에 경솔하게 판단하여 답할 수는 없었다. 잘 생각해 둘 테니까 경솔한 행동은 하지 않도록 주위를 주고 더운 볕이 쬐는 거리 모퉁이에서 두 사람은 헤어졌다.

4

2학기가 시작되자 키타하라가 그렇게 의식해서 지켜보고 있기 때문인지 히사요시의 공부하는 모습에는 더욱 광채가 났다. 그리고 예리하고 활기찬 질문에는 급우들도 그 마음의 변화가 놀라움을 인정할 정도였다. 그와 함께 표정이 어둡고 딱딱하던 것도 언제부턴가 생생한 예리함으로 바뀌었다. 성장하는 학생들의 심신의 도약적인 변화에 익숙해져 있는 키타하라도 뭔가 압도당하는 것을 느껴, 특히 교육을 게을리해서는 안 된다며 스스로를 열의로 격려했다.

키타하라는 학교후원회의 조선인측 위원인 이(李) 씨한테 의논해서 히사요시가 큰아버지한테 느끼고 있던 정신적 부담을 어느 정도라도 줄여주려고 생각했다. 그를 위해 가정교사 일을 구해주었다. 히사요시도 기뻐했다. 오는 봄 이 학교에 시험을 친다는 어느 부잣집 학생의 공부를 도와주면서 그 집에 기숙하여, 히사요시의 식사나 잡비만은 큰아버지의 보살핌에서 자유롭게 되었다. 그 가감으로 어머니에 대한 큰아버지나 큰어머니의 공격도 어느 정도 옅어졌는지 그 후에도 히사요시는 자주 키타하라의 하숙을 찾아왔지만, 어머니의 불평에 대한 고민을 이야기하는 일은 없었다. 이야기하는 것이라면 키타하라가 두려워하고 있던 것처럼, 혹은 기다리고 있던 것처럼 조선인으로서 내선일체에 대한 사상—마음가짐 문제였다. 솔직히 말하면 내지에서 온 지 얼마 안 되는 키타하라도 그것에 대해 확고한 신념을 가지고 있지 못했다. 조선에 와서 교사로 내선 학생을 담임해보면서 비로소 그 중대성을 알아차렸다. 아니 히사요시와 무릎을 맞대고 때때로 이야기하는 동안에 점점 그 문제의 절실함을 통감했다고 할 수 있다. 키타하라는 히사요시라는 혈육과 같은 대상을 통해, 이것이 2천여 만 조선동포의 정신에 있어서 빼도 박도 못하는 중대 문제일 뿐만 아니라, 팔굉일우를 방침으로 하여 대약진을 꾀하려는 1억 전 일본인의 근본적인 중대 시련인 것을 깨달았다. 황송하게도 한국병합에서 하사하신 메이지대제(明治大帝)의 칙서에 따라 정부는 그 목적만을 위해 필사의 노력을 기울이고 있다. 그 인식도 히사요시와 부딪혀서 비로소 통절하게 이해되었다. 그럼 자신은 어떻게 하면 좋은가? 그래, 심금을 울리는 것이다. 그것이야말로 힘은 없지만 자신에게 주어진 일이다. 역사는 바르게 진전할 것이다. 하지만 그것은 팔짱을 끼고 전개하는 것은 아니다. 역사의 강인한 힘에 속박되어서는 안 된다. 반드시 신념에서 생기는, 무한한 희망과 희열로 그 일에 동참하는 사람이어야 한다. 그는 그와 같이 깨달았다.

키타하라는 히사요시의 가정교사 건으로 알게 된 소학교의 조선인 훈도(訓導)와 그 이야기가 나왔을 때, 상대 교사로부터,

"우리들은 벌써 이 일이 국시(国是)라고 믿고 있으므로 새삼스럽게 문

제는 없습니다. 서적을 읽으니 역사상 현대에 이르기까지, 일본인의 훌륭함에 감명을 받아 그 면에서도 노력을 많이 하게 됩니다. 그러나 막상 실행하려고 하면, 친하면 친할수록 그러한 전형적인 일본인이 한 사람도 없어집니다. 가장 빠른 길은 조선인이 가까운 내지인 중에서 일본인으로서의 아름다움을 인정하고, 그것을 본보기로 자신도 그와 같이 발전시키는 일이 아닐까요? 이렇게 생각하면 이것은 대국적으로 보아 조선인 쪽보다도 내지인 쪽에 더 중대한 문제라고 생각합니다. 한 사람, 한 사람 내지인이 정말 본보기가 될 만한 아름다운 일본인이라면, 내선일체는 뜻밖에 실현될 가능성의 단계에 와있다고 생각합니다."

라고 말을 했다. 그 말을 듣고 조금 울컥해서,

"그것은 당신들의 태만에 대한 변명이에요. 도대체 어느 나라 국민이 그렇게 전부 전형화(典型化) 되어 있겠어요. 그것은 민족의 영원한 문제로 오늘 실현 가능한 일은 아닙니다. 당신들은 자기 자신을 서양류(西洋流)의 피정복 민족이라고 비굴하게 생각하기 때문에 그런 생각이 생기는 것이 아닐까요? 한국병합은 더 공공연한 일이에요. 내선인의 구별을 넘은 것보다 큰 일본인이 창조되지 않으면 안 된다는 생각에 미치면, 이 문제에 관한 한 책임은 반반이 아닐까요? 적어도 당면(当面), 당신이라면 당신, 나라면 나라고 하면 각각에 있어서 반성, 결의, 노력이라는 것은 전부 자신의 일신으로 받아들인다는 생각이 아니면 안 된다고 생각합니다."

더욱이, 하고 키타하라는 말을 더하고 싶었다. 게다가 이 문제로 괴로워하며 고민하는 것을 더 많이 부담해야 것은 현실적으로 어느 쪽입니까? 그것을 생각한다면 당신들에게 한층 노력이—, 라고 말하고 싶었다. 그러나 생각해보니 키타하라가 진지하면 할수록 상대는 진지하게 고민하는 모습이 보이지 않았다. 그러고 보면 양심적이고 싶다면, 어느 쪽이 더 많이 괴로워하며 고민하는지는 단언할 수 없는 일이었다. 그는 굳이 자부하는 것은 아니지만 조선인 학생에게 마음이 기운 나머지 내지인 학생과의, 정말이지 명랑하고 쾌활한 교섭에도 문득 자책을 느꼈다. 따라서 언제부턴가 내지인 학생의 교육에 쏟는 열의가 식는 것을 느끼고, 답답한 고민의 날을 새는 일도 가끔 있었기 때문에 확신을 가지고 그렇게 말할 수 있다고 생각하고 있었다.

그러나 질타하 듯 상대의 태만한 생각을 책망했지만, 상대의 말에도 일리가 있다고 생각했다. 그의 말처럼 일본인의 전형인지 어떤지 반성해보니 그 훈도의 한 마디는 강하게 가슴을 찔렀다. 그래, 히사요시에 대해서도 밤을 새우며 입으로 말하는 것보다 자신이 일본인의 전형으로서 생활하는 것이야말로 그의 고민을 해결하는 지름길이라고 통감했다. 그러나 뜻을 두어도 실제로는 그의 마음속에 실체의 모델이 형성되어 있는 것은 아니었다. 그는 기백(氣魄)이다 하고 마음속으로 중얼거렸다. 물론 그는 기백만으로도 좋다고 생각하고 있는 것은 아니었다. 하지만 교사도 온갖 인간 능력의 구현자(具現者)가 되는 것은 불가능하다. 부족함이 많더라도 그 기백에 의해 학생을 자신보다 이상의 인물로 키워낼 수 있다는 것이 그가 도달한 미숙한 신념이었다.

그 후 맹렬하게 독서하는 히사요시의 모습을 보았다. 그것은 그의 하숙을 찾아와 이야기할 때에 화제의 풍부함과 깊이가 되어 나타나기 때문에 알 수 있었다. 그러던 어느 날 병을 이유로 결석을 했다. 바로 다음날 등교했기에 안색을 살펴보았더니 그리 대단히 나쁜 빛은 아니었다. 조금 창백해 보이는 것은 히사요시가 원래 가지고 있는 색이었다.

마침 영어 수업을 마친 후 결석이유서를 제출하러 왔을 때,

"또 거짓말하고 쉬었지. 꾀병인 거지?"

하고, '두통 때문에 결석했습니다'라는 서류의 글자를 보면서 묻자,

"예."

하고 시원스럽게 대답을 했다.

"안 돼지, 뭘 했지?"

"책을 읽고 있었습니다. 어떻게 해서든 읽고 싶었습니다."

"바보구나, 오늘은 용서해 주겠지만, 다음부터는 안 된다!"

툭 하고 머리끝에 꿀밤을 한 대 주자, "예!" 하고 기쁜 듯이 웃으면서 그를 올려다보았다.

그러나 그 일이 있은 후에도 여전히 결석을 했다. 키타하라는 이 녀석 안 되겠다고 다짐했다. 응석을 부리도록 그냥 두니, 우쭐해서 유다른 태도로 나오는 것이 화가 났다. 그래서 방과 후에 복도 구석으로 히사요시를 불러서 심하게 꾸짖었다. 그러자 히사요시는 뜻밖이라는 표정을 지으며 학교 공부에 방해되는 일은 결코 하지 않겠다고 대답했다. 그러나 곁들여서 다음에도 독서에 열중하면 빠질 지도 모른다며 다소 의기양양한 모습으로 넌지시 말했다. 키타하라는 벌컥 성을 내고, 어투를 더 강하게 하여 머리가 좀 좋다고 생각하여 자만해서는 안 된다. 이 학교에서 백점을 받았다고 해서 진짜 실력이 그렇다고 생각하면 우물 안 개구리가 큰 바다를 모른다는 것과 같다. 공부는 적어도 도쿄의 일류 중학교 학생을 목표로 하지 않으면 안 된다. 게다가 설령 실력이 있다손 치더라도 학교는 그저 공부벌레만을 키우는 곳이 아니다. 독서만 할 것 같으면 독학도 가능하다. 국가가 학교에 많은 경비를 쏟아붓고 있는

것은 그 속에서 집단생활의 훈련을 시키려는 목적도 있는 것이다. 그리고 그 목적은 현대 국가에서는 대단히 중요한 부분이다. 그리고 또 학과 이외에도 교련, 체조, 노동이라는 중요한 과업이 많이 있다. 교련, 무도(武道), 노동도 그저 머릿속에서 방법을 알고 있다고 될 일이 아니다. 평소에 잠이 덜 깬 상태에서도 하나의 습관처럼 몸에 배어 생활에 태도로 나타나야 하는 것이다. 그러기 위해서는 한 번이라도 많이, 진지하게 실천할 필요가 있다. 게다가 누군가 결석한 날의 교실을 상상해 보아라. 급우로서 왠지 불만스럽겠지. 몇 명이나 쉬면 선생님이나 학생이나 모두 공부할 의욕이 사라져 버린다. 자기 한 사람을 위한 학교라고 생각하면 안 된다. 선생님한테 쓸데없는 걱정을 시키면 안 된다. 급우를 쓸쓸하게 해서도 안 된다. 그 점에서도 그러한 결석은 용서할 수 없는 거다. 이렇 게 누누이 이론적인 설교를 했다. 히사요시는 고개를 깊숙이 숙이고 듣고 있었다. 키타하라는 이론적인 설교를 좋아하지 않았지만 상황이 돌아가는 형편상 그렇게 하지 않을 수가 없었다. 그러나 도대체 그것으로 효과가 있을까하고 언제나 답답하게 생각했다.

그러나 히사요시에게 그 설교가 상당한 효과가 있었던지, 안색이 창백하니까 유도에 더 정진하라고 키타하라가 말하자 순순히 응했다. 그 후 주의해서 지켜보니 조회 분열(分列) 행진 때의 걸음걸이는 물론 부노나 노동시간에도 적극적이면서도 즐거운 태도를 보여 그는 내심 만족했다.

그 11월 키타하라는 같은 마을의 여학교 교사 나카타 요네코(中田米子)와 결혼했다. 키타하라는 학생과 종일 부대끼면서 짬이 나면 가정방문을 하여 학부형과 교육에 대해 이야기하고 서로 격려하는 동안에 자기 마음속에 잠재해 있는 불순물이 서서히 씻겨 내려가, 가르친다는 것에 자신도 놀랄 정도로 진보하고 있음을 맛보고 있었기 때문에, 상대가 설령 어떤 사람이든지 역시 그러한 마음으로 살아가고 있을 것이라고 생각하여, 또 학생을 위해 매우 많은 시간을 보내야하는 생활도 순순히 이해하고, 공감해 줄 수 있을 뿐만 아니라, 언젠가 히사요시에게 약속한 것처럼 마음이 맞는 학생에게는 그야말로 마음이 담긴 맛있는 음식이라도 대접할 수 있을 것이라고, 보기에 따라서는 대단히 단순한, 아이다운 생각에서 아내로 교사를 선택했다. 요네코는 학생을 초대한 사실을 알고 뛰어난 요리 솜씨를 보여주었다. 그러나 식탁에 앉자, '당신 학교는 밤에 외출하는 것에 제한이 없나요? 자고 가는 거라면 괜찮겠지만!' 이라고 말을 했다. 그 말의 의미가 학생에게도 통했는지 현관에서 거수경례로 인사를 하는 학생에게, 조심해서 가라고 하자, 특별히 당할 녀석도 없겠지요, 저희들은 남자라서 어두운 곳도 아무렇지 않습니다 하고 내지인인 학생 한 명이 대답을 하자, 그 말을 받아, 당신 학생은 건방지네요, 저런 걸 초대하면 가정의 평화가 깨져요, 하고 몹시 화를 내기도 했다. 그렇기도 하겠다고 생각하며 있었는데, 결혼해서 얼마 있지 않아 그녀의 친구들이 놀러 왔었다. 특별한 대접을 하면서, 남자 선생도 동료니까 괜찮다며, 술을 내고, 노래까지 함께 부르기도 하였다. 그것을 보고 이 또한 평화를 깨는 일이 아닌가 하고 말을 하고 싶었다. 그렇지만 키타하라도 술을 조금은 즐겨서, 상대가 남자면 자신을 찾아왔다고 이해하면 된다고 생각하며, 어색하게 가만히 있을 수밖에 없었다. 그런 분위기도 얼마 있으면 가라앉을 것이고, 가정의 평화 없이 무슨 교육이냐 싶어, 그는 시간이 흐르기를 기다리면서 일부러 그녀를 거스르는 태도는 피하고 있었다. 그런 분위기 탓으로 언제부터인가 학생과의 교섭도 적어졌다. 솔직히 말하면 적극성도 없는 의무적인 교육으로는 안 되고, 결혼한 남자가 일에 열중하기 위해서는 가정의 힘, 즉 일가총력(一家総力)으로 임하지 않으면 어렵다는 것을 잘 알게 되었다.

그리고 그 해 겨울방학에는 좋아하는 스키도 타지 못한 채, 1월 말에 시업식에 나갔다가, 그는 엄청난 일을 듣고 경악했다. 조선인 학생 사이에서 사상 단체가 발각되어, 10여 명이 어제 아침 잡혀갔다는 것이다. 매우 오랫동안 그의 주변에서는 들을 수 없었던 이야기였다. 키타하라는, 의기양양하게 사건의 전말을 이야기하고 있는 훈육 주임인 우에노(上野)가 있는 곳으로 쭈뼛쭈뼛, 가슴을 억누르고 다가가 3학년 중에도 관련자는 있는지 물어보았다.

"아니, 3학년에는 아직 손이 닿지 않았어요. 하지만 키타하라 군의 반도 위험해, 상당히 냄새나는 녀석도 있으니까 말이오." 하고 우에노는 자신이 맡은 훈육 주임의 책무를 다하는 것처럼 열을 내서, 노동 등을 지도하는 키타하라를 비웃는 듯한 눈초리로 다시 쳐다보았다. 3학년에는 없다고 들으니 요동치는 가슴도 가라앉자, 그래 그것이 당연하다는 듯이 당차게,

"제 반에도 냄새나는 녀석이 있다고요? 누군가요?"
하고 정색하지 않을 수 없었다. 그의 반에는 조선인 학생이 30여명 밖에 없었다. 2학년 초부터 경계해 왔기 때문에 그는 그들의 마음 구석까지 알고 있다고 자신했다. 소학생처럼 기쁘고 순수하게 노동을 하는 그들, 키타하라가 교실에 들어가면 미소를 머금은 눈빛으로 맞이하는 그들, 그들이 키타하라의 눈이 닿지 않는 곳에서, 그러한 어두운 계획을 세우고 있을 거라고는 도무지 믿을 수가 없었다.

“누군지, 뭐 좀 있으면 알겠지.”

하고 우에노는 키타하라에게는 가볍게 응대하고, 옆에 있던 동료를 향해,

“가택 수색을 해보려고 생각해. 뭐, 교장 선생님께 의논해 봐야 하겠지만 말이야. 이 참에 구린내 나는 녀석을 줄줄이 쓸어내지 않으면 안 돼. 교사도 국책에 협력하지 않으면 이 비상시에 죄송스러운 일이지.” 하고, 보기에 따라서는 키타하라의 마음속에 있는 의심의 한 부분을 찌르듯이 목소리를 높여 말했다. 누구도 반대하는 사람은 없었다. 키타하라도 사건이 사건인지라 무리하게 일을 감싸주기가 뭣해서 입을 다물어 버렸다. 가택 수색도 이 참에 필요하다고 생각했다. 이런 사건에야말로 교사의 협력이 또 필요할 것이다. 그러나 도대체 교육자의 협력이 그런 형태로 있어야 하는 것일까? 이러한 사건을 당연히 예상하고 미연에 그들을 지키는 것이야말로 의무가 아니면 안 된다. 아니 그들도 노력하고 있을 것이다. 그래서 키타하라는 자신의 생각을 억눌렀다. 하지만 그런 책임에 대한 당연한 반성이 그들이 있는 자리에서는 조금도 느껴지지 않는 것이 그를 초조하게 했다.

오후 쉬는 시간 즈음이었다. 우에노가 작은 몸집의 가슴을 거만하게 뒤로 젖히면서 키타하라의 자리로 다가왔다.

“야스하라 히사요시의 주소는 어디였지요? 지도를 좀 그려줬으면 하는데.”

키타하라는 덜컥 가슴이 내려앉았다. 우에노가 내민 메모 백지를 무의식적으로 잡은 손이 떨려왔다. 그것을 재빨리 눈치 챈 우에노는,

“잠시 가택 수색을 해보려고 말이지.”

"네! 야스하라 말입니까? 야스하라가 무슨 짓거리라도 했다는 것입니까?"

"아니, 특별히 그런 건 아니지만. 뭐, 때가 때인 만큼."

키타하라가 쓰기를 꺼려하고 있는 것을 보자 덮어씌우듯,

"이것은 교장 선생님과도 양해가 된 거야."

어떻게든 하는 게 좋겠다고 키타하라는 한 순간 마음을 정했다. 자신의 믿음은 결과로 나타날 것이다. 그렇지만 손가락 끝의 떨림은 멈추지 않았다. 겨우 안정을 찾아 그의 하숙 약도를 그려서 건네주었다.

우에노가 의기양양하게 외투를 걸치고 나가자, 지나가던 주번에게 명하여 히사요시를 이과실로 오도록 했다.

"너, 상급생이 잡혀간 일을 알고 있지?"

불기도 없어 바깥 공기 그대로인 이과실에는 수도꼭지에 물이 매달려 있었다. 의아스러운 표정으로 들어온 히사요시에게 내던지 듯 물은 키타하라는 그에 응하는 히사요시의 표정을 불안과 세심한 주의로 지켜보았다.

"알고 있습니다."

무슨 일인가 하는 밝은 표정이었다. 다행이라고 생각했다.

"너는, 그들과는 상관없겠지?"

"없습니다!"

무슨 말씀을 하고 계신 겁니까 선생님, 이라는 의외의 어투였다.

"아니 없으면 됐고. 실은 혹시나 싶어 걱정이 되서 말이야."

"없습니다, 절대로 없습니다. 저는 조선인이기 때문에 상급생의 그런 일을 조금은 알고 있었지만, 잘 알지도 못하면서 엮이지 말라고 친구들

에게 주의를 주었을 정도입니다."

"그래, 그래!"

키타하라는 기뻤다. 그리고 또 문득 새그물이나 낚시에 관심이 있던 자신의 소년 시절을 떠올리면서, 어린 나이에 이런 일에 그만큼 주의를 하지 않으면 안 되는 그의 입장이 애처롭게 생각되었다. 하지만 가택 수색에 대해서는 이야기하지 않았다. 학교가 하는 일은, 그것이 어떤 종류의 일이든 한 번 행동하기 시작하면 교사로서 협동 책임을 지지 않으면 안 되는 일임을 깊이 자각하고 있었기 때문이다. 어쨌든 우에노가 돌아오기를 기다리기로 했다.

그런데 잠시 후 우에노는 의기양양하게 돌아왔다. 손에는 무슨 책인지 끈으로 묶은 몇 권이 매달려 있었다. 역시? 실의와 배신을 당한 슬픈 느낌 같은 뭔가가 키타하라의 마음을 어둡게 했다.

"키타하라 군, 증거 물건이야!"

우에노는 키타하라의 책상까지는 오지 않고, 여기까지 오는 게 좋을 것이라는 듯, 멀리 책상 위에 툭하고 책을 내던졌다. 키타하라는 마음이 다급했지만, 책상에서 움직일 수가 없었다. 그 정체를 밝힌다면, 자신이 겪은 10년 방랑의 어두운 날들이, 오늘, 지금부터 애처로운 소년 히사요시의 앞에 전개되는 것 같아 두려워졌다. 의자에서 버티고 있으면 그 시간만큼 길게 히사요시가 밝은 태양을 볼 수 있을 것처럼 생각된 것이다. 결혼해서 가정에 틀어박힌 잠깐 동안의 세월이, 히사요시와의 교섭을 태만히 한 잠시 동안의 세월이, 그에게 혼자 그 길을 걷게 한 것일지도 모른다고, 애달픈 후회가 가슴을 가로질렀다.

마침 그 자리에 있던 동료가 책으로 다가가, 그것을 집어 올려 표제를 바라보았지만 아무도 뭐라고 하지 않았다. 그런 경우 경솔한 판단은 그들 권위에도 관계되고, 나아가 다른 사람의 담임학생을 운운하는 것은 그 교사를 그렇게 기쁘게 하는 일이 아닌 것을 그들은 알고 있었다.

그래서 키타하라는 싫어도 거기까지 가지 않으면 안 되었다. 그는 찌를 듯이 주의 깊게 몇 권의 표제를 읽었다. 정말 요즘 읽을 만한 책이 아니었다. 그러나 한 때 키타하라들이 조금 경멸하며 취급하던 것이나, 소설 등인 것이 그의 마음을 조금 누그러뜨렸다. 그렇다고 해도 이런 사건의 경우 이 서적들을 제출한다면 일단 취조가 있을 것은 당연했다.

"어떤가 키타하라 군? 이래도 냄새가 나지 않는단 말인가? 그 너석, 건방진 질문을 하기에 아무래도 이상하다고 생각했더니, 이렇다니까!"

"저는 도무지 모르겠습니다. 뭐 좋을 대로 하세요."

히사요시를 겨냥한 이유가 문리대 출신 수학교사인 그를 굴복시킨 일에 있음을 알자, 혹시나 경찰로부터 연락이라도 받은 것이 아닐까 하는 의심도 풀려 다소 안심도 되었고 또한 그렇게 말하는 것만으로는 적수도 되지 않았다. 하지만 머릿속에서는, 이 일을 어떻게 처리할 것인가, 급조(急潮)처럼 이런저런 방도가 엄습해 왔다. 그래, 그래. 이 일은 더 나아가 공개하는 편이 히사요시를 구하는 길이다. 다행히 경찰서의 고등주임은 그가 담임을 맡고 있는 요시오카(吉岡)의 아버지로, 몇 차례 만나서 성향도 알고 있었다. 히사요시를 데리고 가서 의논해 보자. 그렇게 마음을 정하자, 서적을 모아서 교장실로 들어가는 우에노도 신경이 쓰이지 않고, 오히려 방과 후를 기다리는 시간 쪽에 그의 마음이 초조했다.

퇴서(退署) 시간이 지나 있었지만 다행히 요시오카의 아버지는 아직 남아있었다. 키타하라는 히사요시를 앞에 두고 사정을 이야기했다. 학교를 빠져나와 그런 태도로 나가는 것은 정말 용서할 수 없는 일이라고 생각하지만 우에노에 대한 반발에서, 또 잘못 돼서 히사요시가 어두운 맛을 보게 되면 못된 일에 배짱이라도 생길까 걱정이 되어, 그는 마음의 가책을 느끼면서도 요시오카를 찾아갔던 것이다.

주임은 키타하라의 진의를 순순히 알아주었다. 그리고 히사요시한테 서적의 제목을 말하게 하고, 어디에서 손에 넣었는지 물었다. 히사요시는 다소 겁먹은 표정이었지만 주저하지 않고 헌 책방에서 구했다고 대답했다. 그러자 화가 난 듯, 좋아! 앞으로는 교과서 이외에 읽을 책은 반드시 선생님께 의논해야 한다고 주임답게 엄하게 말하고 키타하라를 별실로 데리고 갔다. 대체적인 취조는 다 되었으니까 아마 상관없을 것이라고 생각하지만, 보아 하니 매우 깊게 뭔가를 생각하는 기질인 것 같으니까 앞으로 독서나 교우 관계에 충분히 주의를 주었으면 한다. 입장이야 달라도, 훌륭한 황국신민을 만들어내고 싶은 열의는 당신도 똑같다, 경험에 의하면 그 아이 정도의 연령이 가장 중요하다, 아무쪼록 그들에게 과오가 없도록 서로 노력하고 싶다고 말했다. 키타하라는 순수한 감격으로 고맙게 한 마디 한 마디를 들었다. 그리고 그 감격과는 다르게 깊은 감개에 멍하니 눈시울이 젖는 것을 느끼면서, 안경으로 부드러워진, 크고 조금 날카로운 긴, 주임의 속눈썹의 눈동자를 응시했다. 그런 눈빛이나 그런 말은 물론 검은 제복으로 가득한 실내도 예전에 키타하라가 여러 번 본 풍경과 너무나도 많이 닮아 있었다. 그는 그 때와 지금의 자신의 입장을 비교해 10년이라는 시간의 흐름을 음미하지 않을 수 없었다.

5

그 후 유치(留置)된 학생의 취조는 진전되었지만, 히사요시가 그 일과는 전혀 관계없다는 것을 알고 키타하라는 숨 막힐 것 같은 불안에서 해방되어, 그 사건을 말하는 요시오카 주임의 앞에서 저도 모르게 한숨을 내뱉으며 혼자 쓴 웃음을 금하지 않을 수 없었다. 하지만 사건은 상당히 복잡하고 뿌리가 깊다고 한다. 그럼 소름끼치는 허무적인 바보 웃음도 뿌리 깊은 실을 좇던 표현이었나 하는 생각이 들었다. 요시오카 주임한테 맹세한 체면도 있어 히사요시뿐만 아니라 다른 조선인 학생에 대해서도 한층 세심한 주의를 기울여야 하겠다고 새삼스레 마음으로 맹세했다.

그리 말은 했지만 도대체 어찌 해야 그들을 그런 영향에서 완전히 지켜낼 수 있을지 생각하면 생각할수록 어려운 일이었다. 키타하라의 과실이 이미 그랬던 것처럼 그들의 경우에도 여러 가지 사회현상이 소년의 머리로는 쉽사리 이해하기 어렵고 혼란스럽기 때문이다.

사랑이다, 자애할 일이다—. 그가 얻은 결론은 그것이었다. 쏟아도, 쏟아도, 더 그들이 수용하지 못하는 자애의 샘이 이 가슴에 샘솟고 있다면 설령 그들이 길을 헤매어도 그 샘을 거점으로 해서 한 번 더 바른 길을 돌아봐 줄 것이라고 생각되었다.

그는 그러한 마음으로 그들 한 사람 한 사람을 따뜻하게 어루만지는 기분으로 끊임없이 주시했다. 또 그는 내선민족은 꼭 하나가 되어야 한다는 신념을 기회 있을 때마다 뜨겁게 이야기하며 타일렀다. 그럴 때마다 히사요시의 눈은 거기에 호응하여 그야말로 불을 내뿜는 것 같았다.

그것은 그 자리에서만 아니라 교실에서의 태도나 교련이나 노동, 말하자면 힘차고 무게 있는 그 걸음걸이에까지 나타났다. 키타하라는 또 그것을 활력소로 하여 한 층 더 정열이 타는 것을 느꼈다. 따라서 학생의 일거수일투족은, 특히 히사요시의 경우, 내심 무엇을 생각하고 무엇을 사고하는지 점쟁이처럼 맞출 수 있을 정도였다. 추측한 후 그 예상대로 결과가 나오는 것을 보고 스스로 신기하기조차 했다.

그래서 4학년 1학기 어느 날 질문을 받은 히사요시가 허를 찔린 듯 깜짝 놀라 일어나 평소 그의 실력으로는 충분히 예상할 수 있는 대답에 궁했을 때, 아니 이것은 또 뭔가 있구나 하고 마음을 흐리지 않을 수 없었다. 그러자 그 예상을 적중시키듯 히사요시는 다음 날 결석을 했다. 그날 아침 전화로 복통이라는 신고를 숙직에게 했다고 하지만, 본인이 직접 한 전화였다고 했기 때문에, 결석하지 않으면 안 되는 환자가 근처 전화하는 곳까지 걸어 나온 것도 이상하다, 그만큼 타이르고 야단을 쳤는데도 히사요시가 또 다시 독서에 열중했다고는 생각되지 않고, 아니면 좋겠다고 생각하며, 키타하라는 비어있는 시간을 이용해서 자전거를 타고 비탈길 위에 있는 그가 기숙하는 곳으로 찾아갔다. 길고 완만한 비탈을 페달을 계속 밟아 단숨에 올라 찾아가보니 히사요시는 없다고 한다. 어디에 갔느냐고 물어보아도 국어를 잘 모르는 주부만으로는 요점을 몰라서, 예전부터 알고 있던 그 집 주인의 근무처인 통조림 회사로, 5km 정도의 길을 다시 자전거로 달렸다. 주인은 올해 1학년에 입학한 학생의 아버지라서 붙임성 있게 키타하라를 맞아주었다. 오늘 아침 고향으로 간다며 나갔다, 여하튼 사촌형의 학비를 마련하지 않으면 안 되어, 금전 조달을 위해서라고 했지만 자세한 것은 모른다고 설명했다. 학비를 위한 금전 조달이라고는 이해하기 어려운 일이었다. 그런 소년이 금전 조달 때문은 아니었을 것이다. 히사요시는 지금까지도 월사금은 물론 그 외도 큰아버지인 야스하라 희선이 내어주었을 터이다. 사촌형이라고 하면 언젠가 들은 음악 학교에 다니는 야스하라 카주요시임에 틀림없다. 히사요시가 조카인 것보다 카주요시는 단 하나뿐인 아들이 아닌가? 어떻게 생각해도 이치에 맞지 않다. 뭔가 비밀스러운 논의에라도 불려나간 것은 아닐까? 바로 그런 위협의 그림자가 가슴에 비쳤다. 그러나 학부형이 교사를 앞에 두고 거짓말을 할 리도 없을 거라고 생각되어, 그럼 집에 돌아오면 바로 우리 집에 들리도록 전해 주었으면 한다고 부탁하고 학교로 돌아갔다. 그래도 걱정이 되어, 히사요시가 공부를 도와주고 있는 1학년생을 불러, 돌아오면 꼭 찾아오도록 말하라고 혹시나 해서 일러두었다. 집에 돌아와서도 밤새도록 기분이 무거웠다. 이제나 저제나 하면서 발소리에 귀를 기울였지만 히사요시는 찾아오지 않았다. 다음 날 학교에 가서 1학년생을 불러 물어보니 어젯밤에는 돌아오지 않았다고 한다.

그런데 그 날 오후 히사요시 앞으로 온 전보가 학교로 배달되었다. 키타하라는 조금 놀라며 허둥지둥 봉투를 열었다.

"답 없음, 어떻게 됐나, 바쁘다"

아하, 역시 금전 조달인가, 발신인 이름은 없지만 아마 카주요시로부터 왔을 것이라고, 겨우 안도한 키타하라는 아무렇지 않게 발신국 이름을 보고 다시 눈살을 찌푸렸다. **하얼빈 중앙**이라고 되어 있는 것이 아닌가? 하얼빈? 도쿄에 있는 카주요시가 어째서 하얼빈에 있을까? 뭉게뭉게 솟아나는 그의 의심은 허둥지둥 조선과 하얼빈 사이에 쭉 하나의 선을 그어, 그것을 더 연장해 보는 것이었다. 설마! 하고 강하게 부정해 보았지만 우에노가 가져온 서적의 표제나, 사상적인 훈화가 시작되자 반짝반짝 빛내는 히사요시의 눈동자나, 작년 해수욕장에서 내뱉은 그의 어두운 한숨이나, 차례차례 그의 그런 행동거지 동작이 머리에 떠올라, 그 강한 부정을 바스락바스락 무너뜨리는 것이었다. 그날 밤도 히사요시의 발소리를 허무하게 기다리며, 다음날 아침 조회에 나가보니, 어라, 히사요시가 출석해 있는 게 아닌가? 돌아오면 찾아오라고 다짐해서 말해두었기 때문에, 아버지도, 1학년생도 잊었을 리가 없다. 그런데 그는 천연덕스럽게 키타하라의 시선과 마주치자 히쭉 눈초리까지 부드럽게 했다. 하지만 키타하라는 어떤 반응도 보이지 않고, 조회시간 내내 무뚝뚝하게 있었다. 그리고 다른 교사나 학생들 앞에서 거의 학생들을 야단친 적이 없는데도, 분열이 끝나고 교실로 행진이 시작되자,

"야스하라!"

하고 딱딱한 표정으로 히사요시를 열외로 불러내어, 차렷해서 거수 경례를 하는 그에게 반례(返礼)도 하지 않고 심한 어조로 퍼붓기 시작했다.

"언제 돌아왔나?"

"어제 저녁입니다."

"돌아오면 바로 찾아오라고 말해 두었었는데, 못 들었나?"

"예, 들었습니다."

"왜 찾아오지 않았나?"

"다른 볼 일이 있었습니다."

아무래도 마음에 들지 않는 대답이다.

"다른 볼 일이라는 것이 무엇이냐? 도대체 너는 왜 빠진 것이냐?"

키타하라를 똑바로 보고 있던 눈동자가 두리번거리다 땅으로 떨어졌다. 그것을 일부러 차갑게 바라보며,

"응? 왜 쉬었느냐고?"

이번에는 차렷 자세가 흐느적거리며 무너졌다. 그리고 고개를 숙인 채, 작은 목소리로 말했다.

"집안 일입니다. 나중에 말씀드리겠습니다."

나중에라고 친한 듯 말하는 것도, 머뭇거리며 고개를 숙이고 있는 것도 키타하라를 애타게 했다. 화도 났다. 보무를 바르게 하여 입사(入舍)하는 학생의 대열은 아직 반쯤 되장을 끝내지 않았다. 동료 교사들도 어쩐지 수상쩍은 듯, 그들 두 사람을 곁눈으로 힐끔거렸다. 그런 자리에서 친한 듯이 구는 것을 그냥 놔두면 훈육상 곤란하다고, 우에노들로부터 바로 간섭이 시작된다. 많은 학생들을 상대하는 교육이다 보니 그도 그것이 옳다고 생각한다. 그런 기분도 들어서 그는 몹시 불쾌한 어조가 되었다.

"그 자세는 뭐냐! 말해 봐."

히사요시는 마지못해 자세를 고쳤다. 하지만 이번에는 무뚝뚝하고 딱딱하게 입을 함구하고 말았다. 드디어 학생의 입사가 끝났다. 키타하라도 마주보고 말없이 있었다. 그러나 그 사이 이유도 없이 너무 딱딱한 자신을 깨달았다. 히쭉 눈초리를 부드럽게 한 모습을 봐서, 대단한 일은 없었던 것 같지 않나.

"말해 보렴. 그저께부터 무척 걱정하고 있었다."

그렇게 말했을 때의 말이나 어조는 키타하라 본래의 것이었다. 군인식 요육이 한창인 요즘 이런 모습을 보이는 것이 과연 교육자로서 가치

있는 짓일까 하고 키타하라는 늘 아이 같은 반성에 빠진다. 하지만 본심에는 진실의 울림이 있을 것이다.

“죄송합니다.”

하고 히사요시는 머리를 숙였다. 그리고 움직이지 않고 이유를 설명했다. 기숙하는 곳의 주인이 이야기한 대로 금전 조달이었다. 그리고 예상한 것처럼 카주요시로부터의 부탁이었다. 그러나 학자금은 아니었다. 카주요시는 결혼해서 상경했지만 전문학교에 다니는 다른 여자와 연애에 빠졌다. 상대의 재산을 노린 아버지한테 무리하게 강요받아서 결혼한 못 배운 아내가 점점 싫어져서 이런저런 이유를 억지로 갖다 붙여 고향으로 돌려보냈다. 아버지는 뭔가 이상해서 아는 사람의 아들에게 알아보게 했더니 카주요시가 다른 여자와 동거하고 있다는 것이다. 분노한 아버지는 일절 생활비는 끊어버렸다고 한다. 곤란해진 카주요시는 히사요시를 통해 아버지로부터 돈을 받아내려고 했지만, 여자와 헤어지고 아내를 다시 불러들인다면 생활비를 보내줄 거라고 해서, 남녀 관계에 대해 잘 알지 못하는 그는 난감해졌다. 그래서 모르는 척 그냥 두었더니, 일전에 갑자기 하얼빈에서 편지가 와서, (후후, 그런가, 역시 그 전보는, 하고 키타하라는 안도하며 듣고 있었다.) 학업을 버리고 뭔가 음악 관련 일에 종사해서 스스로 생활할 각오다, 여비도 다 쓰고 여관에 묵을 돈도 없다, 6백 원만 급히 보내달라고 알려왔다. 존경하고 사랑하는, 유일한 친척인 카주요시의 일이고 보니 그냥 그렇게까지 내버려 둘 수가 없었다. 또 그도 조선의 소설 등을 읽고 있기 때문에 배운 남자가 못 배운 여자와 생애를 함께 하기 어려운 것도 어쩔 수 없는 일인지도 모른다고, 아내가 된 여자의 성질은 잘 모르지만 돈을 목적으로 결혼을 무리하게 강요한 큰아버지에 대한 반발도 있어, 좋아, 어떻게든 해보리라는 마음이 들었다. 그렇다고 큰아버지가 내어줄 기미는 없고 생각한 것이 큰어머니의 친정이었다. 그 집에는 만주에서 귀향한 지 얼마 안 되어 가본 적이 있다. 그래서 기차를 타고 간 것이라고 한다.

"그래서, 돈은 마련했느냐?"

가난한 키타하라는 애가 타서 물어보지 않을 수 없었다. 이혼도 자신의 상황에 비교가 되어 그의 흥미를 끌었다. 게다가 도대체 이런 소년이, 6백 원이라는 큰돈을 어떤 방법으로 마련할 수 있을 것인가 하고 걱정이 되었다.

"예."

하고 히사요시는 싱긋 웃었다.

"그러나 5백 원만입니다. 6백 원이라는 것도 이유가 있는 것 같지도 않아서, 대충 맞을 것이라고 생각합니다."

과연 차렷 자세로는 말하기 어려운 이야기라고 여기면서도 키타하라는 내심 이상했다. 하지만 의심은 풀렸지만, 도대체 이래도 괜찮은 것인가 생각했다. 이제 소년의 세계에서 벗어나 있었다. 하나에서 열까지—. 아니 안 돼. 이래서는 안 된다. 인생은 긴데 그 초석을 쌓아야 하는 지금, 아직은 더 꿈에 찬 뭔가가 있어야 한다. 그렇게 곧똑히 생각했다. 곧똑히 생각했지만 그렇다고 그의 힘으로 히사요시에게 닥친 일들을 해결하고 처리할 수 있는가? 자신에게 말하여 의논하지 않고 혼자서 뛰어다녀 해결한 것도 섭섭했다. 하지만 고백의 능력이 없다고 히사요시에게 그것을 책망할 수는 없다. 그것만을 생각하자, 교사의 힘의 한계라는 것이 쓸쓸해진다. 히사요시도, 아니 일반적으로 학생들은 여러 가지 고민에 맞닥뜨렸을 때, 교사의 한계를 살펴서 그들의 능력으로는 부족하다고 여겨 혼자 행동해 버리는 것일 것이다.

하지만 여전히 자신의 노력의 범위는 남아 있다고 키타하라는 자신에게 힘을 주었다. 히사요시에게 더 소년다운 꿈과 부드러움의 세계를 제공하는 것이다. 역량도 없으면서 무리하게 억지로 어른의 세계로 끌려들어가 건조한 작은 어른이 되려는 그에게, 그것은 포상작용을 해서 자라야할 싹에 따뜻한 물을 줄 수 있음에 틀림없다.

키타하라는 그 후 고아 마리라든가 퀴리 부인전이라든가 자신이 읽어서 마음이 풍부해졌던 서적을 빌려주었다. 히사요시는 마리의 악의나 운명에 대한 순종에 동경과 감격을 나타내고 열심히 독후감을 말했다. 그 느낌은 좋다하더라도 그 책은 둘도 외국서적이었다. 일본인 저자 중 히사요시에게 친숙한 책을 찾지 않으면 안 된다. 그러나 어렸을 때부터 격식을 차린 일본적 가르침을 받은 키타하라에게는 서구적인 분위기 속에서 더 자랄 수 있는 창이 있음을 깨달아 자연히 수중에는 그런 책밖에 없었다. 딱히 좋은 책을 찾아내지 못해 여기에 대해 더 노력하지 않으면 안 되겠다며 애가 탔다.

하지만 그렇게 애 타게 생각하면서 그들 학생의 사생활에 신경을 써야 하는 키타하라는 자신의 사생활에도 상당히 고민하지 않으면 안 되었다.

어느 날 밤 그는 벌써 파자마로 갈아입은 후 창문이 닫혔는지 신경이 쓰여서 이중창의 안쪽 종이미닫이문을 아무 생각 없이 열었다. 그러자 바깥쪽 유리미닫이문 밖에 불쑥 검은 형체가 서있어서 깜짝 놀랐다. 그 형체는 미닫이를 엶과 거의 동시에 퍼뜩 비틀거리듯이 비스듬히 오른쪽 전신주 그늘로 숨었다. 키타하라는 왠지 그 형체의 심장이 고동치는 것을 들은 것 같았다. 책망할 것은 다른 사람 침실 창 아래에 어슬렁거리는 그 형체이어야 하는데도 봐서는 안 될 것을 본 것 같은 자책감에 반사적으로 미닫이문을 닫았다. 하지만 잠시 후 당연한 분노가 치밀었다. 그는 달리듯이 현관에 가서, 거칠게 열쇠를 벗기고 문을 열었다. 벌써 형체는 없었다. 아무래도 닮았다고 고개를 갸우뚱거렸다. 확실히 이토오(伊藤) 씨이다. 이토오라는 사람은 재목상으로 아내 요네코가 예전에 하숙하던 집 주인이다. 요네코와 동향인 쿠와나(桑名) 출신으로 많이 친했던지 결혼식에도 와주었고, 부인과 아이와 함께 축하선물을 가지고 찾아온 적도 있었다. 하지만 만약 그렇다고 하면, 이 밤중에 도대체 무슨 이유로 창밖을 어슬렁거리고 있었을까? 방문? 그렇다 하더라도 특별히 볼 일이라고 할 만한 짐작되는 일이 없었다. 사람을 잘못 봤나—? 아니 확실했다. 키타하라는 막연한 형체를 마음에 느끼면서 침실로 돌아왔다.

"뭐였어요?"

요네코는 잠자리에 들어 머리를 베개에 얹은 채 남편의 우울한 얼굴을 올려보았다.

"응? 누군가 왔었어. 창을 열었더니 황망히 전신주 그늘로 숨어 버렸어. 아무래도 이토오 씨 같았는데 말이야……"

"이토오씨?"

하고 요네고는 반사적으로 머리를 들며,

"설마! 그런 무례한 짓을 그분이 할 리가 없어요. 누군가 취객이셨시요. 확실하지도 않은데 그런 추측을 하다니, 당신도 상당히 무례하군요."

전혀 그렇게 강하게 변호하지 않아도 되지 않는가? 키타하라는 베개 위에서 저쪽을 향한 아내의 머리를 왠지 심술궂게 쏘아보면서, 가슴의 속의 막연한 형체가 예민한 한 부분으로 바뀌려는 것을 필사의 노력으로 억눌렀다.

그 후 얼마 지난 6월 초였다. 요네코의 고향에서 쿠와나의 명물 대합구이가 소포로 왔다. 요네코는 그 작은 함을 열어, 먹어 봐요, 맛있어요, 이거 일본 전국에서도 이름 난 명물이에요 하고 남편 앞에 내밀었다. 키타하라가 하나 집어서 입에 넣자, 그녀도 입에 던져 넣고, 마음 때문인지 맛있는 듯 눈을 가늘게 뜨고, 어때요? 라고 한다. 어떠냐고 해도 특별한 맛은 없고, 흔한 대합 조림 등과 별로 다른 맛은 없었다. 하긴 아무리 맛있는 것이라도, 그처럼 작은 한 점이 혀를 녹일 맛이 있을 리가 만무하지만 아내가 떠들 정도의 물품은 아니었다.

명물에 맛있는 것 없다라는 말이, 어때요? 라는 질문의 대답에 가장 적당한 말이라고 저도 모르게 말할 뻔 했다. 그러나 그것은 일부러 보내온 그녀의 어머니에 대해서도, 그렇게 떠드는 아내에 대해서도 마음 없이 차갑다고 하겠다 싶어,

“조금 좋은 맛이 있다고 할까?”

라고 대답을 했다. 그러자 특별히 감동하지 않는 남편의 표정을 본 그녀는,

“영어 같은 걸 하니까, 당신은 일본적 미각이라는 것을 모르는군요. 누구든 칭찬할 거예요.”

라고 말해 보기에 안쓰러웠다. 엉뚱한 곳에 영어나 일본을 가져와서 키타하라가 쓴 웃음을 짓고 있자, 작은 함에 뚜껑을 덮고 아직 그 작은 함이 도착한 것이 기쁜지,

“이럴 때, 누군가 초대하면 좋겠는데.”

하고 혼잣말처럼 말하고 일어나서 부엌으로 갔다. 초대한다는 것은 키타하라도 동감이었다. 명물이 명물로서 남아 있다는 것은 어차피 그건 정신적인 것으로, 미각이라고 하기보다 누구에게나 있을 법한 향토의 자랑을 반(半)재미로 들어준다. 그 편이 맛있을 거라고 생각되었다.

그러자 그 때 현관문 열리고 히사요시가 찾아왔다. 키타하라가 빌려준 책을 돌려주러 온 것이었다. 마침 잘 됐다 싶었다. 저녁 전이니까 올라와서 밥을 먹고 가면 어떻겠냐고 키타하라는 권했다. 결혼하면 맛있는 걸 대접하겠다고 작년에 말했었는데 히사요시는 아직 한 번도 초대하지 않았다. 마침 아내의 고향에서 명물이 도착했다고 하면, 뜻밖에도 아내의 마음으로부터의 대접도 되고, 그녀가 말하는 일본적 미각이라면 그것을 화제로 활기찬 식탁도 될 것이다. 그러면 그도 아내와 함께 그 자랑 쪽에 사이좋게 가담할 수 있을 거라고도 생각되었다. 히사요시는 굳게 사양했지만 강권에 못 이기어 올라왔다. 키타하라가 부엌에 가서 그 뜻을 전하자, 하녀에게 지시를 하고 있던 요네코는,

"어머, 밥이 모자랄지도 몰라요."

라며 쌀쌀맞게 대답했다.

"있는 것만으로도 괜찮아, 내가 적게 먹으면 돼!"

4, 5일 전 여학생을 초대한 적이 있는 그녀는 그래도 곤란하다고는 말하지 않고 승낙했다.

그러나 막상 식탁에 앉자 평상시보다도 볼품없는 상으로, 있는 것이라고는 해도 히사요시에게 미안했다.

게다가 자랑하던 대합 구이는 식탁 위에 오르지도 않았다.

"어, 좀 내놓는 게 어때?"

"뭐 말이에요?"

"아까 그것 말이야."

"안 돼요. 그건 먹어 본 사람이 아니면 맛이 없어요."

일어나서 자신이 낼 수도 없고 쌀쌀하게 거절하는 아내에게 왠지 모르게 분노를 느꼈다. 즐겁고 활기찰 것이라는 기대도 빗나가 어색한 식탁이 되고 말았다. 그리고 결혼한다고 말했더니 쓸쓸한 표정을 지으며 바다를 응시하던 히사요시의 얼굴이 문득 가슴 밑바닥에서 떠올라, 점잖아진 그가 바로 그 분위기를 느끼고 자신의 결혼 생활의 속사정을 꿰뚫어보는 것은 아닐까 염려가 되어, 키타하라는 이것저것 화제를 찾으려고 애쓰면서, 혼자 연극하는 쓸쓸한 허무함을 맛보지 않으면 안 되었다.

"누군가 초대하면 좋겠다고 말했으면서, 내놓으면 좋았지 않아?"

식사가 끝나자 바로 히사요시가 돌아간 후, 키타하라는 그만 불만을 토로했다.

"안 돼요 아이한테는! 맛을 알 리가 없어요!"

"모르는 것을 알게 해주면 좋잖아. 일본적 미각 운운 했으면서, 조선인이니까 귀하게 내줄 수 있는 거잖아."

"전 반대에요. 맛을 모르는 사람이면 귀한 선물을 버리게 되요."

"그러면, 누구한테 내놓으면 돼?"

"그렇군요. 이토오 씨와 같은 동향 분……"

키타하라는 자신의 눈이 번쩍한 것을 느껴, 당황하며 시선을 깔았다. 요전날 밤 침실 창밖에 서성거리다 비틀거리듯 전신주에 숨은 형체가 가슴에 떠올랐기 때문이다. 하지만 상스럽다고 애써 그 형체를 지우려고 애쓰며,

"그런가? 나는 스스로 맛있다고 생각하는 것은 누구보다도 사랑하는 사람에게 먹이고 싶어."

"저도 똑같아요. 그저 당신은 아무것도 모르는 학생을 상대로 해서 위세부리고 싶은 거군요. 저는 훌륭한 어른과의 교제가 좋아요."

키타하라는 입을 다물고 말았다. 짧은 회화 동안에 두 사람은 너무나도 속마음을 많이 내뱉은 것처럼 느꼈다. 학생을 사랑하는 자신을 그처럼 보는 마음도, 바로 이토오의 이름을 들며 나도 사랑하는 사람에게 주고 싶은 걸지도 라고 시치미를 뗀 마음도, 의외로 뿌리 깊은 대립이라고 직감했다. 그 직감을 극복하고, 또 야단치고 달래기에는 너무나도 사랑스러움이 부족한 아내이다. 그녀의 입가를 붙잡고, 그러면 이토오를 사랑하고 있는가 하고 다시 묻는 것도 쓸데없이 애쓰는 것처럼 생각되었다. 흥, 어떻게든 될 대로 되라.

그런 기분으로 지내는 동안 가을이 되었다.

그런데 어느 날 숙직이 예정되어 있어 야식을 준비해 나간 키타하라가 사정이 있어서 꼭 바꾸어 달라고 다음날 숙직 동료한테 부탁을 받고, 조금 늦게 집에 돌아가 보니 요네코는 집을 비우고 없었다. 현관에 신발이 있어서 집에 돌아왔을 것이라고 생각해 하녀에게 물어보니, 키모노로 갈아입고 이토오 씨 집에서 식사를 한다며 나갔다고 한다. 드디어 정체를 드러냈는가? 알고 있지, 하나에서 열까지 키타하라는 2, 3일 전 정거장에서 우연히 이토오 부인을 만났다. 아이를 데리고 고향에 가는 길이라고 했다. 이토오 씨는 웬일인지 배웅을 나온 기색도 없고, 점원이 짐을 들고 배웅을 나와 있을 뿐이었다. 이야기하는 것을 잊고 말하지 않았지만, 그가 그런 사실을 알고 있다는 것을 요네코는 모른다. 아니 알고 있다고 하더라도, 집을 비운 것을 다행으로 여겨 나간 것이리라. 키타하라는 도시락통의 차가운 밥에 차를 부어 급히 먹으면서, 한적한 매립지에 서있는 이토오 제재소를 눈에 떠올렸다. 이제 점원도 집에 돌아갔을 것이다. 그는 드디어 끝이라고 생각했다. 부인이 집을 비우고, 자신도 집을 비운 것을 노려 남자를 찾아간 아내의 실체가 문제가 아니고, 자신의 태연한 그 마음이 이제 끝이라고 생각했다. 이것은 죄악이다. 이대로 결혼 생활을 계속하는 것은……. 그렇게 생각하자 결혼하면 교직을 그만둘 것을 희망했는데도 요네코가 수긍하지 않은 채 다음으로 넘긴 것이 오히려 다행이라고 생각했다. 그는 요네코를 미워하고 싶지는 않다. 헤어져도 그녀가 더 불행해지라고는 빌고 싶지 않다. 그러나 미운 것도, 질투하는 것도 사랑해서라고 생각하니, 그 느낌이 조금도 없는 자신은 얼마나 불행한가 하고 쓸쓸해지기도 했다. 차가운 차즈케(茶漬)는 더욱 맛이 없었다.

6

자, 이야기가 매우 비껴가고 말았는데, 키타하라가 금강산에 가는데 히사요시를 데려갈 생각이 난 것은 마침 그 때였다. 키타하라는 학교 복도에서 히사요시를 붙잡아 같이 갈 것을 명령했다.

"가겠습니다!"

바로 통통 튀는 듯한 울림으로 직립부동의 히사요시는 대답했다. 다음날 아침 외금강산에 내려보니, 하늘은 구름 한 점 없이 맑고, 집선(集仙)의 많은 봉우리는 바위를 자색으로 멋지게 씻어내어, 하늘의 푸름과 자웅을 다투고 있다. 단풍 시기도 좋아 역에는 경성에서 온 손님으로 붐볐다. 바쁘게 왕래하는 버스도 종일 걸린들 손님 전부를 나를 수 없을 것 같았다. 이런 날 구룡연(九竜淵)에라도 가려고 하면 사람 구경인지 단풍 구경인지 모를 정도이다. 키타하라는 버스를 단념하고 동석동(動石洞)을 목표로 걷기 시작했다. 동석에서 세존 정상으로 나와 구룡연으로 내려가서 되돌아 올 작정이다. 정상에는 조금 긴 철사다리가 있었다. 계속 급경사이기 때문에 이런 날은 한 사람도 가지 않는다는 것을 키타하라는 알고 있었다. 과연 신계사(神渓寺)를 건너 좁은 길은 사람 그림자라고는 전혀 보이지 않았다. 사람한테 밟히지 않은 가을 풀이 바짓단을 부드럽게 비볐다. 그것을 다행으로 여기며 용변이 보고 싶어진 키타하라는 암반에서 암반으로 흐르는 넉넉한 시냇물가에 히사요시와 배낭을 남겨두고, 길가 붉은 왕머루 잎 아래에 들어갔다. 그러자 조용한 산 쪽에서 대포와 같은 둔한 울림이 들려왔다. 천둥인가? 하지만 이맘 때—

"천둥일까요?"

히사요시도 귀에 거슬렸는지, 볼일을 끝낸 뒤 머리 위에 있던 검게 익은 왕머루를 억지로 꺾어온 키타하라에게 그렇게 말하며 히죽 웃었다. 둘이서 소리가 울리는 방향을 바라보자, 집선봉에서 채하봉(彩霞峰)에 걸쳐 어느 틈엔가 흰 구름이 뭉게뭉게 느리워져, 오후 햇살에 자갑게 빛나고 있었다. 그 때 키타하라는 작년 여름 집선봉 정상 부근에서 벼락을 만나, 몸이 찌르르 마비되어 기듯이 도망쳐 내려왔던 일이 떠올랐다. 그런데도 오늘 모처럼의 단풍을 노리고 다시 왔는데도 불구하고,

벼락일지도 모른다고 생각하니, 이제 어떻게 될까 하고, 그 위험에 몸을 드러내라는 듯이 가슴이 뛰는 것을 느꼈다.

"벼락인 것 같군. 구름 속으로 오르는데 너 괜찮겠니?"

"괜찮습니다!"

히사요시의 눈동자는 푸른 하늘을 비추며 청순하게 빛났고, 목소리는 들떠 있었다. 위기에 직면해 용기가 나는 것은 그도 키타하라와 똑같았다.

드디어 한발 한발 높은 곳으로 오르는 길로 접어 들었다.

작은 길은 암벽을 깎아 만들어서, 정상에서 거의 직선으로 흘러내리는 작은 급류 위에 견고한 통나무 다리가 오른쪽으로, 왼쪽으로 걸려 있다. 전혀 토양이라고는 보이지 않는 기암뿐인 산은 햇빛도 들여다보일 것 같은 선명한 단풍으로 장식되어, 암반을 흘러내리는 맑고 차가운 물도 커다랗고 붉은 잎을 머금고 있었다. 천하구란(天下句爛)의 가을은 정말 그 주변에 가득 찬 느낌이었다. 하지만 그 미려(美麗)한 대자연의 제전에 취해 바라보는 동안에도 대포와 같은 울림은 그치지 않았다. 이윽고 드디어 풍경은 갑자기 생채(生彩)를 잃기 시작했다. 구름이 두 사람 머리 위로 다가왔다. 그와 동시에 주변은 급격하게 술렁이기 시작했다. 위협하는 듯한 바람이 땀에 젖은 피부에 차갑게 스며들었다. 올라갈수록 바람은 급속도로 세차졌다.

"아, 저것이다!"

두 사람은 동시에 알아차리고 자신도 모르게 얼굴을 마주 보았다. 벼락이라고 생각한 것은 그 주변에 세차게 부는 바람의 메아리였던 것이다. 거기에는 깎아지른 듯이 우뚝 솟은 거암, 천여 미터의 세잔봉과, 거대한 병풍처럼 솟아오른 집선의 즐비한 봉우리에 둘러싸여, 일종의 구멍을 형성하고 있었다. 하늘에서 불어오는 바람은 그들 바위에 부딪혀 도망칠 곳을 잃고서 다시 다른 쪽 바위에 부딪친다. 그리고 그것을 반복하는 동안에 완전히 갈 곳을 잃은 바람은 구멍의 가운데 허공에서 빙글빙글 소용돌이를 만들고 있다. 쾅쾅거리며, 크게 울리면 쾅쾅하고 무수한 작은 울림이 그것에 맞추어 울렸다. 나뭇가지 끝에서 억지로 꺾인 단풍은 바람과 함께 갈 곳을 잃어 하늘 가운데 한 점이 되어 오랫동안 이리저리 날아다니다 이윽고 암석에 찰싹 들러붙었다. 대자연의 격정.—멍하게 바라보고 있던 키타하라는 그런 말을 떠올리며 싱긋 웃었다. 싱긋 웃는 얼굴에도 나뭇잎이 찰싹 부딪혀왔다. 그리고 그 중에는 차가운 것도 있었다.

"어이, 비야."

그렇게 외쳤을 때에는 이미 빗방울은 점점 굵어, 찰싹 찰싹 차갑게 볼을 적시는 것이었다. 웃옷은 배낭에 넣어두었기 때문에 얇은 셔츠는 철썩 기분 나쁘게 피부에 달라붙었다.

"내려갈까?"

"괜찮습니다! 선생님, 올라가요!"

피곤했지만 그것은 키타하라가 기대한 대답이었다. 미친 것처럼 포효하는 바람은 그들의 의지를 한층 몰아세웠다. 그리고 나서 키타하라는 힘을 내어 급히 오르기 시작했다. 히사요시도 숨을 헐떡이면서 아무 말 없이 계속 올랐다. 젖은 피부는 왕성하게 땀을 내며 차가운 비와 싸웠다. 깎아지른 절벽 길은 힘들었지만 계단을 오르듯 한발씩 정상에 다가갔다. 자일을 가득 넣은 배낭이 어깨에 파고들어, 발자국을 뗄 때마다 아래로 푹 끌어당기는 느낌이었다. 우르르 쾅쾅 하고 구멍이 울리고, 지친 다리 사이를 겨냥해, 바람은 나뭇잎처럼 키타하라들을 바위에 내동댕이칠 것 같았다. 눈앞은 벌써 보이지 않았다. 그러자 차가운, 젖은 볼에 더욱 차가운 것이 세차게 내리쳤다. 눈이었다. 서보니, 호오, 어느 틈엔가 진눈깨비의 세계에 오르고 있었던 것이다. 돌풍에 이리저리 휘둘리며 기세 좋게 내리는 진눈깨비도 방향을 잃고 어두운 하늘 속에서 휙휙 방향을 바꾸며 헤매고 있었다. 그것을 보고 있는 두 사람의 마음을 자신도 모르게 광기어린 세계로 이끄는, 이상한 풍경이었다.

"올라가요!"

멍하게 우두커니 서있는 키타하라를 히사요시는 진지한 표정으로 재촉했다. 정말 이렇게 되고 보니, 거칠게 몸을 움직여 바깥공기에 저항할 밖에 달리 도리가 없었다. 나뭇가지를 잡고 바위모퉁이에 매달리면서, 두 사람은 기듯이 계속 올라갔다. 그러나 이미 단번에 10m를 오르기도 어려웠다. 생각하면 벌써 천 미터 가까이나 그런 돌단 같은 길을 올라온 셈이다. 이윽고 눈앞은 갑자기 밝아졌다. 주위는 벌써 완전한 눈이었다. 훤한 것이 눈으로 바뀐 때문이기도 하지만 정상도 벌써 가까웠던 것이다. 키타하라는 다행이라고 생각했다. 완수하면 괴로움 또한 즐겁고, 여기까지 올랐으니 앞으로 금방이고, 눈이라면 셔츠도 구겨지지 않는다. 한숨을 돌렬 셔츠를 갈아입고서는 주변에 널려 있는 큰 돌 처마 아래로 그는 뛰어들었다. 안은 말라 있었다. 바람도 좋아서 그다지 불어 들어오지 않아 아직 가을다운 온기도 남아 있었다.

"아이고."

하고 키타하라가 배낭을 내던지자, "아이고, 아이고." 하고 히사요시도 기어들어왔다.

"앗하하하하하!"

하고 두 사람은 큰소리로 서로 웃었다. 이유 없이 즐겁고 상쾌한 뭔가가, 그리고 끝없이 청순한 뭔가가 두 사람의 가슴에 가득 차 눈빛에서 넘쳐흘렀다. 키타하라는 배낭에서 서둘러 마른 셔츠를 꺼냈다. 스키대회 날 넣어둔 채로인 스웨터와 오늘 아침 넣은 여분의 셔츠였다. 그는 그렇게 준비한 자신에게 감사하며, 스웨터를 히사요시에게 입혔다. 마른 셔츠는 젖어서 차가워진 맨살에 더 할 수 없이 달았다. 그리고 두 사람은 마른, 널찍한 돌 위에 엎드려 단팥빵을 먹었다. 너무 맛있었다. 꿀꺽꿀꺽 침이 나올 정도였다.

"기분이 일(一)이군."

"앗하하하하, 정말 기분 일입니다."

기분 일이라는 것은 군대 용어로, 키타하라가 데려온 등산부원이 하산하던 중, 연습 주둔 중인 군인을 위문했을 때 배워서 퍼뜨린, 학교에서의 유행어였다. 즉 날씨를 보고할 때, 쾌청하면 날씨 일, 구름 낀 하늘이면 날씨 이, 비바람은 날씨 삼이라고 보고한다. 그런데 거기 주둔반장인 오오쇼오 오장(応召伍長)은,

"여자도 나쁘지 않지만, 제군과 같은 원기발랄한 중학생의 위문을 받다니, 우리들도 그리운 중학시절로 되돌아간 것 같아서 정말로 기분이 일이야."

라고 갑자기 다듬은 턱수염을 쓰다듬었다. 그러자 중학생도 기분 일이 되어, 학교까지 선물로 가지고 온 것이다.

그러나 기분 일이 되기에는 조금 이르다. 다시 밖으로 나가자 기온은

훨씬 차가워지고, 눈은 축축해져 있었다. 서둘러 웃옷을 입고 목장갑을 꼈다. 오늘 날씨로는! 하고 걱정하던 마지막 난관, 직립 백 미터 암석에 달라붙은 철 사다리에 다다랐다.

"야—, 선생님, 여기를 오를 작정입니까?"

히사요시의 볼은 두려움에 갑자기 창백해졌다. 쾅쾅거리는 울림은 이미 발아래 세계가 되었다. 발판의 위치와 대립하는, 집선이나 채하의 바위는 전망할 수도 없고, 그저 끝없는 거대한 구멍의 연못에 작게 매달려 있는 느낌이었다. 그리고 강풍에 쓰러지지 않겠다고 발을 굳게 디디고 가야 할 위쪽을 올려다보니, 우뚝 솟은 세존 정상도 눈보라에 사라지고, 알아볼 수 없는 주변까지, 거의 직립의 철사다리는 계속되고 있었다. 어떤 곳은 바위에 달라붙고, 어떤 곳은 그 위의 바위가 툭 튀어나온 곳까지 하늘 가운데 설치되어 있었다. 그리고 눈은 이미 위에서 내리지 않고, 구멍 밑에서부터 철사다리를 향해 화살처럼 내뿜고 있었다.

"물론 올라가야지. 그러나 내려가고 싶으면 내려가도 좋아."

키타하라는 조금 빈정거리듯 말했다. 그러자 히사요시는 마음속의 용기를 고무시키듯,

"선생님이 오르신다면 오르겠습니다."

하며 결연히 사다리를 올려다보았다. "오르자!" 키타하라는 바로 준비에 들어갔다. 그는 자일을 꺼내 만일에 대비하기 위해 자신의 허리에 두르고, 한쪽은 히사요시의 허리에 둘렀다. 그 편이 배낭도 가벼워지기 때문이다.

"단숨에 오르는 거다. 국기 게양대에 오르 듯이 말이야. 내가 구호를 붙일 테니까, 서로 맞추는 거다."

하나, 둘! 하나, 둘! 5, 6 단까지는 히사요시의 목소리도 힘차게 계속되었다. 그러나 이내 히사요시의 목소리는 사라지고 키타하라의 목소리만 강풍에 맞서서 계속되었다. 20 단쯤 올랐을 때, 허리의 자일이 팽팽하게 뻗었기 때문에, 저도 모르게 아래쪽으로 끌려 내려갈 것 같아, 기분 나쁘게 근질거리는 손가락 끝에 확실히 힘을 담아, 철 사다리를 잡고, 그는 다리 사이로 아래쪽을 내려다보았다. 아이가 아장아장 오르듯이, 히사요시는 한 단, 한 단 신중하게 오르고 있었다.

"단숨에 올라!"

이런 경우 신중하게 처신하면 오히려 겁이 난다. 그러나 히사요시는 키타하라의 외침에는 어떤 반응도 보이지 않을 뿐만 아니라 올려다보려고도 하지 않았다. 그는 발뒤꿈치와 손바닥의 극히 작은 면적으로 절벽의 한 점에 자신의 몸을 지탱하는 데에 그저 열심인 모습이었다. 또 그와 같은 상황에서 키타하라가 말을 거는 것이 초보자에게는 주의력을 분산시킬 뿐만 아니라 괜한 동정은 겁을 조장할 수 있음을 알고 있었기 때문에 그대로 다시 오르기 시작했다. 그러자 다시 자일이 팽팽하게 뻗었다. 내려다보니 히사요시는 이제 오를 힘을 잃었는지, 한단 오르고는 쉬고 하다가 결국에는 무릎으로 단을 오르고 있었다. 보고 있으니 그 손끝과 가슴의 떨림이 자일을 따라 키타하라에게도 감염되는 듯 했다. 키타하라 스스로 가끔 그렇게 쉴 때마다 새삼스럽게 절벽의 높이를 실감하였다. 그럴 때마다 등의 배낭이 강풍을 맞아 몸 전체가 함께 날아갈 것 같아, 한 몸을 지탱하고 있는 꽉 쥔 손바닥의 힘이 자신의 의지와 다르게 문득 사다리를 벗어나지는 않을까 하며 조바심을 냈다. 이것은 스스로 약해진 것이라고 내심 동요하기도 했다. 그러니 설령 동반자

살이라고 하더라도 그런 약한 생각이 허락될 상황이 아니었다. 이렇게 된 이상 이제는 무턱대고 오르는 방법밖에 없다. 또 겁먹지 않고 오르는 기백을 히사요시에게 보여 주어 그의 용기도 북돋아주지 않으면 안 되었다. 그는 큰맘 먹고 쭉쭉 올랐다. 그는 그런 경우 언제나 지도자의 책임과 그의 심리가 어떤 것이라는 것을 절실히 알게 된다.

정신을 차리자, 키타하라도 어느 틈엔가 하나, 둘 호령을 잊어버리고 있었다. 그저, 배낭과 자신의 육체의 무게를 한 단 한 단 끌어올리는 염려만으로 가득 차 있었다. 그는 중간 어디쯤에 3척 정도의 완만한 바위가 있는 곳을 알고 있었다. 우선 그 곳까지 올라야 한다. 하지만 그 완만한 바위는 생각한 것보다 멀어서 힘들었다. 히사요시를 보살피기 위해서 한숨 돌려서 여러 가지 배려, 염려를 한 것이 역시 잘못이었다. 목적을 정하면 오로지 그 목표를 위하여 맹진해야 한다. 반성과 염려는 그저 의기를 저해시킬 뿐 아무것도 그에게 도움이 되지 않는다는 생각이 격렬한 호흡과 함께 일었다. 또 생각은 정리되지 않은 채로 흔들렸다. 아니, 그런 쓸데없는 것을 생각하는 것이 우선 안 될 일이다.

겨우 완만한 바위에 다다랐다. 히사요시는 더 필사적인 마음의 싸움을 하고 있음이 그대로 겉으로 드러났다. 계속 무릎으로 단을 오르고 있었다. 그는 한 고비만 더라고 말을 걸려다가 다시 그만두었다. 떨어질 염려는 없을 듯하여, 바라보는 것도 그만두었다. 축축하게 젖은 목장갑이 쉬고 있는 동안 얼어갔다. 그는 목장갑을 벗어 꾹 짰다. 자일의 한 단을 사다리에 묶어놓았다. 그러고 강풍에 흔들리는 몸을 강하게 바위벽에 기댔다. 그런 자세를 취하자 불어 올라오는 눈덩이 저편에서 쾅쾅 우는 바람소리가 새삼스럽게 몸에 느껴졌다. 그는 눈을 감아보았다. 한 순간 엄습해오는 피로와 함께 말로 할 수 없는 고독한 뭔가가 가슴을 때렸다. 위험한 줄 알면서 미친 것처럼 맹렬하게, 군이 왜 이런 모험을 하려고 하는가? 그는 바위를 오를 때마다 싸우는 상대가 자연도, 산도 아니라는 것을 그때마다 절실히 느끼는 것이다. 뭔가 더 중대한 정상을 넘어서야만 할 때 그는 산을 통해 그 힘을 시험해보려고 한다. 그의 등산 취미는 어딘가 남달라서, 그러한 지향에서 나온 것이다. 그리고 오늘 그는 왜 이 폭풍우에 이를 갈며 저항하려고 했는가를 문득 생각하게 되었다. 마음속에서 심술궂게 보이는 마른 아내의 모습과 외형에 의해 일의 옳고 그름을 판단하려고 하는 세상의 번거로움이 눈보라와 함께 차갑게 가슴을 때리는 것을 느꼈다. 미워하려는 마음은 조금도 없다고 생각하고 있었는데, 그 존재를 불러내어 눈으로 인식하게 하는 인간, 그 인간이 자신의 아내가 되어 돌아와 만나게 되다니…….

히사요시가 다가오는 소리가 사다리를 따라 들려왔다. 보니, 이제 두 단이 남았다. 그는 자일을 끌어당겨 손을 내밀고 히사요시의 손을 청했다. 히사요시는 창백한 얼굴을 들어 아무 말 없이 키타하라의 손을 잡았다. 목장갑을 벗은 손은 완전히 얼어 조금 떨리고 있었다.

"자! 힘을 내라!"

쑥 끌어당기자 히사요시는 비틀거리듯이 안만한 바위로 기어올랐다. 아하하하 하고 웃는 키타하라에게는 귀도 기울이지 않고 그 위 사다리를 잡은 채 멍하게 있었다. 그리고 잠시 후 생각난 것처럼 한숨을 거칠게 내뱉었다.

위는 어느 정도의 경사도 있었다. 큰 바위 사이의 갈라진 틈이라서 바람을 맞는 것도 다소 누그러져 편안했다. 하지만 성상은 또 심했다.

구룡연 쪽에 부는 바람은 한 점으로만 모이는 것 같아 호흡도 제대로 못할 지경이었다. 두 사람은 서로 맞추기라도 한 듯 그 자리에 못 박혀 버렸다. 앞으로 10m 정도 남은 바위 그늘이지만, 깎아지른 세존의 정상은 폭이 1m도 되지 않아 도저히 서서는 걸을 수 없을 것 같았다. 눈 때문에 미끄러지기라도 하면 푸른 구멍 밑으로 떨어질 수밖에 없었다. 키타하라는 마음을 정했다. 이내 넙죽 엎드려 기기 시작했다. 그러자 돌풍이 등산 모자를 날려버렸다. 모자는 깎아지른 듯한 절벽의 눈 덮힌 잣나무에 걸렸다가 소리도 없이 푸른 발밑으로 날아가 버렸다. 하지만 키타하라는 목소리도 내지 못하였을 뿐만 아니라 그 쪽으로 눈길을 줄 여유도 없었다. 두 사람은 기어서 바위그늘로 들어섰다. 그리고 바위를 차양으로 눈보라를 피했다. 차양은 안이 넓고, 건너편은 문처럼 열려 있었다. 그 문 맞은편은 암벽에 둘러싸여 작은 안뜰처럼 되어 있었다. 그곳은 바람도 들지 않아서인지, 눈이 가볍게 떨어지고 있었다. 큰 석남화(石楠花) 한 그루에는 윤이 나는 잎 위에 흰 눈이 쌓여, 기묘한 아름다움을 펼쳐보이고 있었다. 배낭을 내던진 키타하라는 저도 모르게 그 아름다움에 넋을 잃고 우뚝 섰다. 출발할 때 기대했던 화려한 가을색의 대전망은 체념했다. 대신 위험을 무릅쓰고 열심히 모험한 지금, 그 광경은 전혀 예상치 못한, 얼마나 기특한 위로의 풍경인가?

"선생님!"

키타하라의 시선을 쫓고 있던 히사요시가 귀 근처에서 소곤거렸다.

"인생이라는 것은 이런 것이 아닐까요?"

"응?"

"건방진 것 같지만, 인생의 맛이라는 것은 이런 것이라고 오늘 절실히 느꼈습니다."

"어떤 의미? 아무래도 아주 좀 건방진 것 같구나."

"인생은 이렇지 않으면 안 된다고 생각했습니다. 저는 지금까지 자신의 부도덕과 태만을 모두 환경 탓으로 돌렸습니다. 그러나 마음만 먹으면 뭐든지 할 수 있다는 것을 오늘 통감했습니다. 절망스러워도 끝까지 싸운다면, 마지막에는 반드시 무언가 빛에 도달할 수 있음을 알게 되었습니다. 지금은 확실하게 어떻다고 말 할 수는 없습니다. 그러나 오늘은 몇 년 분량의 수신(修身)시간보다, 분명히 느껴지는 감촉이 있는 것 같습니다."

도무지 그 당돌한 말로는 히사요시의 확실한 감격을 느낄 수는 없었다. 게다가 키타하라는, 그런 경우 심중은 어떻든 간에 감명을 쉽게 입에 담는 것을 좋아하지 않았다. 그럼에도 불구하고 말하려는 의미는 희미하였지만 강렬하게 헤아릴 수 있다는 생각이 들어, 그는 쏟아지는 눈에 조금 떨리는 듯 보이는, 녹색 짙은 두툼한 석남화잎을 뚫어지게 바라보고 있었다.

창밖의 백양나무잎에 쌓이는 눈을 바라보면서 키타하라가 가슴에 펼치고 있던 풍경은 석남화의 눈과 소년치고는 건방진, 그 때의 히사요시의 말이었다.

7

창문은 모두 닫아 놓았지만 오후가 되자 직원실도 상당히 추워졌다. 신경(新京) 지방은 11월이 되기 전에는 아무리 추워도 불을 피우지 않는다는 협화회(協和会)에서의 결정이 있었기 때문에 눈이 온다고 해서 갑자기 스팀을 피울 수도 없었다. 신경 생활에 익숙해진 동료들조차도 견딜 수 없어서 그날은 4시가 되자 서로 약속이라도 한 듯 서둘러 집으로 돌아들 갔다. 키타하라도 그들에게 지지 않고 서둘러 교사를 나왔다. 밖에 나와 놀란 것은, 눈은 벌써 그쳤는데도 찌를 듯 칼바람이 불고 있어서, 푸른 잎에 내려 쌓인 눈은 그대로 녹색 표면에 얼어붙어서 땅바닥에 떨어지지도 않고 있는 것이었다. 그는 얇은 레인코트 깃을 세우고, 급습한 추위에 쫓기 듯 종종 걸음으로 길을 재촉했다. 긴 가지를 축 늘어뜨린 백양목 가로수 아래를 달리는 전차는 언제나 만원이었지만, 오늘은 초만원이어서 입구에 붙은 승객은 문 밖으로 삐쭉 나온 채 분주히 달려갔다. 키타하라는 긴 대열을 이룬 정류소를 보고서 전차는 단념했다. 그는 어쨌든 몸을 서둘러서, 바쁜 마음을 진정시켜야 했다. 동료들처럼 따뜻한 가정이 기다리고 있는 것도 아니었다. 그는 하숙을 하기 어려운 신경에서 특별히 회사 독신 기숙사에 있는 지인의 도움을 받아, 다다미 4장 반인 곳에 동거하고 있었다. 그 아파트의 각 방 문에는 우편함이 하나씩 있다. 집에 돌아와서 찰칵하고 열쇠를 열고 문을 열자 그날의 신문과 우편물이 다다미 위에 떨어져 있다. 그에게는 오늘의 우편물이 무엇보다 기대하던 것이었다. 어쩌면 히사요시로부터의 전보가 거기에 떨어져있을 지도 몰랐다.

언제나 지름길로 빠져나오는 공원도 오늘은 진흙탕이어서 신발이 쑥쑥 빠져버렸다. 어쩔 수 없이 뒤에서 뒤로 추월하는 전차에 혀를 차면서 정규의 큰 길로 우회하지 않으면 안 되었다.

기숙사에 도착하자 계단을 뛰어올라 갔다. 기대를 담아서 자신의 방문을 열었다. 파삭! 하고 우편함에서 떨어지는 소리가 났다. 신문 외에 4, 5통의 봉투가 있었다. 가슴을 진정시키고 집어 올렸다. 키타하라 앞으로 온 것도 있었지만 히사요시로부터는 아니었다. 편지는 다른 학생으로부터였다. 그래도 만약 히사요시에 관한 뭔가가 쓰여 있지는 않을까 기대하며 서둘러 봉투를 잘랐다. 키타하라가 히사요시를 특히 사랑하는 것을 다른 급우도 인정하고 있었다. 그리고 또 히사요시 스스로가 내선 학생으로부터 여러 각도에서 주목을 받고 있었기 때문에 그의 신변에 이상이 있으면 제일 먼저 누구로부턴가 알림이 올 것이었다. 그러나 개봉한 편지에는 교내의 움직임과 관련하여 아무 것도 쓰여 있지 않았다. 그는 상의 포켓에서 히사요시의 엽서를 꺼내어 날짜를 대조해 보았다. 그 학생의 편지는 히사요시보다 하루 늦었다. 늦게 보냈는데도 아무것도 쓰여 있지 않다는 것은 히사요시에게 틀림없는 증거일지도 모른다고 위로도 해 보았다. 일단의 조사는 있었지만 역시 간단한 참고에 그쳤음에 틀림없다. 그래, 그처럼 한결같이 황민이 되고 싶다고 안달하던 히사요시에게 지금에 와서 잘못이 있을 리는 없다.

키타하라는 미친 것처럼 한결같은 히사요시의 마음을 새로운 감동으로 다시 생각해 보았다.

내동아전쟁의 선전조칙이 발표되고 난 며칠 뒤의 일이었다. 교내는 들끓기만 하는 감격의 이년에 1시간, 1시간을 끊임없이 맞이했다. 그때까지 종종 있던 내선 학생의 다툼이나 선생들 사이의 불쾌한 대립도 전혀 문제되지 않는 것인 양 하루 만에 사라지고, 교내 모든 사람의 가슴에 일본인으로서의 자각, 자랑, 각오가 스스로 격양(激揚)되었다. 전승기념 신사참배, 기행렬, 공부하는 모습이나 교련무도도, 뭔가 자숙하는 것이 느껴졌다. 학교에서는 매달의 국방헌금 외에 특별 헌금을 하게 되었다. 매달 내면 어쨌든 형식으로 흐르기 쉬워서 키타하라는 매월 내는 그 전날 특별훈시를 통해 액수보다도 정신, 각출(醵出)과 함께 자각 있는 여러 행동을 취할 것을 그들에게 잘 타일렀다. 특별헌금은 학생 한 사람에게 1원 이상, 가정 형편대로 하라는 것이었다. 그 때도 키타하라는 교장의 훈시를 보충해서 헌금을 하면 뭔가를 절약할 수 있어 두 가지 면에서 봉공의 성의를 다하고 싶었다. 또 가정 형편에 따라서 할 수 있는 사람은 얼마든지 많이 지참하라고 열심히 말했다.

그 헌금 모금 당일이었다. 히사요시는 또 납득이 가지 않는 결석을 했다. 그날 아침 학생들은 키타하라가 예상한 것 보다 많은 액수의 헌금을 제각기 기쁘고 기운 나게 교단 위에 제출했다. 1원은 극히 드물었다. 그러나 학생들을 주의해서 보니, 정말이지 다른 것에 비해서 형편에 맞게 하였다. 학생 중에는 다달이 월사금도 연체하기 쉬운 사람도 몇 명 있었기 때문이었다. 그 때 문득 키타하라는 히사요시의 오늘의 결석도 이 헌금과 관련이 있는 것은 아닐까 하고 생각했다. 히사요시의 입장에서 보면 1전(銭)의 절약도 가능하지 않다. 그러면 형식적으로 1원을 헌금하는 것 말고 도리는 없을 것이다. 그것은 억척스러운 히사요시의 떳떳하지 못한 부분일 것이다. 그리고 오늘을 피하면 기운 넘치는 급우들 사이에서 쓸쓸한 기분을 맛보는 것도 피할 수 있는 것이다. 그것 말고도 국가의 요청과 키타하라의 열의에 응하지 못하는 것이야말로 히사요시의 의외의 부분일 것이다. 키타하라는 사랑하는 히사요시의 심정을 그처럼 헤아려 보았다. 그렇다면 설령 예외의 1전이라도 결코 부끄러운 것이 아니라고 위로하고 격려해 주지 않으면 불쌍하다. 키타하라가 추측한 것은 그러했다. 그러나 그날은 오전 오후 수업이 있고, 학기말 정리도 산적해 있어서 방과 후까지 여유는 없었다.

일을 마무리하니 벌써 해가 저물어 버렸다. 연못에서는 스케이트도 탈 수 있다고 오늘 아침 학생들은 이야기하고 있었는데, 과연 밖에 나가자 학생들처럼 외투가 없어 적지 않게 한기가 몸에 스몄다. 그래도 예의 비탈길을 자전거로 달려 오르니, 피부에는 흥건히 땀이 배어났다. 하숙집을 찾아가자 1학년생이 나와 멋쩍은 얼굴로 히사요시는 집에 없다고 대답했다. 어째서 쉬었는지 알고 있느냐고 아무렇지 않은 척하고 물어보니, 오늘 아침 일찍 절벽 아래 아버지와 나갔다, 아마 어시장에 함께 갔을 거라는 의외의 대답이었다. 어시장이라니, 도대체 그 아버지는 무엇을 하는 사람인가 하고 캐물어 본 결과, 잘 모르겠지만 시장 인부 같다고 한다. 키타하라는 내리막길을 자전거로 달렸다. 시장까지는 잠깐이었다. 때마침 밤 고기잡이가 출범하는지 항구는 바빠 보이는 사람들의 목소리와, 붕붕 울리는 발동기 소리, 산더미처럼 쌓인 명태, 그 사이를 누비는 인부의 무리, 등을 거냥해서 하나의 꼬리를 내리고 하고, 사실 틈을 내어가는 여자와 아이, 웅크린 채 고기를 꼬치에 꽂고 있는 인부들, 그들이 꽁꽁 언 손을 쬐고 있는 모닥불 연기, 무척 혼잡했다. 시장의 상옥(上屋-정거장이나 부두 등에 만든 지붕과 기둥만 있는 가건물 · 역자) 부근은 차가운 해질녘도 없는 분주함이었다. 하지만 키타하라의 눈에는 모닥불에 빛나는 물고기 비늘 더미, 비늘 범벅인 인부들의 옷, 더러워진 아이들의 얼굴 등과 대비되어, 파도 하나 일지 않는, 저녁 하늘을 비추는 항구의 해면도 한층 춥게 비쳤다. 그리고 만약 그 속에서 히사요시가 정말로 일하고 있다면, 노동은 그렇다 치고 그의 마음도 가벼울 것 같았다. 키타하라는 반신반의하면서 온 신경을 눈동자에 모아 자전거를 밀면서 인부들 사이를 헤치며 걸었다. 하지만 가까이, 멀리 아무리 돌아보아도 그 속에서 교복을 입은 모습은 눈에 띄이지 않았다.

명태를 가득 실은 우차의 행렬이 왔다. 그는 그것을 피해 시장과 반대쪽인 어장 사무소 처마 밑에 우두커니 섰다. 그리고 이제 찾을 기운도 없이 문득 지나친 무리 가운데 모닥불을 둘러싼 한 무리의 주변에서 싸움이 시작된 것을 멍하게 바라보고 있었다. 그러자 키타하라의 시선은 그 근처 고기더미에서 곁의 싸움에는 신경도 쓰지 않고 부지런히 고기를 꼬치에 꽂고 있는 남자의 옆얼굴에 끌렸다. 닮았다. 아니 분명히 히사요시였다. 더러운 한복을 입고 있었지만 분명히 히사요시이다. 차가운 저녁 하늘색에 회색으로 물든 옆얼굴은 가끔 피어오르는 모닥불의 불꽃으로 무척 홍조를 띄고 있었다. 그리고 소매에 묻은 비늘이 반짝반짝 빛났다. 히사요시의 표정은 시험장에서 문제를 풀 때처럼 진지했다. 부근의 싸움이나 수다는 물론 저물어 가는 먼 바다도 그의 주의를 끌지는 못했다. 그저 고기를 꼬치에 꽂는 일만이 그의 모든 주의의 집점(集点)인 듯 진지했다.

키타하라는 소위 정신의 피가 연결되어 있다고도 할 수 있는 제자 히사요시의 그 모습에 말로 할 수 없는 감동을 느꼈다. 그러나 그는 당황하며 자전거를 밀더니 우차가 지나가 걷기에 쉬워진 길을 도망치듯이 뛰기 시작했다. 그를 발견한 자신이 왠지 비겁한 것처럼 느껴졌다.

잠시 달리고 나서 그는 지인인 선주와 마주쳤다. 키타하라는 잠깐 서서 이야기를 나누는 김에 대수롭지 않게, 고기를 꼬치에 꽂는 인부의 임금은 얼마 정도인지 물어보았다. 글쎄, 생산량에 따라 다르지만, 이렇게 많은 인부 중에도 게으름을 피우는 녀석이 많아요, 하고 주인은 대답했다.

다음날 히사요시는 아무런 변화도 없이 예의 단정한 복장으로 등교했다. 종례 시간에 전날 헌금을 제출하지 않은 사람에게 제출하라고 하자, 히사요시는 맨 먼저 기운차게 나와서 3원 50전을 키타하라의 책상 위에 놓았다. 그리고 두통 때문에 결석했다는 결석 사유서도 함께 놓고 갔다. 키타하라는 잠자코 받고서는 그것에는 조금도 관심이 없는 척을 했다.

……키타하라는 네모난 교실에 단 하나뿐인 유리창을 향해, 레인코트 깃을 세운 채 우두커니 서서 그런 히사요시의 모습을 반추하고 있었다. 얇게 눈이 깔린 아스팔트 건너편 주택 앞에서 코스모스와 달리아 등 길쭉한 꽃들이 오늘 아침까지 뽐내던 각양각색의 자랑스러운 자태는 무참히 눈에 맞아 꽃을 땅바닥에 붙이고 한결같이 휘어져 있었다.

다음날은 성급한 눈을 조소하듯이 따뜻한 태양이 맑은 청공에 빛날 것이라고 당연히 기대하고 있었는데 의외로 다음날도 하늘은 맑지 않았다. 무거운 구름 낀 하늘 아래에서 한층 차가운, 찌르는 듯한 바람이 사라지려고도, 떨어지려고도 하지 않는 백양잎의 눈을 바스락 바스락 차갑게 흔들었다. 키타하라는 그러한 잠깐 동안의 하루하루, 다급하게 꺼낸 겨울 외투 깃을 세우고 조급하게 빨리 집으로 돌아갔다. 그러나 방바닥에 히사요시로부터 온 편지는 없었다. 그는 그때마다 추위와 실망, 낙담으로부터 마음 둘 곳 없는 기분에 쫓겨 외투 깃을 세운 채로 창가에 우두커니 서있었다. 그 사이에 건너편 뜰의 꽃들은 쓰러진 채 일어서지도 못하고 그대로 푹 쓰러져 흙빛으로 변해갔다.

그러나 며칠 후 키타하라는 겨우 히사요시의 소식을 알 수 있었다. 내지인 학생으로부터 온 편지에 히사요시의 근황에 대하여 언급한 부분이 있었던 것이다.

"야스하라는 어머니가 급병이라고 해서 조퇴한 채 벌써 열흘이나 나오지 않습니다."

그저 그것뿐이었지만 키타하라는 서있을 수 없었다. 그는 털썩 다다미 위에 엉덩방아를 찧고 스팀관에 등을 기대었다. 아직 스팀이 나오지 않는 파이프는 외투를 통해 찌르르 차갑게 등뼈에 느껴졌다. 역시 구인(拘引)되었는가?

그리고 다음날 배달된 조선인 학생에게서 온 편지는 키타하라의 의심을 결정적인 것으로 만들었다.

"그는 처음 취조를 받고 집으로 돌아간 날 밤 저의 하숙 아래에 와서 밤이 깊어질 때까지 열렬하게 그의 마음을 말했습니다. 저는 그 때 제가 아는 조선인 누구보다도 그는 성실한 황민이라고 감동했습니다. 그가 만약 일본인 자격이 없다고 한다면 저 같은 무지근한 사람은 마땅히 참사(慙死)해야겠지요. 또 무사안일하게 무기력하게 여기저기 돌아다니며 선생님한테 숨어서 활동과 끽연으로 현재를 지껄이는 조선인 급우들은 때려죽여도 모자랍니다. 벌을 잘도 받지 않는다고 감탄케 합니다. 그러나 그는 어두운 얼굴로 얼마 동안은 만날 수 없을 거라는 각오를 은연중에 나타내었습니다. 편지를 교환한 상대 학생이 매우 깊게 발을 들인 것 같다는 겁니다. 그래도 키타하라 선생님만은 믿어주실 거라고 마지막에 말했습니다. 선생님 아무쪼록 믿어주십시오. 선생님이 믿어주지 않으시면 빨리 나온다고 하더라도 장래 그는 구원받지 못하는 인간이 될 겁니다. 그는 고민했지만, 자각 있는 진짜 황민이 되려고 노력한다면 지금의 우리들 조선인 중에는 어떡하든지 한 번은 그와 같은 막다른 문을 지나지 않으면 안 되는 사람도 있다고 생각합니다. 그러나 그렇기 때문에 어떤 일이 있어도 무너지지 않는 신념에 도달할 수 있다고 생각됩니다. 저는 지금 국민 학교 학생을 바라보면 정말 부러워집니다. 왜냐하면 그들은 그 같은 고민은 맛보지 않고 바로 일본인으로서의 길을 걸을 수 있기 때문입니다. 그들은 어렸을 때 이미 군인이 되는 꿈을 품고, 일본식 사도(士道)의 훌륭함에 절실한 동경을 가질 수 있습니다.

그런데 그는 어머니가 급병이라고 급우를 속이고 출두했습니다. 선생님 이외에 사실을 아는 것은 저뿐입니다. 그러나 거짓인지 진실인지 모르겠지만 그가 사라진 다음 날, **어머니 돌아가심**이라는 전보가 그의 하숙에 배달되었습니다. 누군가 달리 사실을 안 사람의 계획이 아닐까 생각합니다만, 그마저도 저에게는 안심이 되지 않습니다."

믿어주십시오—히사요시의 엽서를 봤을 때에는 그만큼 통절하지 않았던 그 한 구절이 기다하라의 마음을 막다른 곳까지 몰아넣었다. 사태가 확실해진 지금, 그렇게 다시 재촉을 받고 보니 그것에 대한 대답을 하지 않을 수 없는 뭔가가 앙금처럼 마음속에 가라앉는 것을 느꼈다. 믿는다는 것은 히사요시의 경우 일대일의 문제가 아니고, 일본 민족 전체의 운명이라는 장대한 책임의 측면에서 생각해야하는 문제였기 때문이다. 그리고 의심하려면 의심할 수 있는 점도 있는 히사요시였다. 기다하라는 히사요시의 엽서를 받고서는 굳이 그 일을 생각하지 않으려 했다. 다만 개인적인 애정으로 걱정하면서 지새고 있었는데, 다른 학생으로부터 그렇게 재촉을 받고 보니, 너는 간단히 그렇게 말하였지만, 네가 모르는 불쾌한 사실을 나는 알아버렸다고, 말해주고 싶었다.

그 불쾌한 사실이라는 것은 그가 신경에 오기 바로 2, 3개월 전의 일이었다. 지난 해 말 키타하라는 아내와 이혼을 하였다. 요네코는 다른 곳으로 부임을 해서 그 마을을 떠났다. 여학교 교장은 좁은 마을에서 교육상 좋지 않다는 이유로 중학교 교장 앞으로 키타하라의 전임도 종용했다. 교장은 자신의 의견을 더하지 않고 그것을 그대로 키타하라에게 전했다. 키타하라는 교장의 마음을 알아차리고 자신도 전임하고 싶다고 즉시 밝혔다. 교장은 특별히 붙잡지 않았다. 교사 부족 시대라고는 하지만 과목이 영어이고 보니 그다지 아쉬울 것도 없다는 속내를 드러내기도 하였고, 교육상 분명 좋지 않은 점도 있고 하여 소심한 교장의 심정인들 순순히 이해하지 못할 것도 없었다. 그러나 그는 맡고 있는 학생을 무사히 상급 학교에 진학시키거나 5학년에 올려보내고 싶었다. 5학년이 되면 학교 체면상으로도 그와 같은 말단 교원이 담임을 할 수 없다. 그런 교육계의 상식에 대해서 키타하라는 으르렁거리며 반발할 마음은 없었다. 자신의 문제이고 보면, 정직하게 말해 자만으로 볼 수도 있었기 때문이다. 그래서 앞으로 한 학기 동안만 유예해 달라고 부탁했다. 교장은 그것을 허락해 주었다. 그리고 키타하라는 빌린 집을 비우고 어업가의 2층에 하숙을 정했다. 그는 자기 남동생처럼 따라던 담임 학생과의 헤어짐을 마음에 감추고 모든 노력을 기울여 그들 한 사람 한 사람의 교육에 고심했다. 히사요시는 성대예과(城大予科)에 시험을 치기로 되어 있었다. 키타하라나 히사요시 모두 거기에는 합격할 자신이 있었다.

히사요시가 드디어 경성으로 출발하게 되어, 기차 할인증도 발행해서 받은 다음날 아침, 바로 입시 제1일 아침 일찍, 아직 잠자고 있던 키타하라를 두드려 깨웠다. 또 무슨 일인가 하고 정말 깜짝 놀라서 잠옷 바람으로 내려가 보니, 어두운 현관 한가운데에 히사요시는 벗은 모자를 초조하게 만지작거리고 돌리면서 우두커니 서있었다. 언뜻 그것을 보니 보통일이 아니라고, 키타하라는 배에 힘을 넣고, 뭐든 가져와 보라고 각오를 하지 않으면 안 되었다.

"시험은 어떻게 되었느냐? 또 터무니없는 걱정을 나에게 시키려는 거구나."

키타하라의 웃는 얼굴에 구원을 받은 것처럼 히사요시는 매달리며,

"그렇습니다, 선생님!"

하고 성급하게 말만으로 한 걸음 다가갔다. 아무쪼록 그만은 무사히 예과에 들어가 달라고 몰래 빌고 있었던 만큼, 하필이면 이런 날 그렇게 핵심을 찔리고 보니 애써 지은 웃음도 얼굴에서 자연 사라져 버렸다. 자 들어가자! 하고 말하자 히사요시는 그럴 수 없다, 선생님이 꼭 함께 가주셨으면 좋겠다, 이유는 걸으면서 이야기하겠다고 서둘렀다. 그런 모습이 뻔뻔스러워 보여 조금 화도 났지만, 성발 너무 급박해 보였기 때문에, 화를 얼굴에는 드러내지 않고, 좋다고 하며 국민복으로 갈아입고, 조반도 먹지 않은 채 2월 서리를 밟으며 밖으로 나갔다.

사실은, 하며 히사요시는 바로 말을 꺼냈는데, 간단하게 요점만 이야기할 수 없습니다. 사실은 그저께 밤 삽사기 언젠가 말씀드린 어머니의

정부인 권평택이 찾아왔습니다. 그 건으로 선생님께 꼭 조력을 구하고 싶습니다. 큰아버지 집까지 가주셨으면 합니다, 하고 아직 전혀 사람 그림자도 보이지 않는, 서리가 하얀 바닷가 길로 키타하라를 이끌었다.

갑자기 히사요시를 찾아온 권은 어머니를 되돌려 달라고, 몇 년 전과 전혀 다르게 처음부터 애원을 하였다. 상당히 부유한 생활을 하고 있는 듯한 깨끗한 옷차림과 히사요시의 뜻을 존중하려는 듯한 성실한 태도에 그즈음 심신이 성숙해 있던 히사요시도 그저 한결같이 미운 사람이라고는 생각되지 않았다. 게다가 그는 요즘 어머니로부터 만날 때마다 불평불만을 계속 듣고 있었다. 큰아버지는 아들 카주요시에 대한 히사요시의 지나친 태도에 화를 냈었지만, 아내의 친척으로부터 돈을 빌렸다는 것은 모르는 척 할 수가 없어서 결국은 카주요시의 의지대로 이혼도 허락하고 다시 상경시켜 공부를 하도록 했다. 그것은 상당한 지출이었다. 히사요시도 예과에 입학하면 장차 상당한 지출을 각오하지 않으면 안 되었다. 그런 생각 때문인지 어머니에게는 점점 인색하게 굴며 먹는 삼시 세끼까지 제한을 하였고, 자신의 온돌은 자신의 돈으로 지피라고 땔감도 사주지 않았다. 어머니는 이웃의 빨래를 해주고 노임을 조금씩 받아 따뜻함을 해결했다. 그러나 큰아버지가 요즘 감기로 몸져누워 있었기 때문에 요강 부시는 것부터 빨래까지 일은 산더미처럼 쌓여, 작은 아이를 안고서는 다른 곳에서 노임을 받을 여유가 전혀 없었다. 히사요시만 좋다면 자신은 권의 곁으로 가고 싶다, 권이 근처 마을에서 독신으로 잡화상을 운영하면서 지금도 자신을 기다리고 있다, 너는 네 형편만 생각해서 이 어미와아기를 못 본 체할 심산이냐면서 히사요시를 닦달하던 참이었다.

히사요시는 애소하는 권을 냉담하게 바라보면서 가슴으로는 뜨거운 결의를 맹세했다. 향학을 단념하고 큰아버지에게 어머니의 자유를 부탁하자. 경성행 여장도 준비되어 있었지만 히사요시는 어제 아침 큰맘 먹고 큰아버지에게 그 뜻을 청원했다. 큰아버지는 몸을 부르르 떨면서 매우 화를 냈다. 일손이 부족한 요즘, 특히 자신이 언제 완쾌될지도 모르는 병중인데 어머니가 나가면 당장의 생활이 곤란하다. 그도 그렇지만 지금껏 돌보아온 히사요시가 자신의 뜻도 헤아리지 못하고, 지난 여러 해 동안의 은혜를 내팽개치고, 자기멋대로인, 태만한 어머니를 편 든 것이 그의 분노를 산 것이다. 그러나 히사요시는 결의를 굽히지 않았다. 자신에 대한 큰아버지의 애정을 공리만이라고는 믿지 않지만, 앞으로 장래성 있는 자신과 장래성 없는 어머니를 그렇게까지 구별해서 취급하는 것에, 아무리 생각해도 참을 수가 없었다. 공부하고 싶은 마음에 이미 눈앞에까지 와 있는 어머니의 행복을 빼앗는 것은 너무나도 불효이고 비열하다고 생각했다.

어머니는 권이 방문했다는 말을 듣자 완강하게 나가려고 했다. 미친듯이 울부짖고만 있는 어머니의 모습을 동정하면서도 한 편 한심해 보였다. 그러나 뭐라고 해도 단 하나 뿐인 어머니였다. 그녀가 큰소리로 울부짖는 것을, 온갖 행복을 버려서라도 위로해야 한다고 가슴은 더욱더 결의로 차올랐다. 큰아버지가 무슨 일이 있어도 허락하지 않는다고 하면 무단으로 탈주할 수밖에 없었다. 권이나 어머니도 히사요시의 바로 그 결의를 듣고 싶었던 것이다.

저녁 무렵 어머니는 종인 걸려서 몰래 싼 짐을 창밖에 기다리는 권에게 건넸다. 아픈 몸을 비틀비틀 일어난 큰아버지는 고함을 지르며 달아

나는 어머니를 쫓았지만 곧 숨이 차서 쓰러지고 말았다. 히사요시는 아기는 안고, 와들와들 떠는 여동생은 업은 채 문밖에 내내 서있었지만 왠지 적극적으로 거들 수가 없었다. 핏대선 눈의 어머니와 권의 동작, 애고 하고 계속 외치는 끈기 없는 큰아버지, 욕을 하며 매도하는 창백한 큰어머니, 이것이 나의 육신들의 모습인가하고 생각하니 왠지 온 몸의 중심이 무너져, 통렬한 슬픔이 마음속에서 끊임없이 솟는 것이었다.

큰아버지의 성질이라면 당연히 추적자를 보낼 것이라고 마음의 준비를 하고 있었지만 어머니와 여동생, 권을 태운 기차는 무사히 출발하였다. 함께 가지 못한 채 깊은 한숨을 몰아쉬면서 서있는 히사요시의 시야에 녹색 신호가 빨갛게 바뀌었다. 그는 어두운 거리를 일부러 골라 발밑만 바라보며 하숙으로 돌아왔다. 하숙이 가까워지자 자신의 온돌방 미닫이가 드르르 열리면서 전등이 밝게 문밖으로 새어나오고 있었다. 그리고 방을 오르는 입구에서 하숙집 일가가 그를 기다리고 있었다. 그를 발견하자 1학년생이 맨 먼저 뛰어왔다.

"큰일났어요!"

주부가 계속해서 큰일이라는 이유를 설명했다. 히사요시의 심부름으로 왔다고 하면서 남자들이 그의 짐을 전부 빼내갔다는 것이다. 방은 텅 비었다. 몇 장의 종잇조각만 남긴 채 물건은 하나도 없었다. 비겁하다! 히사요시는 분노로 전신이 떨렸다. 그는 방으로 올라가지도 않고 큰아버지 집을 향해 비탈길을 뛰어갔다. 큰아버지 집의 대문은 굳게 닫혀 있었다. 그는 담을 타넘어 안뜰로 뛰어내렸다.

"도둑이야!"

큰아버지의 힘 빠진, 그러나 필사적인 외침소리가 울렸다. 그는 무릎이 탁 꺾이는 느낌이었다. 하지만 지지 않았다. 큰어머니의 창백한 얼굴이 책망하듯이 미닫이 그늘에서 보였다. 그것도 애써 무시하며 집안으로 뛰어들었다. 큰아버지는 여윈 몸 뒤에 히사요시의 짐을 아무렇게나 쌓아놓은 채 들어서는 히사요시를 노기 가득한 얼굴로 노려보았다.

"내 목숨이 붙어 있는 한 이건 내줄 수 없다. 가져가고 싶으면 나를 죽이고 가져가거라. 내일 경찰에게 넘겨주마. 히사요시야, 너는 나에게 무엇을 맡겼느냐? 흥, 내가 너 같은 꼬맹이한테 질 거라고 생각하느냐? 저 책을 경찰한테 건네 줘 봐라, 너는 내일부터 도대체 어떻게 될 건지!"

큰아버지가 내뱉는 말에 히사요시를 정말 창백해졌다. 그는 무서운 술책 속에 빠진 자신을 발견했다. 작년에 학교에서 사상 사건이 일어났을 때 그는 어떤 서적을 큰아버지한테 맡긴 적이 있었다. 그것을 완전히 잊고 있었다. 잊을 만한 생활을 그는 그 후 계속 해온 것이다. 그러나 만약 공개하게 되면 어떤 사태가 발생할지? 그는 비굴하다고 생각하면서도 떨리는 분노를 누르고 큰아버지 앞에 엎드려 애원했다.

"어머니를 데려 오너라. 내일 아침까지다. 어머니와 이것을 맞바꿔 주마. 내일 아침까지 데려오지 않으면 각오해라!"

어떤 조아림(叩頭)과 애원에도 큰아버지는 그 요구에서 단 한 발자국도 물러서지 않았다

그는 하숙으로 돌아와 무릎을 안은 채 차가운 온돌에서 밤을 새웠다. 그리고 키타하라에게 그것을 되찾아 줄 것을 부탁하러 왔다는 것이다.

키타하라는 잠자코 그 설명을 들었다. 안색에는 드러내지 않았지만 자갈을 씹는 듯한 느낌을 견디지 않으면 안 되었다. 왠지 자신의 인생까지 앞날이 덧없이 변한 것처럼 느껴졌다. 그는 보는 것이 불쾌했다. 책

을 감춘 것을 자신에게 비밀로 한 히사요시의 방식에는 특히 불쾌했다. 그러나 그것을 되찾는 것은, 히사요시가 생각다 못해 자신을 선택한 것처럼, 자신 말고는 그것을 할 수 있는 사람은 없다고도 생각했다. 그것은 또 자신에게 주어진 피할 수 없는 사명이라고도 생각했다. 하지만 되찾은들 히사요시를 용서할 수 없다고 생각했다. 그러나 어쨌든 그것은 되찾고 난 후의 문제이다.

야스하라 희선(喜善)은 키타하라의 방문에 깜짝 놀랐지만 그쪽은 어른인지라 바로 싱긋 냉소를 지었다.

“히사요시 그 바보가 선생님한테 되찾아 달라고 했습니까? 그 녀석은 영리한 아이입니다만 역시 어린아이입니다. 그래도 선생님과는 달리 피가 섞인 큰아버지입니다. 먼저 그 녀석이 실눈을 뜨고 보는 한 이쪽에서 세간에 얼굴을 들 수가 없습니다.”

큰아버지의 그러한 말투에 키타하라는 진짜 걱정을 한 자신까지 어린아이 취급으로 조롱을 당한 것 같아서 불쾌했다. 불쾌는 그것뿐만 아니었다. 희선은 숨을 심하게 헐떡이면서 문제의 초점은 전혀 언급하지 않은 채 히사요시에 대한 은혜만 계속 이야기했다. 등교 시각이 다 되어 안절부절 못하던 키타하라가,

“뭐 어쨌든 그 책을 저에게 보여주시지 않겠습니까?” 하니,

“걱정하실 것 없습니다. 저도 그 녀석의 큰아버지입니다.”

하고 말을 이랬다저랬다 하며 거절하는 것이었다. 화가 났지만 어른을 상대로 하여 주제넘은 짓을 할 수가 없어서, 그럼 학교가 파한 뒤 다시 찾아오겠다 하고 일단은 물러났다.

방과 후 다시 찾아가 보니, 뭐 시끄럽게 다시 왔냐는 듯이,

"아, 책 말입니까? 그거 태워버렸습니다. 아직 타다 남은 것이 있을 겁니다. 온돌 아궁이를 보십시오."

라며 화가 나는 대답을 했다. 그는 어린아이 취급을 당한 불쾌감을 누르지 못하고 아궁이에 배짱 좋게 가보았다. 과연 아궁이에 2, 3권의 두꺼운 서적이 아직 재가 되지 못한 채 검은 페이지를 부풀려서 뒹굴고 있었다. 그는 부지깽이를 집어 그것을 끄집어내려고 했다. 그러나 바로 부지깽이를 내던졌다. 본들 어찌하겠는가? 지나간 사실을 밝힌 들 어찌하겠는가? 문제는 무엇보다 그 후의 히사요시의 행동이다. 그 후 신장된 그의 정신이다. 오히려 불에 타 재가 되는 편이 그나 히사요시에게 모두 행복했을지도 모른다. 그는 어디까지나 교육자이지 않으면 안 된다는 사실을 깊이 깨달았다. 그리고 누구보다도 자신이야말로 그의 정신 성장에 책임을 져야 한다고 생각했다.

결국 히사요시는 큰아버지와 의절해 버렸다. 키타하라도 자연스럽게 화해할 수 있는 기회를 기다리는 것 말고 달리 방도가 없었다. 하지만 학교를 그만두는 것은 허락할 수 없었다. 그래서 도쿄의 카주요시에게 사정을 이야기해 부족한 학비는 도쿄에서 다시 송금하는, 조금 복잡한 수단을 강구해 주었다.

9

어쨌든 그 사건 이후 히사요시를 믿으려던 키타하라의 마음에는 민가 앙금을 남겨 맑아지지 않는 무엇이 있었다. 하지만 믿어주십시오 하고 재촉을 해온 학생의 편지에, 그 일을 떠올려 일단 반발해 보았지만 히사요시가 아직까지 그러한 방황을 계속하고 있다니 아무래도 믿을 수가 없었다. 그는 뜨거운 감격으로 다 읽은 히사요시의 편지 몇 통을 진위를 확인하려는 듯한 기분으로, 다시 한 번 더 읽어 보았다.

—선생님을 배웅하고 단 뒤의 허탈한 마음 상태는 도저히 서투른 글로 쓸 수 없습니다. 선생님의 상상에 맡기겠습니다. 이것도 선생님이 평소 말씀하시던 시련의 하나인가 하고, 음미하듯이 맛보면서 참고 견디고 있습니다.

그것보다도 오늘은 큰 뉴스를 알려드리겠습니다. 일단, 선생님께서 이미 알고 계시겠지만, 조선징병령의 발표입니다. 만세! 만세! 아무리 외쳐도 모자랄 감격입니다. 저는 그날 아침 누구보다도 빨리 등교해서, 당번도 아닌데 대나무 빗자루를 꺼내어, 봉안전(奉安殿-천황 사진이나 교육칙어를 봉안한 전각 : 역자) 앞의 청소를 시작했습니다. 그러자 뒤이어 동지가 늘어서 봉안전 앞만이 아니라 교문에서 거리 쪽까지 단숨에 깨끗해졌습니다. 동지 중에는 내지인도 있었습니다만 주의해서 보니 당번도 아닌데 빗자루를 꺼낸 것은 조선인뿐입니다. 저의 마음은 가득 부풀었습니다. 우리들은 서로 벌써 몇 번이나 읽은 쭈글쭈글한 신문을 한 번 더 교실에 들어가 펼치 놓고, 짧은 기사 속에 빨려들어가는 혼을 느꼈습니다. 그나마도 부족하다 싶어 저는 분필 조각을 찾아내어서는

"나도 역시 일본인이다."

하고 칠판에 크게 썼습니다. 조선인의 수다스러운 버릇이라고 선생님은 웃으시겠습니까? 웃으셔도 상관없습니다. 저는 어떻게라도 쓰고 싶었

습니다. 그리고 자신이 쓴 그 글자를 바라보고 있자니 저는 참을 수가 없어 눈물이 나왔습니다. 문득 정신을 차리니 교실은 어느 사이에 진지해져 있었습니다. 뒤돌아보니 저처럼 젖은 눈동자가 여럿이 제가 쓴 글자를 응시하고 있지 않겠습니까? 저는 창 쪽으로 달려가서 목소리를 죽이고 울었습니다.

오늘은 그것을 기념하여 성대한 분열식이 은행 앞 광장에서 펼쳐졌습니다. 저희들 조선인 학생은 마음껏 가슴을 펴고 문자 그대로 대지도 가를 듯이 신발을 울렸습니다. 12월 8일의 깃발 행렬에 남몰래 석연치 않은 마음을 숨겨둔 것도 이제 과거 일이 되었습니다. 진수만의 구군신(九軍神) 기사를 거듭거듭 다시 읽으며, 그 신념으로 죽을 수 있는 사람의 법열(法悅)을 부러워하면서 잠 못 이루는 밤을 지새우는 것도 이제 과거의 일입니다. 드디어 이제 우리들 앞에도 멸사(滅死)의 각오로 봉공할 수 있는 감격의 기회가 찾아온 것입니다. 천황의 인민인 저, 살아갈 수 있는 증표가 있고 — 아, 12월 8일부터 몇 백 번이나 들었을까요? 그리고 그 때마다 잘 알고 있다고 생각하던 그 노래에 더욱더 깊은 의미가 있다는 것을 알았습니다. 그리고 멸사봉공의 기회가 주어졌다고 생각하니 이상합니다, 선생님. 갑자기 공부와 체력에 욕심이 생겨, 유도에도 점점 열이 올라 지금 같으면 이번 가을의 초단 진급시험에도 자신 있게 응시할 수 있을 것 같습니다.

다가무라 코타로(高村光太郎)의 「필사(必死)의 때」를 매우 여러 번 읽어 주셨지요. 사실 저는 그 때마다 급우들의 홍조 띈 얼굴과 취한 것 같은 선생님의 얼굴을 얄미운 듯, 질투하는 기분으로 몰래 훔쳐보고 있었습니다. 그게 어떻다는 걸까요? 저는 오늘 학교에서 돌아오는 도중에 한

자 낭랑하게 소리 내어 읽으며 가슴에서 솟는 뜨거운 불덩이를 어찌할 수가 없었습니다.

아아 필사(必死)하니
그 때 사람은 맑고 강해지며
그 때 마음은 양양하고 풍성해 지는 것은
우리 민족의 관습이다

— 상급학교에 대한 것입니다만 여러 가지로 고민한 결과 결국 신경의대에 시험을 치기로 결정했습니다. 신경의대는 월사금도 필요 없으며, 따로 급비(給費)제도가 있어 큰아버지와의 관계를 청산하기에는 절호의 방법이기 때문입니다. 그러나 사실 그것보다도 다시 선생님 밑에서 공부할 수 있다는 것이 최대의 매력입니다. 선생님, 그 때가 되면 반드시 아프십시오. 제가 주사를 놔서 낫게 해 드리겠습니다. 요즘은 그런 가슴 뛰는 공상으로 매일 기운차게 공부를 계속하고 있습니다. —

키타하라의 마음은 곧장 일직선으로 북선의 거리로 날아갔다. 그는 신들린 것처럼 다급하게 펜을 잡았다. 그는 고등주임 앞으로 편지를 쓰기 시작했다. 요시오카(吉岡)의 아버지는 다른 곳으로 전임을 하여 야스다(保田)라는 전혀 모르는 주임으로 바뀌어 있었지만 알고 모르고는 문제가 아니었다. 그저 학생을 사랑하는 교사로서 진실을 토로하고 싶을 뿐이었다. 이러한 시국에 의심을 품는 것만으로도 죽을 일이지만 자신은 히사요시의 정신의 성장을 믿고 있다. 아니 믿고 있다기보다 사랑한

나머지 잠 못 이루는 밤을 지내고 있다. 사실은 어디까지 진행되었는지 저쪽의 일은 모른다. 그러나 만약 구할 수 있다면 어떻게든 구해줬으면 좋겠다. 귀하에게 만약 아이가 있다면 그 아이의 아버지 입장이 되어 조사해 줬으면 좋겠다. 또 만약 아이가 없다면 꿈 많던 귀하의 소년 시절을 상기하여 그가 앞으로 다시 일어설 수 있도록 구해 줬으면 좋겠다. 자신은 그 바람을 귀하 앞에 간원함과 동시에 신 앞에도—.

그런 의미를 담아 외치 듯 편지를 써내려왔을 때, 키타하라는 신의 앞에도 — 라는 구절에서 갑자기 펜을 던졌다. 그는 갑자기 자세를 바로 하고 다다미 위에 손을 짚고 잠시 보이지 않는 신에게 기원을 올렸다. 그러나 그것만으로는 뭔가 태만한 것 같아서 성의가 전해지기 어려울 것 같았다. 그는 서둘러 편지지를 서랍에 넣더니 허둥지둥 신발을 신었다. 그러자 문이 열리고 친구가 회사에서 돌아왔다.

"다녀왔네. 식당? 외투 정도는 가져가는 게 좋지 않겠나? 햅쌀이 그렇게 신경 쓰이는가?"

"밥은 아직이야. 나 잠깐 신경신사에 가서 참배하고 오겠네."

"응? 뭐라고?"

키타하라는 그의 말에 대꾸도 하지 않은 채 문을 탁 닫더니 뛰어가듯 계단을 내려갔다. 이미 기숙사 창문들에서는 밝은 빛이 새어나오고 있었다. 바늘처럼 찌르는, 지의가 있는 듯한 차가운 바람이 외투를 통해 양쪽 팔로 스며들었다. 전차는 언제나처럼 만원이었다. 또 그 만원 전차는 가끔 일으키는 고장으로 도중에 멈춰서버렸다. 그는 기다리다 못해 다른 성급한 승객과 함께 내려버렸다. 그리고 길을 충혼탑 앞거리로 잡고, 벌거벗은 큰 나무의 나뭇가지 끝이 하늘을 덮고 있는 넓은 고디미

(児玉) 공원을 가로질러 신사 앞으로 나왔다. 토리이(鳥居) 앞을 통과하는 일본인은 누구든 모자를 벗고 예의 바르게 경례(最敬礼)를 하고는 지나갔다. 그러나 토리이 안에는 단 한 명의 참배객도 보이지 않았다. 화장실의 얇은 얼음을 깨고 그는 깨끗이 손을 씻었다. 배전(拝殿) 안에는 약간 어둡고 옅은 등빛이 희미하게 안을 비추고 있었다. 키타하라는 박수를 혼응토건(混凝土建)의 배전에 울리며 눈을 깊이 감았다. 아무쪼록 구해주십사고—. 잠시 눈을 감은 후 그는 조심스럽게 조용히 돌계단 내려왔다. 그러자 돌 다다미 길에 기와조각이 뒹굴고 있었다. 그는 그대로 지나치려다가, 순수한 마음으로 잠시 혼자 수줍어하면서 그것을 주워 담가로 치웠다. 예전의 그를 아는 그의 친구가 만약 그런 모습을 보았다면 자네도 변했군 하고 오래도록 개탄했을 것이다. 하지만 키타하라는 단지 순수하게, 순수하게 되어 옛날의 그의 세계로 돌아갔을 뿐이다.

키타하라는 참배를 끝내고 돌아와 그날 밤 편지를 계속해서 썼다. 그리고 히사요시에게 보내는 편지도 동봉을 하여, 만약 허락된다면 건네주길 바랐다. 그는 히사요시에게 보내는 편지도 쓰기 시작했다. 그러나 쓰고 있자니 왠지 분한 감정이 북받쳐 오르는 것을 금할 수가 없었다. 이유 없이 구속될 리가 있을까? 그렇다면 가장 호의적으로 판단하더라도 그가 의심 속에 방황하고 있었던 것은 사실이라고 여겨졌다. 하지만 지금 같은 때, 아 이런, 피투성이 황군 병사의 용감한 전투를 아는 때에, 예의 비밀스러운 마음의 구석이라고는 해도 의심이라고 하는 놀이가 용서될 것인가? 그와 같은 사람은 때려 죽여도 좋다. 자네가 만약 아직 방황하고 있다면 마땅히 죽을 만큼 부끄러워 해야 한다. 잘못했다고 진짜로 뉘우쳤다면 이 기회에 하늘이 준 큰 속죄의 은혜로 바르고 남자답게 감수해라. 그의 편지는 그렇게 쓰여졌다. 쓰면서 옆 책상의 친구에게 등을 돌리고 그는 눈동자에 물기를 머금었다. 그는 그것을 히사요시에게만 말하고 있는 것이 아니었다. 자기 자신에게 타이르고도 있는 것이었다. 그는 일견, 냉혹함 속에는 비장하기까지 한 애정이 감추어져 있다는 사실을 생각하고 있었다. 키타하라 자신이 겨우 제대로 된 길에 다다를 수 있었던 것도 10년 동안 방랑으로 그를 내몬 차가운 뭔가가 아니었을까, 국가 기구(機構)가 강력하게 보유한 그 채찍이야말로 혹 구하기 어려울 정도로 깊게 들어간 미로에서 사람을 구할 수 있는 것이다. 그리고 히사요시에 대해 그는 그 차가운 채찍을 한 번도 가할 수가 없었다. 그것이 필요하다고 생각하면서도 그의 성격의 유약함 때문에 그리 할 수 없었다. 그렇게 생각하니 이번 처치는 키타하라도 히사요시와 함께 마음으로부터 감사를 드리지 않으면 안 된다고 생각했다.

10

아오다 주임에게 편지를 보냄은 물론 교장 앞으로도 편지를 썼다. 교장으로부터는 즉시 답장이 왔다. 사정은 여의치 않지만 그저 최선의 노력을 다하겠다는 답장이었다. 학생들에게도 사정이 알려졌는지 내선 학생으로부터 이런저런 정보에 더한, 그들의 견해가 전해 졌다. 그 중에서도 평소 사상적 견해에는 어둡다고 생각되던 유도부원으로부터, 야스하라의 본심을 도저히 자신들은 알 수 없지만 행동은 다른 조선인 누구보다도 모범적이었다고 믿고 있기 때문에, 고등주임한테 탄원해 보려고 한다는 전언은 든든했다. 또 조선인 학생으로부터는 어머니의 죽음이 사실임을 알려왔다. 그것은 키타하라를 상상이라든가 연민이라든가 동정 등을 넘어서는, 뭔가 더 괴로운 감정으로 내몰았다.

그리고 드디어 스팀도 돌기 시작한 11월 중순쯤, 반은 기대를 체념하고 있던 야스다 주임으로부터의 서신이 배달되었다. 그는 그 편지를 절하듯이 받아 봉투를 뜯었다. 회신은 예의 내용이 어떻든지 간에 사건의 직접 책임자가 키타하라의 성의를 받아준 것과 다름없기 때문이었다.

귀하의 애정과 성의는 조선인 사상 육성에 부심하고 있는 자신들에게 아집을 갖게 하였다는 의미의 서두였다.

그런 내용을 당사자인 책임자로부터 듣고 보니 그는 새삼스럽게 애정은 물론 성의에 있어서도 역시 태만했다고 내심 부끄럽고 창피스러운 느낌을 지울 수 없었다.

그러나 자신들은 직책에 충실하여 사태를 어디까지나 냉정하게 들추어내고, 그런 후 구할 수 있으면 구하고 싶다. 게다가 야스하라의 경우 본인의 적나라한 솔직한 태도에서, 처음부터 구하지 않으면 안 된다는 마음을 갖게 만들어 당혹했다. 일의 발단은 상대 학생을 조사하는 가운데 거기에 보낸 편지가 발견되어 야스하라도 조사하게 되었다. 그러나 야스하라도 한 마디로 말하면 망설이고 있다는 것이 진실이다. 하지만 한 발자국 앞선 부분에 와있다고 믿어진다. 과거의 경험에 의하면 한 번 망설인 사람은 그 한 발자국이 좀처럼 내딛어지지 않는 것이 통례이다. 귀하의 편지도 본인에게 보였다. 머지않아 조사가 완료되어 세상에 알려지겠지만, 앞으로도 서로 힘을 합쳐 그의 황민화에 부단한 지도와

애정을 기울였으면 한다는 내용이었다.

그는 그 편지를 품속에 넣고 다시 신사참배를 했다. 외투 깃 속에 깊게 목을 파묻고 멀리 나란히 서있는 벌거벗은 가로수 아래를 걸으면서, 그는 히사요시의 역경을 생각하면서도 자신의 과거에 비교하면 얼마나 행복한가 하고 생각했다. 그리고 언젠가 세상에 알려졌을 때, 이 과분한 행복을 소년에게 충분히 인식시키지 않으면 안 된다고 생각했다. 이 행복에 쌓여있음에도 어찌 바른 길로 탈출할 수 없겠는가? 만약 그래도 그가 비뚤어진다면 그 때야말로 자신은 그를 구하기 어렵다고 여겨 단념할 것이다. 아니 그만이 아니다, 조선인 전체에 대해서 절망할 것이다. 그러나 그런 생각은 평소 그러한 성급한 견해에 대해서 느긋한 인내와 사랑을 설명하면서 몰래 그러나 강하게 대립해온 그에게는, 자신의 전 인생의 패배를 예상하는 것처럼, 머물 자리 없이 쓸쓸한, 그래서 전혀 가능하지 않을 것 같은 생각이 들었다.

그런데 그로부터 보름 정도가 지나 키타하라는 갑자기 다른 학생들로부터 히사요시가 등교했다는 사실을 몇 통의 편지와 엽서를 통해 알게 되었다. 그는 멀리 그들을 떠났지만 여전히 자신의 가슴속의 초점을 생각해주는 학생들의 정애(情愛)가 기쁘고 고마워 감사했다. 그들의 편지에는 몰라볼 정도로 하얘졌지만, 또 몰라볼 정도로 건강해졌다고 한결같이 쓰여 있었다. 하지만 처음 받은 그러한 엽서 속에 당사자인 히사요시로부터는 어떤 전보나 엽서도 없었다는 것이 의외였다. 그가 원하고 바라던 것은 히사요시로부터 그 처음의 기쁨을 듣고 싶은 것이었다.

하지만 열흘 정도 지나서 드디어 히사요시로부터도 소식이 왔다. 그러나 그는 개봉하기 전에 다소 실망과 위구(危懼)를 느꼈다. 그것은 그 자신의 마음의 고통에 비해 너무 얇고 가벼운 편지였기 때문이다.

—선생님, 모든 것을 용서해주십시오. 저는 선생님의 용서를 바라고, 또 용서해주실 것이라고 믿고 이 편지를 쓰고 있습니다. 그리고 또 아무것도 묻지 말아주십사고 부탁드리고 싶습니다.

선생님, 아무쪼록 저를 내버려두십시오. 선생님은 얼마나 변변찮은 인간을 사랑해주셨는지요. 저는 어제 일요일에도 기차로 어머니 산소에 다녀왔습니다. 출감하는 날 처음으로 어머니의 죽음을 알았을 때의 통곡, 도저히 무능한 제가 표현할 수 있는 것은 아닙니다. 저는 눈물조차 완전히 말라버린 것을 느꼈습니다. 어머니는 지금 알고 계시다시피 저 붉은 봉분 아래에 잠들어 계십니다. 무지와 태만의 표본과 같은 어머니, 자신의 만족을 좇아서 몇 번인가 저를 내버린 어머니, 아 그래도, 저에게는 둘도 없는, 단 하나의 사랑스러운 어머니였습니다. 어머니가 돌아가시고 저는 처음으로 이 세상에서 가장 사랑하고 있던 사람이 어머니인 것을 알았습니다. 그러니까 선생님, 그 어머니의 아들인 저에게도 부정하고 더러워진 피가 흐르고 있을 것입니다. 아니, 그럴 것이 아닙니다. 저는 깊게 자기를 되돌아보면 되돌아볼수록 몸의 피가 전부 어머니와 똑같다는 것을 알게 됩니다. 저는 자기의 역운을 저주할 기력조차 지금은 없습니다. 단 하나의 육신인 여동생을 안고 저도 어머니 곁으로 가고 싶은 생각뿐입니다. 이처럼 완전히 더러워진 무기력한 사람을 선생님이 내버려두셔도 선생님의 마음은 어떻든지 간에 신은 결코 책망하지 않을 것이라고 믿습니다.

오랫동안의 깊고 깊은 애정은 가슴 깊이 새기고 뜨겁게 감사드립니다. 저 같은 더러운 사람에게 쏟아주시는 애정을 앞으로는 아무쪼록 더 훌륭한 사람들에게 기울여주십시오. 마지막으로 선생님의 행복을 마음으로부터 빕니다.

키타하라는 다시 두 번을 읽었다. 그의 혀는 쓴 맛을 느끼며 말라 있었다. 그는 무심코 일어났다. 그러나 털썩 다다미 위에 엉덩방아를 찧었다. 이중창 밖에서는 회색으로 저물어가는 하늘에, 벌거벗은 나뭇가지 끝이 진정될 틈 없이 바람에 흔들리고 있었다. 건너편 집 뒤쪽에 있는 넓은 빈터를 일본식 옷차림의 젊은 사내 하나가 소매를 바람에 날리며 비스듬하게 지나쳤다. 그 뒤에는 마른 풀만이 부는 바람을 따라 물결치고 있었다. 앞서 젊은 남자가 물건을 산 듯한 보따리를 들고 반대 방향에서 다시 빈터를 가로질렀다.

바로 편지를 보내지 않으면……그런 충동에 재촉을 받으면서도 키타하라는 그날 아무래도 편지를 쓸 수 없었다. 내버려두라는 히사요시의 진의가 실은 그 정반대인 것을 통절하게 느끼면서도 아무래도 쓸 수 없었다. 사랑이라는 것은 도대체 어떤 것인가? 편지를 보내는 것인가? 긴 편지를 쓰는 그 마음인가? 아니면 머리를 사랑스럽게 쓰다듬어주는 것인가? 맛있는 것을 먹여주는 것인가?— 아니 사랑이라는 것이 과연 상대에게 뭔가를 바치는 것인가? 그것은 오히려 홀로 슬픔에 잠겨 고민하는 자신에 대한, 허무한 자기 변제의 수단은 아닌가? 그는 그런 기묘하고 유치한 생각에 들어박혀 그 다음날도 침울한 생각을 떨치지 못했다. 그리고 지금은 일본 내지인 학생만을 가르치고 있는데, 보면 볼수록 그 학생들이 인연 없는 사람으로 보여, 그들에 대해서도 자신은 전혀 아무런 기여를 할 수 없는 무력한 존재는 아닌가 생각되어, 어느 때와는 달리 메마른 수업이 되어 버렸다. 그러나 그는 뭔가를 기다리는 기분으로, 그날도 집으로 돌아오는 길을 서둘렀다. 그리고 역시 친구보다 빨리 돌아와 찰칵하고 문 열쇠를 열었다. 그러자 그것을 하고, 오늘 확실히 기대하고 있던 것은 아니었지만 어쩌면 당연한 것처럼 히사요시의 필적의 봉서가 떨어져 있었다. 이번에는 두꺼웠다. 그와 편지를 주고받는 것만 생각해도, 만약 균형판을 만든다면 늘 키타하라 쪽이 초과였지만, 그 편지는 그럭저럭 균형을 맞출 수 있을 정도의 무게였다.

—선생님, 모두 용서해주십시오. 어제 은혜를 잊은 너무나도 무례한 편지도 용서해주십시오. 오늘 저는 학교에서 상급학교로의 추천은 불가능하다는 선고를 받았습니다. 각오는 하고 있었지만 그 말을 들었을 때 저는 가슴이 두근거리며 그대로 텅 비어버렸습니다. 더도 덜도 아닌 있는 그대로 말하면 완전히 낙담해 버렸습니다. 5년 동안의 꿈이, 그 말을 끝으로 완전히 사라져버린 것을 알았기 때문입니다. 그러나— 그러나라고 해서, 제가 뭔가 억지로 생각을 해낸 것은 아닙니다만— 그러나 저는 잠시 후 맹렬하게 흥분하는 마음을 느꼈습니다. 구렁텅이에 빠진 자신을 의식하면서 그래, 여기서 일어서지 않으면 안 된다고 마음이 외쳤습니다. 살지 않으면 안 된다. 져서는 안 된다. 이겨야 한다!

이겨야 한다고 했는데 과연 누구에게 일까요? 그것은 선생님이 이미 생각하신 대로 저를 미워하고 모멸감을 주는 사람들에 대해서는 아닙니다. 그것은 사실 자신에 대해서입니다. 부정한 제 피, 제 환경에 대해서입니다. 정직하고 싶다고 바라면서도, 터무니없이 정직하지 않은 제 성격에 대해서입니다. 정말 저는 게으른 사람이었습니다. 비약해야 할 장대한 운명의 기회를, 바로 그것이라고 인정하면서도, 제 가슴 깊이

깃든 태만심이 그 비약의 노력을 두려워해, 정순(正純)함이라는 아름다운 말에 숨어, 저는 도망칠 길을 찾고 있었던 것 같습니다. 아슬아슬한 구렁텅이에 빠진 후에야 비로소 저는 깨달았습니다. 저희 조선인은 그저 앞만 보고 천황을 믿고 섬기면 된다는 깨달음입니다. 이 사람 저 사람 내지인이라든가 조선인이라든가 하는 것이 아닙니다. 오로지 천황의 마음을 믿고 섬긴다. 그것은 너무나도 당연한 것입니다. 그러나 저는 비로소 오늘에야 그 의미의 깊음을 깨달았습니다. 그리고 황송하게도 천황을 오늘만큼 제 자신의 가까이에 느낀 적은 없습니다. 정말로 현인신(現人神)이시라는, 가끔 들었던 훈화가 오늘 처음으로 진실로 이해되었습니다. 그렇게 믿고 섬긴다 — 내지인도 조선인도 — 그렇게 믿고 섬겨 행동하는 곳에 궁극의 광명이 도래한다는 것을 알았습니다. 저는 지난 시절에 많은 사람들의 애정과 모멸 사이에서 어느 쪽이 진짜인가 하고 방황하고 있었습니다. 지금은 이제 그럴 필요도 없습니다. 실례지만 선생님의 저에 대한 애정도 그 근원을 더듬는다면 역시 천황의 마음에서 나오고 있다는 사실을 오늘 알았습니다. 이 생각은 왠지 모르게 무(無)로 통하는 것처럼도 생각되었습니다만, 오히려 저는 지금까지보다 강하게 선생님을 그리워하며 믿는 마음이 격앙되는 것을 느낍니다. 실례라면 아무쪼록 용서해주십시오.

그리고 저는 하교해서도 종일 그린 것을 생각했습니다. 지금은 한밤중입니다. 밖은 완전히 고요해져, 귀를 기울이면 멀리 밀려나가는 파도 소리조차 들릴 것 같습니다. 그럼 저는 앞으로 어떤 길을 걸어야 할까요? 그것을 지금까지 계속 생각해 왔습니다. 제 얼굴에는 나쁜 꼬리표가 붙어 있습니다. 저는 이 일이 공개되어서 매우 두려워했습니다. 그러나 바르게 살아가기 위해서는, 이 꼬리표를 정시(正視)하지 않으면 안 된다고 오늘은 생각했습니다. 꼬리표는 생생하게 붙어다니면서 저의 죄과와 치욕을 널리 알리고 있습니다. 그러나 이 꼬리표도 태양과 비바람에 바랜다면 영원한 것이라고는 할 수 없을 것입니다. 나는 자진해서 태양 아래로, 비바람 속으로 뛰어들어야 한다, 이것이 제가 얻은 오늘밤의 결론입니다. 하루라도 빨리 이 꼬리표를 퇴색시켜 벗겨내지 않으면 안 됩니다. 완전히 벗겨낼 수 있을지 어떨지는 알 수 없습니다만 이것 역시 천황의 마음을 믿고 노력한다면 언젠가 사라질 것이라고 믿습니다. 그 때야말로 저는 떳떳하게 일본인이라고 할 수 있을 것입니다. 저는 그러기 위해서 제가 아니면 할 수 없는 일 — 조선인 동포를 진짜 기쁨의 세계로 이끄는, 즉 진짜 일본인의 마음, 일본인의 행동으로 이끄는 — 그러한 일을 평생의 속죄로 달성하고 싶다고, 지금 뜨겁게 생각하고 있습니다. 그러기 위해서는 더욱더 공부를 해야 하겠지요. 학교에 가지 않더라도 독학의 길이 있습니다. 저는 구체적인 길을 생각해, 독학의 길에 정진하고자 합니다. 그 사이 징병검사도 있습니다. 다행히 합격하면, — 아니 꼭 합격해서 뵙겠습니다 — 그야말로 멸사의 각오로 공부하겠습니다. 아무쪼록 선생님, 그날을 기다려주십시오. 그러나 설령 전사하더라도 전날의 희망은 그날까지 계속 가슴에 품고 실천하려고 합니다. 저는 믿습니다. 모든 조선인이 일본인으로 자각함으로써 진짜 희망과 희열에 도달할 수 있다는 것을. 저의 생각에는 잘못이 무수히 있겠지요. 아무쪼록 판단하셔서 옳게 고쳐주시기를 바랍니다.

그러나 이것들은 앙양(昂揚)된 저의 정신의 지순한 불꽃같은 것입니다. 길이 먼 것을 생각하면, 앞으로 점점 선생님의 고귀한 마음에 매달리지 않으면 안 된다고 생각합니다. 아무쪼록 선생님, 어제의 편지는 찢어버리십시오. 그리고 그냥 내버려두지 마시고 이 변변찮은 제 불꽃을 길게 지켜주십시오, 이끌어주십시오.

저는 있는 그대로의 마음을, 솟아오르는 그대로 선생님 앞에 모조리 털어놓았습니다. 그래서 논리가 일관되지 않을 것입니다. 저는 살아야만 한다고 강렬하게 생각하면서, 지금, 그 금강산 정상에서의 일 — 선생님은 잊으셨는지요? — 금강산을 진동시킬 듯하던 매서운 바람소리, 떨면서 철사다리인가를 올라가는 저의 모습, 저를 쭉쭉 끌어당겨 주시던 선생님의 모습, 미친 듯한 눈보라 — 그런 풍경을 눈에 떠올리고 있습니다. 솔직하게 말씀드리면 지금의 제 마음도 그 때의 마음과 다르지 않습니다.

신경은 무척 추워졌겠지요. 여기도 이미 스케이트를 탈 수 있는 연못도 있으니까요. 만주의 추위는 도저히 상상할 수 없습니다만, 얼음 세계라고 생각하면 틀림없겠지요? 그 얼음 위에 서계신 선생님의 모습을 그리면서, 선생님께서 점점 살이 올라 건강해지시도록, 마음으로부터 빌고 있습니다. 안녕히 계십시오.

편지를 꽉 쥐고, 안녕히 계십시오라는 글자에 강렬하게 눈을 둔 채 키타하라는 잠시 동안 움직이지 않았다. 힘내라! 유도시합에서 필사적인 응원으로 성원하는 듯한 그런 외침이 그의 가슴속에서 몇 번이나 흘러나왔다. 계속 응시하고 있는 눈동자 속에 깎아지른 산이 보인다. 수만의 인간이 정상을 목표로 등반을 하고 있었다. 히사요시의 모습도 보인다. 히사요시는 그중에서 가장 깎아지른 암벽에 발판을 잡고 있다.

정상은 바로 눈 앞, 그 위에는 눈부실 정도의 빛나는 푸른 창공. 오르는 고난 때문에 그 봉우리에서의 대조망은 어떠한가? 그리고 한 번 더 대전망의 희열을 만끽한다면 차례로 올라야 할 봉우리들은 아주 쉽게, 결국에는 보통 사람이 오를 수 없는 준봉(峻峰)에도 자신을 가지고 오를 수 있는 것이다.

"힘내라!"

키타하라는 소리쳐 외친 뒤 편지를 굳게 쥔 채 창 쪽으로 다가갔다. 그리고 이중창을 부산하게 밀어젖혔다. 그렇게 함으로써 한 발자국이라도 가까이 히사요시에게 다가가는 듯했다. 창밖은 영하 십 수도. 바람이 없는데도 정말 차가운 공기가 훅 밀려와, 키타하라의 달아오른 가슴에 상쾌하게 스며들었다.

나의 인연 (わが縁)

| 요시오 나츠코 吉尾なつ子 |

약력을 잠시 소개하면 본명은 니시카와 요시코(西川芳子). 쿄토여자고동진문학교 영문과 졸업 오카야마(岡山)현 여고 교사를 거쳐, 시사신보 부인부 주임으로 근무하면서『문예수도』발간 초기부터 히로츠 카즈오(広津和郎)의 추천으로 동인이 되어(1932년) 작품을 발표하였음.『시사신보』폐산 후 진업작기 생활에 들어감. 현재 일본문학보국회원. 1943년 겨울 조선으로 건너와 조선문인보국회에도 회원으로 가입하였음. 저서는 장편과 전기, 동화집 등이 있음. 그보다 금후 새로운 의욕으로 가지고 노력하고자 함.

1

해군예비학생 채용 시험을 끝내자마자 바로 히사오(久夫)는 그 즈음 도쿄(東京)에 그와 함께 있던 나와 동행해, 일단 경성 아버지 곁에 돌아와 있었다.

하지만 아직 학적이 있는 농대의 학년 시험도 있고, 동시에 무엇보다도 긴장되는 해군으로부터의 통지를 기다리는 것도 있고 해서, 열흘 만에 바로 또 도쿄로 돌아갔다.

도쿄로 돌아간 뒤 두 통의 엽서가 왔다.

처음 것은 무사히 하숙에 도착했다는 통지였고, 나중 것은 학년 시험 결과가 좋게 끝났다는 것에 덧붙여, 해군으로부터의 통지는 9월 중순쯤일 것 같으니까, 그 사이에 시간이 있으니 돌아가신 어머니의 1주기에 맞추어 우선 한 번 귀국할 작정이라는 소식이었다.

그것을 마지막으로 히사오로부터는 그 후 소식이 전혀 없었다.

9월 5일 그의 어머니의 1주기에는 그래도, 빠듯하게 부산에서 노조미(のぞみ)를 탄다고 보고, 그가 제사상 앞에 설할 시각을 생각해서 일부

러 16시에 제사를 시작하는 것으로, 그의 아버지가 정해서 집안에서는 마음을 거기에 맞추어 기다리고 있었다. 하지만 결국 그는 돌아오지도 않았다.

"바보로군."

제사를 지낸 후 그 방에 아무런 이유 없이 들어앉아 히사오의 이야기가 나오자 그의 아버지는 이렇게 한 마디 말하고서는 이마 가득 주름을 짓고, 힘이 완전히 빠진 눈으로 제단 위의 죽은 아내 얼굴을 가만히 쳐다보고 있었다.

바로 그 — 히로키치(広吉)의 갑자기 늙어버린 듯한 얼굴이 나에게는 처음 느껴지는 애처로움이었기에 갑작스럽게, 강하게 마음속에 전해졌다.

나는 바로 압도되어 흘러내리듯 약해져 있었다.

"머리가 어떻게 된 게 아닐까요?"

"머리가 어떻게 된 거야."

"아니요, 그런 의미가 아니고요……"

하고 말한 후에 히로키치가 서버리자, 등을 향해 비굴한 말이 나왔다.

"돌아오고 싶지 않았겠지요, 여기에."

그렇게 뱉어버리자, 심술도 제대로 다스리지 못하는 자신의 약한 도량에 화가 나, 갑자기 초라함이 한층 더 넘쳐흘렀다.

제단에 다시 앉아 양손을 짚자 신경질적으로 양 손가락이 떨려와 방어할 도리도 없이 나는 비참하게 완전히 작아져 있었다.

무릎을 세워 초를 손으로 끌 때, 제단 위의 사람의 얼굴이 따갑게 신경이 쓰였다.

이런 일은 처음이었다.

나는 다시 울며 방을 나왔다.

나는 히사오의 새어머니가 된 지 3개월밖에 되지 않았다.

그러나 히사오는 늘 우리들 곁에 있었고, 히로키치와 함께 나를 보고, 나를 알았기 때문에 히로키치와 나와의 결혼을, 내가 그의 새어머니가 되는 것을 가장 찬성한 아이다.

나이로나 풍모로도 그리고 체격에도 부피감으로 풍성한 품위가 있어서 나에게 느긋하고 대범하게 다가온 히로키치에게도 나는 마음이 끌렸지만, 처음부터 끝까지 투명하게 통과할 것처럼 밝은, 구슬 같이 품위 좋은 무구한 히사오에게도 운명적으로 끌렸다.

나는 그들과 만나는 동안에 점차 아내로서의 이상보다는 어머니로서의 공상으로 분명히 자신의 전진을 높게 희망하고 있었다.

그 희망이 현실로 나타나자 나는 어머니로서의 아름다운 꿈을 보게 되었고, 히사오는 진실로 나를 그런 행복 속에 언제나 가두어 주는 아이였다.

히로키치는 경성의 어느 토목 회사 중역이었는데 도쿄에서 처음 나와 만났을 때는 5월 말이었다. 회사 출장을 기회로 만났는데, 그 즈음의 히사오는 아직 해군에 뜻을 두고 있지 않았었다.

그가 예비학생 시험을 치고 싶다는 열렬한 의향을 아버지에게 고백한 것은 그로부터 1개월 정도 뒤였다. 나는 그 편지를 경성의 그의 아버지 집에서 그의 아버지와 함께 보았다.

그 편지는 응모 기일에 상당히 임박해 있었기 때문에 편지를 보는 대로 의향에 대한 찬부(贊否)를 전보로 알려줄 것을 부탁하고 있었다.

히로키치는 그 대답을 즉시 이렇게 쳤었다.

분발하여 수험하고 신금(宸襟)을 편안히 해라

그 일이 있고 얼마 안 되어 나는 도쿄의 우리 집을 정식으로 정리하기 위해서 도쿄로 돌아왔다.

7월 중순이었다.

히사오는 내가 도쿄에 도착한 그날 찾아왔다. 그리고 그날 밤에는 하숙에 정식으로 말하지 않았다면서 하숙으로 돌아갔지만, 다음날부터는 줄곧 내 집에 머물면서 학교에 다녔다.

"눈치가 빠른 아이니까, 뭐든지 시키시오."

히로키치에게 돌아올 때 그런 말을 들었지만, 나는 솔직히 히사오가 매일 내 집에 와있을 거라고는 생각하지 못했다.

어머니와 자식으로 만나기는 처음이었다. 얼굴을 마주볼 때의 눈부심을 나는 생각하지 않을 수 없었다.

그것이 첫날부터,

"자고 가렴."

하고 자연스러운 정에서 말하였고, 히사오는 히사오대로 다음날부터 마치 하숙을 잊어버렸다는 식이었다.

도쿄의 내 집에서 그는 해군 시험도 마쳤다. 그리고 나와 함께 경성으로 귀성했지만, 도쿄에서의 20여일 정도 그와 생활하는 동안에 나는 여자의 삶이 기댈 곳을 알았다. 나는 내 가슴속에 쌓여 있는 것 중에 최상의 것으로 그와의 생활을 생각하고, 그와의 인연을 언제나 합장하고자 한다.

2

점심 식사 후 설거지를 끝내고 와보니 히사오는 벌써 동쪽 창가에 등을 돌리고, 베개도 없이 다리를 앞으로 웅크린 채 옆으로 향한 답답해 보이는 모습으로 가볍게 자면서 숨소리를 내고 있었다.

2층에서 내 유카타(浴衣)를 가지고 내려와 망으로 된 폴로셔츠뿐인 가슴 주위를 덮어주니, 움직여 위를 향해 누웠다.

목에는 가장자리가 붉은 화장대 방석을 대어주고 나는 우편함을 보러갔다.

경성의 히로키치와 후카사쿠(深作) 부인으로부터의 편지가 들어 있었다.

그것을 가지고 마당을 지나 책상 앞에 앉는 순간, 히사오는 다시 움직여, 이번에는 내 쪽으로 등을 향하고 옆으로 누웠다.

깼나 싶었더니 그런 게 아니고 마침 곁에 펼쳐놓은 삼면경 한 면에 정면으로, 기품 좋은 얼굴을 비추며 자고 있다.

나도 모르게 미소가 나와 나는 편지를 제쳐두었다.

자고 있는 히사오의 얼굴은 너무 하얘서 석고 조각처럼 가라앉아 보인다

안경을 벗으면 좋을 텐데라고 생각하고는, 히로키치의 편지 봉투부터 자르고 있었다.

읽어 내려가기 시작하자, 앞집에서 거문고 가락을 맞추는 소리가 울려왔다. 하지만 잠시 후 아이 울음소리가 나서 멈추어 버렸다.

"아버지로부터 온 편지란다."

움직인 기색은 없었지만 깬 것은 알았기 때문에 나는 말했다.

"그게 말이지……"

"또, 양갱(羊羹) 이야기입니까?"

"그래, 정말로. 이쪽 기분도 생각하지 않고…"

히사오는 기계체조를 하는 듯이 양팔을 앞으로 뻗어서 벌떡 일어나 양반다리를 하더니 이쪽을 향했다.

"오늘밤 식탁에는 흑도미 회에, 고등어 민치볼, 시금치 데친 것에, 파, 계란찜이었다. 지금, 양갱에 차를 한 잔 감미하고 있다, 라고 말이야. 이쪽에서 고기니 과자 같은 걸 듣는 것은 무척 괴롭다고 했건만, 싫어진다."

"돌아가고 싶어요, 빨리 경성으로."

"그렇구나!"

나는 히사오와 서로 눈을 마주보며 편지를 접어 히사오 앞에 그것을 놓은 뒤, 남은 하나의 편지 봉투를 잘랐다.

히사오는 잠깐 그것에 눈길을 주었지만 특별히 손을 대지도 않고, 일어나서 툇마루의 등나무의자에 털썩 앉았다.

"있잖아, 친구가 카부키자(歌舞伎座)에서 만나자 하는데, 모레. 너도 함께 가지 않을래?"

"글쎄요."

부채를 든 손을 잠깐 내려놓고 이쪽을 향해,

"가도 괜찮지만."

"나는 가고 싶은데, 함께."

"갈까, 나도?"

"가자, 응?"

"네."

"그렇지만……"

"안 돼!"

"하숙에도 가보고 싶고, 친구 집에도 가봐야 합니다. 친구 집에 가면 또 늦어지니까."

"그렇구나. 아무래도 안 되겠다, 그럼."

싱긋 웃더니,

"혼자서, 다녀오시는 편이 좋겠습니다."

"어쩔 수 없구나. 해군 일이 중요하니까."

어제 일이었지만, 히사오는 학교 근로보국대원으로 후쿠시마(福島)의 어딘가에 일주일 예정으로 간 지 얼마 되지 않았는데, 3일째 되는 날 갑자기 돌아왔다.

"어머!"

나는 그를 맞이하자마자 본능적으로 그의 안색을 살폈다.

"무슨 일이니?"

"좀 걱정이 돼서요, 예비학생의 일이."

여느 때와 달리 여유 없는 얼굴로 그렇게 말하더니, 나한테 등을 돌려 현관 앞마루에 있는 배낭을 질질 끌면서,

"하숙에서 뭔가 알려오지 않았습니까?"

"아니, 아무것도."

"이상하네요. 함께 간 친구한테는 수험일 통지가 왔거든요. 전부가 와서 그 친구가 여기로 돌아왔기 때문에 저도 안절부절 못하고 돌아온

겁니다. 시험은 내일입니다.”

“하지만 하숙에서도 아무리 그렇더라도 그냥 내버려두지는 못하겠지.”

“그렇겠지요? 가봐야겠어요, 오늘이라도 와있을지도 모릅니다.”

그런 이유로,

“셔츠를 갈아입고 가렴.”

이라고 말해도,

“아니요, 또 어차피 땀이 날 텐데요.”

하고 작업 바지를 제복 바지로 갈아입기만 한 채, 홍차 한 잔으로 다시 날아갈 듯이, 1시간은 족히 걸리는 하숙으로 갔다.

짐작 가는 데가 있어 후쿠시마에 가지 않은 친구 집에도 가보았다고 하며 밤이 늦어서 돌아왔는데, 그 친구도 마찬가지로 아직 통지를 받지 못했다면서, 그것으로 조금 안도하는 것 같았다.

“오늘은, 잘 했나 모르겠네, 친구 녀석.”

“그렇구나.”

“저도 공부를 좀 해야겠어요.”

하며 벌써 일어나고 있었다.

“그럼, 나중에 차를 갖다 줄게.”

“네.”

라고 남기고 큰 소리를 내며 2층으로 올라갔다.

그날 밤은 목욕을 한 뒤 히사오는 물론 나도 빨리 잠자리에 들었다.

나는 2층 안방 침실로, 히사오는 옆의 6첩 다다미 방의 모기장 속으로 편안히 들어갔다. 그런데 마주보는 맹장지를 닫고 있어도 히사오의 코고는 소리가 높기도 했지만 지금까지 사람을 묵게 한 적이 없는 나는 한동안 잠을 이루지 못했다.

그가 처음 내 집에 머문 날 밤에는 그의 높은 코고는 소리와 잠꼬대에 나는 밤새도록 뜬 눈으로 지새웠다.

가끔 들리는 괴로운 듯한 신음소리가 매우 걱정이 되어 마침내 일어나서 그의 침상을 몰래 확인하기도 했다.

그리고 엎드려 있는 그의 자세를 보고 어딘가 몸이 아프지는 않은가 하고 걱정이 되어 잠을 잘 수가 없었던 것이다.

다음날 웃으면서 그 일을 말하자 그는 미안한 듯한 혹은 곤란한 듯한 얼굴로,

"역시, 그렇게 심하게 잠꼬대를 했습니까?"

하며, 특별히 몸은 아무렇지도 않지만, 자고 있을 때의 시끄러움에 대해서는 자신은 전혀 모르는 일인 만큼 신경 쓰이는 듯한 표정을 지었다.

"몸만 아무렇지도 않으면 괜찮아. 그러면 괜찮아. 잠꼬대는 다른 사람한테 피해만 주지 않으면 괜찮지 않니?"

하고 웃었던 것이었다.

그렇게 말하면서도 나는 피곤해서 그런 것이 아닌가 하고 매일 밤 잠꼬대 하는 것이 걱정 되었다.

잠꼬대도 심한 때와 그렇지 않은 때가 있어서, 심한 때에는 다음날 아침 그의 안색을 나는 몰래 살피곤 했다.

그러나 안색은, 그가 아무렇지 않다고 말한 것처럼 특별히 이상한 점은 없었다.

그러는 동안에 잠꼬대라기보다도 옆에 사람이 있다는 것에 나도 익

숙해져 그의 잠꼬대로 잠들지 못하는 일은 없어졌다.

그러던 것이 3일 정도이긴 했지만 그가 내 옆에 없었던 때문인지, 어젯밤도 그랬지만 잠깐 동안 잠을 잘 수가 없었다.

12시 시계 소리를 듣고 있었다.

그 후부터는 아무것도 기억에 없는데, 나는 문득 멀리에서 어머니 하고, 크게 누군가가 부르고 있는 것을 꿈결에 들은 것 같았다. 계속해서,

"어머니!"

하고 큰 목소리로 부르는 소리가 확실히 들렸을 때, 나는 깜짝 놀라서 깨어 났다. 하지만 아직 정말로 자신을 부르는 목소리라는 것이 확연히 믿기지는 않았다.

"어머니, 전홥니다."

"그래."

나는 뭔가 심한 충격으로 쾅! 꿈이 깨어진 순간처럼 터무니없이 큰 목소리를 내고 있었다.

까닭 없이 목소리를 높이고 나서, 나를 말한 거라는 것을 이해하고 벌떡 일어났다.

"선생님, 경성에서 전화예요."

앞문 입구에서 집주인인 히라자와(平沢)의 부인이 고함치고 있다.

"예—"

대답을 하더니,

"너도 가는 거야."

하고 몸을 반쯤 일으키고 우물쭈물하고 있는 히사오를 끌어 일으키듯 말하면서 나는 우당탕 계단을 내려갔다.

길을 달려서, 히라자와의 뒷문으로 들어서자 부인이 전화가 있는 현관 옆 모퉁이에 서서,

"빨리!"

하고 왼손으로 나를 끌어당기듯 하며 안달하고 있었다.

"죄송합니다."

하고 방을 빠져나가자, 그때까지 부인의 바로 오른쪽에서 전화에 붙어 있던 젊은 히라자와 씨의 남동생이,

"지금, 막 한 통이 끊긴 참입니다."

하며 나에게 수화기를 건네주었다.

수화기 건너편 목소리는 잡음이 들어가 잘 들리지 않는데다가, 내가 다소 흥분한 때문인지 확실히 들리지 않았다.

예의 느긋하고 여유 있는 히로키치의 목소리가 다른 사람의 것인양 간신히 들려와서 나는 무턱대고 큰 소리를 내고 있었다.

그다지 특별한 볼 일이 있는 것은 아니고 짐 정리로 내가 피곤하지 않은지 어떤지, 짐 운송은 잘 되었는지 등을 걱정해서 묻고 있다는 것은 알았다.

히사오가 곁에 있다고 말했지만, 그 말이 상대방에게 잘 전해지지 않은 듯, 나에게 과로하지 않도록 조심하라고 거듭 말하고서는 끊었다.

히사오는 잠옷인 내 유카타의 긴 소매를 치렁치렁 늘어뜨리고 두 다리를 벌린 듯한 자세로 방 한가운데에 우두커니 서있었다.

그 때 그 모습의 우스꽝스러움을 생각하고는, 나중에 나는 혼자서 웃었지만, 그 당시에는 그것보다도 그런 그에게 전화를 바꾸어주지 못한 것이 전화가 끊기고 나서 이상하게 신경 쓰였다.

"도대체, 몇 시지?"

돌아와서, 베게 맡의 시계를 보니 1시 20분이었다. 히라자와 씨에게 미안했구나 하고 생각했다.

"시간을 요량해보더라도, 이런 식이구나."

"아버지는, 걱정하고 계신 겁니다."

"그래. 내가 나빴어. 요전에 보낸 편지에 전화라도 걸어주면 좋겠다고 말했기 때문이야. 그러면 안 되는 거였어."

사실 나는 짐 정리로 정말 곤란했었다.

학교에서 돌아온 히사오가, 뭐부터 먼저 해야 할지 그런 것에는 전혀 요령이 없는 내가 진절머리 치는 것을 척척 닥치는 대로 정리해 주어서 정말 큰 도움이 됐다. 헌데 그것을 운송하는 방법이 문제였다. 평상시처럼 쉽사리 안 되었다. 운송하기 위해 싸돌아다니는 노력보다는 생각하는 것에서 질려 버릴 것 같았다.

어려움을 겪고 있다는 투로 편지를 써서 보내도 히로키치의 편지에는 생각한 만큼 그런 것에 대해 별반 걱정하는 모습이 보이지 않았다. 대신 이쪽 식생활의 검소함을 말하는 대목에서는 침이 나올 만한 것이 자주 쓰여 있었다.

그래서 저쪽에서는 히사오가 말한 것처럼, 어서 오라고 하고 있는 것인데, 이쪽에서는 그런 말을 들어도 정리가 제대로 되지 않아 속상하다는 것을 푸념할 뿐이라서, 무심결에 이쪽을 생각해 달라고 말한 김에, 전화라도 해줬으면 하고 그다지 인기 없는 응석을 부린 것이었다.

그러나 전화가 걸려온 것은 조금 기뻤다. 왠지 모를 홍분에 싸여 나는 조용히 등을 껐다.

처음 잠자리에 들면 나는 늘 버릇으로 오른쪽 옆으로 누웠다가 다시 왼쪽으로 눕기를 2, 3번 거칠게 반복한다. 그렇지 않으면 안정되게 잠자리에 들 수가 없었다. 하지만 히사오가 옆방에 같이 자면서부터 뒤척임도 조용해지고 자연스럽게 되어갔다.

그 때도 그런 마음으로 처음 그가 누운 쪽을 향해 오른쪽 옆으로 누워 다소 몸을 안정시킨 후, 깊이 자던 중 깨어 일어난 것을 동정하는 마음으로 그의 소리를 듣고 있었다.

히사오는 똑같이 신경 쓰고 있는 듯 움직이는 낌새가 조금도 없었다.

나는 점차 몸을 더욱더 안정시켜 가만히 귀를 기울였다. 그러나 그는 좀처럼 숨소리를 내지 않았다.

그것을 걱정하면서도 점점 몸을 안정시켜, 나는 그의 편안한 숨소리를 기다렸다. 그러는 동안에 나는 점차 가까이에 바닷물을 불러오듯이, 히사오가 말한 어머니라는 말을 부드럽게 가슴속에 되새기고 있었다.

어머니!

하고 부르는 목소리에, 그래! 하고 내가 큰 소리로 대답한 것이 이상하면서도 부끄럽게 느껴졌다. 그와 동시에 나는 붉어져 있었다.

어머니라고 불렀었다.

나는 그 사실에 놀랐다. 그리고 나는 그 사실을 파악할수록 심장이 매우 심하게 두근거렸다.

그리고 나서의 느낌이 봄물처럼 서글픈 행복이었다고 말하면 좋을 것인가?

나는 태어나서 처음으로 나의 넉넉함을 알았다.

나는 언제까지나 잠들지 못했다.

다음날은 하루 종일 히사오는 집에 있으면서 더운데도 불구하고 2층에서 단정히 책상에 앉아 노트를 보거나, 큰 목소리로 낙하산부대(落下傘部隊)와 미타미와레(みたみわれ-천황의 인민인 나 : 역자)를 기분 좋게 부르기도 했다.

"정말 즐거운 것 모양이군, 도련님."

저녁에 채소가게에 배급을 가지러 갔다가 돌아오던 참에 길에서 히라자와 영감님을 만나니 이렇게 말하고, 이해한다는 듯한 깊은 웃음의 얼굴을 내게 보였다.

"동네에 폐 될 것은 아무것도 없다오."

나는 매우 기분이 좋아 영감님이 얼마나 좋은 사람인가 하고 생각했다.

그 다음날 내가 카부키자에 갈 때 히사오도 함께 집을 나섰다.

집은 열쇠로 잠그고 가기 때문에 어느 쪽이 열쇠를 가지고 있을 것인지 말이 오고갔지만 히사오는 카부키자가 끝난 후 집까지 돌아오는 시간을 재서, 자신도 그 시각까지 친구 집에 있을 거라며, 각기 제 갈 길로 전차를 타고 헤어졌다.

카부키자는 어느 무용가의 발표회인데 그 사람은 처음부터 그다지 보고 싶지는 않았다. 그렇지만 오래간만에 후카사쿠 부인을 만나는 것이 주된 목적이었기 때문에 나는 외출했다.

그래서 막간의 이야기 정도로는 시간이 모자랐다. 끝나고 밖으로 나와서도 차를 잡을 때까지 서서 이런저런 이야기를 또 했다.

화제는 내 결혼이 중심이었다. 상대도 흥미가 있어서 잘 들어주었다. 나도 무의식중에 대화에 깊이 빠져들어 말하지 않아도 될 것까지 말해 버렸다. 게다가 빈 차가 멈추어도 크게 말해주지 않거나 날씨가 걱정되어 초조해하면서도 차를 기다리며 30분 정도나 이야기를 했다.

결국 따로따로 온 참에 내가 타고 갈 전차가 때마침 왔기 때문에, 어차피 후카사쿠 부인과 함께 차를 타고 갈 수는 없어서, 함께 타고 가요 하며 말리는 것도 듣지 않고, 나는

"그럼, 죄송해요."

하고, 빨리 서두르지 않으면 출발할 지도 모를 전차를 향해 제멋대로 혼자서 달리기 시작하였다.

전차를 타자 굉장한 기세로 비가 내리기 시작했다.

나는 그 비에 안절부절 못했다. 아울러, 실은 서서 이야기를 하고 있는 동안에도 계속 조금 걱정이 되었지만, 뭐 5분쯤이야, 뭐 10분쯤이야 하면서 그때까지 피하고 있던 히사오의 일이 눈썹이 찌푸려질 정도로 걱정되기 시작했다.

남겨진 등이 희미하게 켜진, 우리 집 처마 아래에 서서 부슬부슬 내리는 비에 옷자락이 젖으면서, 오랫동안 나를 기다리고 있을 히사오의 모습이 점점 뇌리를 심하게 괴롭혀, 나는 이제사 당황하는 것이었다.

괴로운 마음으로 시계를 본 뒤 창에 세차게 부는 빗발을 보고 다시 시계를 보면서 집으로 돌아왔다.

지이모쿠(材木) 마을에서 전차를 내리자 — 우리 집은 거기에서 남쪽으로 꺾인 사쿠라다(桜田) 마을의, 넓은 포장도로를 두 블록 정도 간 곳에 있었는데 —그 사쿠라다 마을 거리의 어둑어둑한 처마 밑으로 어쨌든 뛰어들었다.

그런 나의 바로 앞에 히사오가 싱긋 웃으며 다가왔다.

“어머. 지금, 너도 내렸니?”

깜짝 놀라서 이상하게 여기며 나는 바로 그럴 것이라고 생각했다.

“아니요. 한 번 돌아가 보았지만 안 열려 있어서 다시 여기에 온 겁니다.”

히사오는 별로 아무렇지도 않은 듯 그렇게 말하고

“저기에서 기다리죠? 잠시만 기다리면 비가 조금은 잦아들겠지요?”

하고 콘크리트 건물의, 처마라고도 할 수 없는 곳에 있는 나를 차양이 나온 집의 처마로 앞장서서 끌어들였다.

“오래 기다렸니?”

“아니요, 별로. 대략 시간을 계산한 데에다 여유를 충분히 두고 돌아와서요.”

“나는 또 집 처마에 네가 서있는 것만 생각하고 왔어.”

“잠시 서있었지만 똑같이 서있는 거라면 이라고 생각해서……”

“그래. 집에 간다고 나와서는 수다를 떨었어. 더 일찍 돌아올 수 있었는데.”

“여긴 안 되겠어요. 저쪽이 더 나을지도 몰라요.”

차양은 넓기만 할 뿐 비 막이는 되지 못했다. 조금은 낯이 익은 초밥집의 낮은 처마를 향해 우리는 달렸다.

달리면서 나는 떠올렸다.

“아, 맞다. 내 우산이 그 집에 있잖아!”

낮에 그 초밥 집에서 초밥을 주문했을 때, 햇볕을 피하려고 쓰고 간 양산을, 초밥을 사가지고 돌아올 때에 나는 잊어버리고 그냥 돌아온 것이다. 그 우산을 찾으러 또 초밥집에 가는 것이 겁이 났다보다는, 물론

가도 없을 것이라고 생각하여 깨끗이 단념하고 있었다.

하지만 혹시나 해서, 둘이서 나온 김에 초밥 집에 찾아가보니 우산은 분명히 안에 놓여 있었다.

"찾아와 볼 만하구나."

하고 횡재한 것처럼, 히사오와 얼굴을 마주 보았지만, 거추장스러운 김에 맡겨놓은 것이었다.

"이제 안 될 거예요, 불러도."

너무 늦어서 그럴지도 모른다고 생각했지만, 안쪽 조리장에 빛이 아직 하나 켜져 있었기 때문에 큰맘 먹고 불러보니, 금방 붙임성 있는 낮의 그 아가씨가 나와서 문을 열어주었다.

우리는 그 우산을 같이 쓰고, 둘 다 한쪽 어깨가 흠뻑 젖은 채 돌아왔다.

집에 돌아와 바람이 통하도록 툇마루 문을 두 장 정도 밀어 옮기는데, 돌아오기를 기다리고 있었다며, 혼자 자지도 않고 있었는지 히라자와 씨가 전보를 가져다주었다.

경성에서 온 것이었다.,

29일 8시 츠키지(ツキジ) 경리 학교에서 시험 있다고 알려 왔다. 히사오에게 전해주기 청함.

이라고 씌어 있다.

29일이라고 하면 다음날이다. 다음 날이라고 해봤자 앞으로 고작 20분 남았다.

히사오와 나는 매우 당황했다.

게다가 전보에는 시험번호가 없었기 때문에 어떻게 하면 좋겠냐고 히사오는 흥분을 했다. 히라자와 씨한테는 폐가 되는 일이지만 급히 경성에 전화를 거는 것 말고는 달리 방법이 없었다.

"내일, 시험은 몇 시간이나 걸릴까?"

"어차피 오후까지 걸릴테니 도시락이 필요합니다."

"그렇구나. 오늘밤 막 받아온 생선이 있는데 다행히 쓸 수 있겠어."

"그리고, 저 내일 입고 갈 속옷을 만들어 주십시오."

"그래, 바로 만들어 줄게."

히사오는 안심하고 혼자 히라자와 씨 집으로 갔다.

나는 도시락 계란부침 준비를 위해 건조계란을 물에 담그고 바느질 도구를 가지고 뒤따라 나가 히사오가 전화를 기다리는 동안 나도 그의 옆에서 그의 속옷을 바느질했다.

젊은 목수장(長)인 히라라자와 씨는 양반다리로 등널이 크고 높은 의자에 기대어, 거기에 있던 2척 숟가락을 돌려보고, 세워보고 하면서 이리저리 만지작거리기도 하고, 나에게 속옷의 길이와 양식에 대해서 설명해주기도 하면서 시간을 지루하지 않게 해주었다.

전화는 40분 정도 지나서 겨우 걸려왔다.

집에 돌아오니 히사오는 앉지도 않은 채 나를 붙잡고 아버지와의 이야기로 안심한 듯 다소 흥분했다. 전보가 때맞춰 왔고, 아버지가 하숙으로 전보를 치지 않고 내 앞으로 친 것과, 자신이 마침 내 집에 있었다는 사실 등, 모두 위기일발의 순간에 살아난 기쁨을 끊임없이 말했다. 그렇지만,

"너는 이제 쉬어야 해. 자두지 않으면 안 돼. 벌써 늦었어."

라는 내 말을 듣더니 "네." 하고, 자신도 깨달은 듯 바로 순순히,

"안녕히 주무세요."

하고 2층으로 올라갔다.

그런 연후에 나는 부엌에 들어가 시간도 잊은 채, 후카사쿠 부인에게서 그날 밤 막 받아온 싱싱한 전갱이는 튀기고, 삼치 토막은 테리야키(照り焼き-양념장을 발라 윤이 나게 굽는 것)로 히사오가 깨지 않도록 몰래몰래 만들었다.

후카사쿠 부인은 해안에서 잡은 지 얼마 되지 않은 고기를 카야가사키(茅ヶ崎) 별장으로부터 가져다 주었다 그런데 삼치는 소금을 뿌려 놓아서 괜찮지만 전갱이는 소금을 치지 않았다고 해서 아침에 계란부침을 할 때 우선 한 번 불을 쐬이기는 하겠지만, 그대로 놔둘 수는 없었다.

어차피 몰래몰래 해야 했지만 몰래몰래 하는 기쁨과 즐거움은 특별했다.

3

나와 히사오는 8월 8일 대조봉대일(大詔奉戴日- 태평양전쟁이 일어난 12월 8일을 기념하여 매달 8일 일본천황에게 충성을 맹세하던 날 : 역자)에 경성에 돌아왔다.

부산까지 마중 나온 히로키치와 교토에서 데려온 가정부 아이와 합쳐 일행 4명이었지만, 나는 한 달 만의, 히사오는 5개월 만의 귀성(帰城)이었다.

나는 이번에야말로 짐을 깨끗이 정리해서 히로키치가 조선에 있는 한 조선의 흙이 될 각오였다.

도쿄는 비가 많이 내리고 무더워서 심신이 피곤해져 있었기 때문에 경성의 활짝 개인, 높고 아름다운 하늘의 태양이 개운해서 기분이 좋았으며, 아침저녁의 시원함은 특히 기분을 좋게 해서 고마웠다.

돌아와야 할 곳으로 돌아왔다는, 안착된 마음에서 느슨함은 있었지만, 바로 주부로서의 역할로 다시 돌아가는 마음의, 자연스러운 연습이 계속되어 의외로 피로하지는 않았다.

그러나 히사오는 아침부터 밤까지 틈만 있으면 그대로 벌렁 누워 잠만 잤다. 히사오는 정말 도쿄를 떠나는 마지막 순간까지 혼자서 뛰어다니고, 혼자서 정리해 주었다고 해도 좋을 만큼 내 짐 때문에 땀범벅이 되었다. 그리고 시오도메(汐留)역에 몇 번이나 왔다 갔다 하며 기차표에서부터 내 저금을 인출해주는 것까지, 뭐든지 그가 스스로 나서서 해결해 주었다.

정말 히사오가 없었으면 나는 모든 일에 먼저 난처한 마음이 들 뿐으로, 내가 무엇을 할 수 있었을까 생각한다.

게다가 자신의 문제에서 나오는 피로가 있다.

널찍하게 오래간만에 우리 집에 손발을 뻗고 정신없이 자는 그의 모습에서 나는 멍하니, 진지하게 자책을 느끼는 것이었다.

정신없이 자는 것을 말리면 그는 자전거를 타고 자주 친구 집에 놀러 갔다.

"학년 시험이 있는데도 불구하고 공부를 별로 하지 않으니, 해군에 들어가면 좋겠지만, 학교도 진급할 수 없는 일이 생기면 어쩌려고 그러는지……"

히로키치는 뒤에서 그런 걱정을 하고 있었지만 히사오에게는 아무 말도 하지 않았다.

가끔 공부는 하지만 학교 일은 역시 진심으로 손에 잡히지 않는 모양으로, 이 사람 저 사람 친구들과 시국을 논하거나 학생에 대해 이야기하기도 하고, 해군에 대해 논하면서는 흥분하기도 하는 듯 했다.

바깥에서 돌아와 저녁 식탁에 앉으면 반드시 히로키치에게 하는 이야기로 그런 내막을 알았다.

그렇게 되자 히로키치마저 흥분해서는

"미국 본토 상륙은 네가 제일 먼저 하는 거다."

하고 격앙된 듯 아들에게 잔을 권했다. 히사오는 예비학생 시험에서 희망 술과(術科)를 질문 받았을 때 육전대(陸戰隊)라고 대답했다.

3잔을 받자 히사오는 새빨갛게 되어,

"저는 심장이 약한 걸까요, 두근거립니다!"

하고 진지한 얼굴로 말해서 모두가 웃었다.

같은 식탁에서 어느 날 이런 일이 있었다.

생선이 생각대로 손에 들어오지 않아 그날도 히로키치와 히사오에게만 도미 소금구이를 주었다.

잘라도 될 만큼의 크기였지만, 토막을 내는 것보다 꼬리까지 쭉 뻗은 통째로 기분 좋게 덥썩 히사오에게도 주고 싶었기 때문에 두 마리의 도미가 화려하고 아름답게 큰 접시에 오른 것이다.

그러자 그 도미를 히사오는 깨끗하게 반쪽을 발라내더니 반쪽을 뒤집어서,

"이거 드릴게요."

하고, 아예 접시를 내게 건네주었다.

“어머, 부모에게 효자구나!”

나는 깜짝 놀란 것과 갑작스러운 기쁨에 바로 마음을 다잡고, 그런 경우의 침착한, 당연한 표현을 전혀 하지 못하고 마음에도 없는 꼴사나운 말이 경박하게 나와 버렸다.

부모라는 말을 히사오에게 태연하게 말한 것이 뭔가 거북해서 구멍이 있으면 들어가고 싶은 기분이었다.

그럼에도 히사오도 웃고, 히로키치도 슬쩍 히사오를 본 뒤 바로 내 얼굴로 눈을 돌려 내 뜻을 알았다는 듯 큰 소리로 하하하 웃고 있었다.

히로키치의 눈빛에 나는 어느 정도 안심을 했지만, 옆의 히사오의 얼굴에는 잠시지만 무척 신경이 쓰였다.

히사오는 그처럼 마음 씀씀이가 있는 아이였다.

예를 들면 나와 도쿄 거리를 걷고 있을 때 도로에 작은 돌이 하나 굴러다녀도, 아, 거기 하고 재빠르게 주의를 주기도 했으며, 같이 우산을 쓰고 자이모쿠 마을 정류소에서 집까지 걸어갈 때에도, 어두워서 제대로 도로가 보이지 않을 텐데도 물웅덩이 하나하나까지 신경을 써서, 이리저리 나를 이끌며 걸었다.

그 때 둘 다 한쪽 어깨를 흠뻑 적신 것도 우산이 작아서 만이 아니었다. 두 사람의 발이 제각각으로 우산 하나에 어깨를 넣고 있을 틈이 없었기 때문이었다.

역 광장을 걸을 때나 계단을 오르내릴 때 사람이 많이 지나다니는 가운데서도 그는 앞서서 늘 위험해요 하고 뒤를 돌아본다.

기분으로는 정의(情意)가 가득했지만 요령만은 턱없이 모자랄 뿐 아니라 눈치 또한 전혀 없는 나는 그러한 그의 마음씀씀이에 가슴을 몇 번이나 찡하게 만들었는지 모른다.

"그 아이는 휴가가 너무 짧아 집에 있을 시간이 고작 하루나 이틀밖에 없어도 꼭 돌아와요."

내가 처음으로 히로키치와 함께 도쿄로 가는 기차 안에서 히로키치가 내게 한 말이다.

소식을 잘 전한다는 것은 내가 히로키치 집에 살게 되면서부터 잘 알고 있다.

"그 녀석은 이제, 잠깐 어디를 가더라도 꼭 거기서 소식을 전하지 않으면 마음이 놓이지 않는 모양이야."

하고 말하는 히로키치는 그것에 정말 만족스러워 하는 것 같았다.

그런 히사오가 소식을 끊고 결국 돌아가신 어머니의 제사에조차 돌아오지 않았던 것이다.

바로 얼마 전에 다녀가서 왔다 간 지 얼마 되지 않기는 하다. 해협을 넘어서 피로할 테니 일부러 올 것은 없다. 해군의 통지가 있는 일시(日時)를 봐서는 헛되이 돌아오지도 못한다. 돌아오지 못하는 것이 오히려 당연할지도 모른다.

하지만 히로키치는 꼭 돌아온다고, 정말로 그런 마음으로 있었던 것 같고, 나도 돌아가신 어머니의 첫제사라는 것에 절대적인 믿음을 가지고 기다리고 있었던 것이다.

그런 히사오가 이제 돌아오지 않는다고 내가 생각했을 때는 집에 있는 사람이 차례로 방의 제단 앞에 늘어서 신주의 목욕재계를 받드는 것처럼 일동이 다다미에 손을 짚었을 때였는데, 문득 히사오를 예처로운 아이라고 생각했다.

돌아가신 어머니를 그리워하기에는 지금 집은 그에게 쓸쓸하고 어울리지 않는 것은 아닐까 하는, 왠지 모를 깨달음이 나를 이상하게 한길로 떨어뜨렸다. 그리고 나는 그렇지 않아도 어울리지 않는 그 장소의 공기에 위축되어 생각대로 완전히 작아져 있었다.

지금까지 나는 히사오 앞에서 자신을 작게 생각한 적은 없었다. 나는 히사오에 관한 한 얼빠진 듯 대해 왔다.

그러던 것이 이런 식으로 바늘로 찔린 정도지만 히사오에 관한 일에는 위축되어 있었다. 위축된 밑바닥에는 죽은 그의 어머니에 대한 나의 질투심이 도사리고 있었던 것은 아닌가?

그러나 이러한 것은 나 혼자의 염치없는 짓이다. 반면 그 증거로 나는 이러한 때에는 내심으로 스스로의 부족을 끊임없이 나무라고 후회하고 있는 것이다.

그가 도쿄로 돌아가는 날, 그의 아버지는 아침 일찍부터 조선 호텔에서 모임이 있는데 잘 둘러대면 기차를 타는 시간에 맞추어 역에 나갈 수 있을 지도 모른다는 말을 남기고 나갔기 때문에 히사오는 나하고만 집을 나섰다.

나갈 준비를 하고 있는 중에 포목점에서 와서 잠깐 일을 봐야 했기 때문에 나는 마음을 서두르면서도 개찰은 발차 전 10분에 한다고 생각하고 있었기 때문에 그다지 마음 졸일 정도는 아니라고 여겨, 그 일을 봤다.

그전부터 부엌에 있는 사람한테 도시락을 만들게 했지만 시간을 끌면서 제대로 되지 않아, 식사를 내왔을 때에는 의외로 시간이 촉박했다.

그런 때에 히사오는 결코 그런 일을 입에 담거나, 절대로 못마땅한 모습을 보이는 아이가 아니었지만 그가 기분 상 마음이 상해 있다는 것을 나는 느낌으로 알 수 있었다.

그래서 바로 난처해진 나는 어색하게 정말 미안해하고 있었다.

전차 안에서 나는 앉고, 그는 내 앞에 서있었는데, 나는 가끔 그의 얼굴색을 살폈지만 그는 조금도 나를 보고 있지 않는 것이 또 선뜩하게 가슴에 전해졌다.

역에 도착하니 발차 시간까지는 아직 20분이 남았는데 희한하게 개찰을 하고 있어서 늘어선 줄이 움직이고 있었다.

“어머, 벌써 개찰을 하고 있네.”

정말로 생각과 다른 말이었지만 나는 그렇게 말한 후 스스로 멋없다고 생각하니 마음이 편치 않앗다.

줄을 선 히사오 옆에 붙어서 구내까지는 왔지만, 인파에 밀려 그 이상 나는 나아갈 수 없었다.

“이제 괜찮아요. 정말 괜찮습니다!”

“그럼, 건강해! 조심하고!”

“네!”

그렇게 말하면서도 그는 쭉쭉 앞으로 나아갔다.

나는 한 곳에 서서 인파 사이로 목을 길게 빼고 헤치고, 헤쳐, 그를 배웅하고 있었다. 그리고 내심 그가 뒤로 돌아봐주기를 간절히 기다렸지만 그는 그대로 줄 속에서 사라져 버렸다.

좌석이 잘 잡히면 좋을텐데.

나는 그렇게 생각하며 힘없이 전차길을 따라 광장을 돌아오고 있었다.

그 옆을 씩씩하게 스쳐가는 사람이 있어서 보니 히로키치였다.

나는 놀라서 말을 걸며 다가가자 히로키치도 놀라면서 우뚝 서서,

"뭐야, 와 있었어? 아무리 기다리고 기다려도 안 오길래 어떻게 됐나 생각했지."

하고 말했다.

"늦었어요, 조금. 그렇지만 당신은 잘 올 수 있었군요."

"30분 이상 기다렸어, 개찰구 있는 데서."

"어머, 그래서, 히사오는 보셨어요."

"아아, 만났어."

나는 히사오와 헤어지고 나서 고독을 느끼며 점점 힘을 잃고 있었다.

이 일은 때로 나를 괴롭혔다.

거기에서 나는, 그가 성실하지 못한 내가 싫어서 도망쳐 버릴 것 같아 깜짝 놀라기도 한다.

그는 경성에 있는 동안 나를 불러야 할 때에도 잠깐 멈칫하며 어머니라고는 부르지 않았다.

그 이후 도쿄에서는 짐 싸는 인부가 와 있을 때 인부의 말을 알아듣지 못하는 나에게 그는 인부 옆에서 어머니라고 부르며 나를 주의시켜 준 적이 있었다.

경성의 자기 집에 있을 때에는 그에게는 나 말고 다른 사람이 있어서, 자연스럽게 입에 붙어 나오지 않는, 부끄러워하는 마음이 그에게 있기 때문에, 그것을 잘 알고 있으면서도, 나는 내 욕심으로, 그럴 때, 왠지 모르게 그에게 우쭐해서 매달리려는 기분이 들었다.

그런 것까지 다 히사오에 대해서 성실하지 않은 것인데 경우에 따라

서는 의외로 나를 괴롭혀 왔다.

9월 중순 쯤 되어 그로부터 한 통의 서문이 도착했다. 거기에는, 해군 쪽 통지를 통해 대충 9월 말이라고 알고 있으니까, 열흘 정도의 예정으로 여행을 할 것이라는 내용이 쓰여 있고, 예정된 여행길의 순서도 꼼꼼하게 덧붙여져 있었다.

그 편지에 따르면, 도쿄를 출발해서, 후쿠오카(福岡)까지 단숨에 내려가, 거기에서 히로키치의 둘째 딸이 시집간 곳에서 하루 머물고, 고향인 나가사키(長崎)에서 성묘를 끝내고, 나중에는 미야자키(宮崎)에서 중학 시절부터 친구인 그의 집에서 지내고 나서, 곧장 도쿄로 돌아간다는 순서였다.

처음에 나는 며칠 몇 시 시모노세키(下関), 며칠 몇 시 귀도(帰都)라고 계속 써 놓은 것을, 시모노세키에서 몇 시 귀성을 잘못 적은 것이라고만 믿어버려 혼자서 기뻐하고 있었다.

그렇지 않다는 것을 히로키치에게 듣고서 비로소 알았다. 평소 그러한 실수를 절대 하지 않는 그라는 것을 잘 알고 있으면서도, 그렇다고만 지레짐작하면서 들떠 있던 나에게 화가 났다. 스스로도 기가 막히고 웃겼다. 그리고 역시 쓸쓸했다.

하지만 그가 본래 해군 쪽에 자신이 있어서 어떤 훌륭한 각오를 굳게 하고 있는 것이라는 것은 여행이라고 해도 그 행선지에 의해 나는 수긍이 갔다.

"도대체 돈은 어떻게 하고 있을까요? 돈에 관한 정도는 확실히 말해주면 좋을 텐데." 여행을 간다고 하니 나는 그것이 걱정되었다.

"필요하면 말하겠지."

"말한다니, 전혀 아무 말도 하지 않잖아요? 벌써 오래 전부터 돈이 있을 리가 없잖아요?"

말을 하지 않더라도 이쪽에서 신경을 써서 줘야 한다고 히사오가 오래 전부터 생각이라도 하고 있는 것 같아 나는 위축되었다.

여행지 중에는 후쿠오카에서 소식이 있었을 뿐, 열흘이 지나도 그 후의 일은 전혀 소식이 없었다.

"이상해, 그 아이는. 그 전전부터 단 3줄이라도 상황을 알려주면 좋을텐데, 한꺼번에 많이 쓸 필요는 없어. 변했어, 그 아이는."

그렇게 히로키치가 말을 해도 나는 그를 위해 변명해 줄 의지가 생기지 않았다.

그러면서,

"이런 말을 한다고 해서, 불쑥 돌아오지 않을까요?"

불쑥 그런 생각도 들었다. 그러자 히로키치도,

"그래, 그 녀석은 그런 아이야. 돌아올 거야." 하고 바로 단정지워 버렸다.

하지만 3일 쯤 지나서 귀도 도중에 시모노세키에서 보낸 엽서가 왔다. 수해(水害)로 철도가 막혀서 일주일 동안이나 미야자키의 친구 집에 체재했다는 것을 알았다. 계속해서 앞뒤가 뒤바뀌어 미야자키에서 보낸 엽서가 도착했는데, 그 수해 때문에 소식조차 막혔던 것도 알았다.

결국 이쪽의 기대는 헛되이 끝나, 히사오는 곧장 도쿄로 돌아가고, 집에는 들르지 않았다.

하지만 차라리 그렇게 되고 보니 마음은 깨끗해졌다. 한 곳에만 마음을 기울인, 말하자면 이쪽의 염치없는 집착심을 어쩐지 반성하는 마음이 일기도 했다.

히사오에 대해서 멍청하니 있을 수 없는 것이 히사오 탓이 아니고 이쪽의 미안한 기분 때문이라고 깨닫자, 그럼으로써 자연스럽게 여분의 기분은 사라져가는 것 같았다.

하지만 밀려오는 기분은 일방적으로 엉기는 것인지, 여행 후 그의 도쿄의 일이 계속 걱정되었다.

해군으로부터의 채용 통지가 오면 바로 전보를 치라고 말해 두었었다.

그랬는데 드디어 10월로 접어들 때가 되었어도 전혀 소식이 없었다.

"어떻게 된 걸까요?"

"안 된 거겠지."

이렇게 깨끗한 속마음이 보여서 나는 뒤어어 아무 말도 할 수 없었다.

이쪽에서 애태우는 몇 배로 본인은 얼마나 걱정하고 있을까를 생각하면 히사오가 또 걱정되었다.

나는 물론 히로키치도 왠지 모르게 히사오의 일은 입에 담지 않게 되었다. 그리고 지금까지는 출장 갈 때에 히사오로부터 소식이 오면 즉시 알려달라는 말을 남기고 가던 히로키치가 그런 말은 하지도 않고 갑자기 청진(清津)까지 출장을 갔다.

그가 집을 비운 사이 10월 3일 밤 도쿄로부터 갑자기 전화가 걸려왔다.

깜짝 놀라서 받아보니 시집 간 히로키치의 장녀한테서 온 것이었다. 히사오한테 명령이 와서 요코스카(横須賀)에 황급히 출두해 간 것과, 그 후의 일은 모르겠으니 아버지한테 가능하면 하숙집 짐 처리와 겸해서 상경해 주시길 바란다는 전언을 부탁 받았다는, 그런 전화였다.

나는 전화를 끊자 점차 흥분이 되었다. 나는 갑자기 히로키치의 출장이 너무 태평스럽게 생각되고, 히사오에 대한 그의 심정이 불만스러워 제멋대로 초조해하기 시작했다.

게다가 청진 말고 다른 데에도 일이 있었기 때문에, 어디에 있는지 확실한 위치를 알지 못해서 알리지도 못했다.

그로부터 3일 후 히로키치는 돌아왔지만 도쿄에 짐 처리만 하러 간다는 것도 바로는 안 되는 모양이었다.

"그렇지만 채용 통지인지 아닌지 모르겠군. 출두했다고 하면 거기에 더해서 또 시험을 받는 것인지도 모르고, 어쨌든, 그대로 두는 것도 안 될 것 같고 말이지."

"뭐라고, 이제 곧 소식이 올 거예요."

"음."

그렇게 해서 매일 소식을 또 기다렸다.

입단했다고 해도 바로 펜을 잡을 시간 같은 건 도저히 없을 거라는 것은 알고 있으면서도, 이렇게 되니 도리 없이 무심한 것을 말하고 싶어지는 것이었다.

소식이 일주일이 지나도 오지 않는다.

"히사오로부터 아직 아무 소식도 오지 없네요."

내가 먼저 그렇게 말하든가,

"히사오한테서 소식이 왔어?"

하고 히로키치가 말하든가, 매일 히로키치가 회사에서 돌아오면 처음 하는 말은 그런 식으로 정해져 있었다.

열흘이 지나도 오지 않았다.

"안 돼. 이럴 리는 없어. 불쌍해."

"하지만 안 되면 안 되는 대로 또 뭐라고 통지가 있을 거예요."

"뭔가 이상한 마음을 먹었을지도 몰라."

"괴로워서 어딘가에 훌쩍 가있는 건 아닐까요."

"그럴지도 모르지."

"그렇다고 하면 8월 입단식에도 그 아이는 없는 거군요. 신문에 난 사진은 봤지요?"

"봤지. 어떤 기분으로 있는 걸까?"

해군 예비학생 입단식 사진이 신문에 났을 때, 그것을 봐도 나나 히로키치는 아무 말도 하지 않았다. 뭔가 말하는 것은 위험한 느낌이 들어 조심하고 있었던 것이다.

"괜찮아요. 해군에 들어가는 것만이 그 아이가 봉공하는 길이라고는 정해져 있지 않은 걸요."

"음."

"농대를 나와서 뭔가 열심히 그 길을 걷게 할 거예요."

"음."

이렇게 말한 뒤 참을 수가 없어 도쿄로 전화를 신청했다. 그런데 이 전화는 상대방에게도 적절한 때에 건 전화였다. 마침 그날 히사오로부터 엽서가 처음 왔는데, 훌륭하게 입단했다는 것을 알고 있던 참이었다.

"아아, 다행이야. 이걸로 됐어요."

"이걸로, 됐어. 히사오도, 만족하겠지?"

"이걸로 됐어요. 정말로."

"음. 다행이야."

"동시에 엽서를 썼다고 하면…"

나는 손가락을 꼽았다.

"이제 안심이야."

히로키치는 웃고 있었다.

손가락을 꼽은 날에 틀림없이 히사오의 첫 소식이 왔다.

> 부모님. 별일 없으시겠지요. 저도 입대 이후 오늘로 일주일이 되었습니다. 부대 안의 생활에도 어느 정도 익숙해져 건강하게 있으니까, 아무쪼록 안심하십시오. 3일 저녁 채용 통지를 받고, 4일 아침 입단, 체격 검사의 재검사에도 무사히 통과하여, 8일 대조봉대일을 기해서 입단식을 거행했습니다. 이제 저도 장하게 해군이 될 수 있었습니다. 아무쪼록 기뻐해주십시오. 번거로우시겠지만 면도도구 한 벌, 수첩 몇 권, 연필 몇 자루, 노트 몇 권을 바로 보내주셨으면 합니다. 그 밖의 물건은 일체 관에서 지급되므로 걱정 마시고, 결코 과자 등의 배려는 금해주십시오. 소식은 될 수 있는 한 하겠습니다. 몸을 소중히 하십시오. 경구(敬具).

저녁에 돌아온 히로키치는 식당 탁자에 의지해 한 자 한 자를 줍는 것 듯이 읽어갔다.

다 읽고 나더니 겉봉을 뒤집어서 잠시 그 출처를 열심히 보더니만 조용히 안경을 벗으면서,

"히사오도 뭐냐, 이걸로 드디어 미국 본토 상륙을 하게 되었군."

하고 말하며 기분 좋게 나에게 웃어보였다.

“정말이에요. 정말로, 그래요.”

나는 다시 한 번 엽서를 손에 집어 들고 있었다.

∷ 길 (道)

키요카와 시로 清川士郎(金士永)

아마도 「혹진주」라는 소설이었을 것이다. 15세 때 사람들 몰래 울면서 통독하다가 누이에게 들켜 크게 혼이 났다. 그러나 말하자면 그것이 한 줄기로 이어지면서 실마리가 되었는지도 모른다. 보잘것없는 것이지만 처음으로 활자화되었을 때, 누이는 꾸짖는 대신에 울어주었다. 「성안(聖顔)」, 「행불행」, 「길」, 「메아리」, 「샘」, 「세류(細流)」……모든 의미에서 만족할 수 없는 것 뿐이지만, 누이의 분신이 그 작품들에도 있다. 삼십이 넘은 지금에도, 누이를 생각하지 않는 날은 뭔가 정신적으로 고아가 된 듯한 공허함을 가지고 있다. 문단 경력은 특별히 대단한 것이 없다. 또 종래처럼 문단의식이라면 오히려 반발을 느낄 정도이지만, 나는 다만 지금까지의 기분대로 누이들이 대표하는 이 현실을, 옛날 다락방에 숨어서 울며불며 탐독한 그 진지함으로 더욱더 열심히 쓰고자 한다.

1

저도 학교에 보내 주세요, 10살 때 아버지께 열심히 매달리자, "우리에게 아직 그런 여유가 없어, 꾹 참아."

아버지는 눈총을 주셨다. 그리고 학교 대신 지게를 사주셨다. 하지만 새로운 지게의 신기함에 들떠 달밤의 뜰을 지게를 멘 자신의 그림자를 쫓으며 시끄럽게 뛰어다닌 이후 10년, 소처럼 일하는 것 외에 아무런 능력도 없다고 어리석은 체념에 살아온 자신에게 이것은 어찌 된 일인지, 학문을 가르쳐준다, 게다가 공부를 해서 군인이 될 수 있다는 것이다.

몽룡(夢竜)은 새로운 빛을 본 기쁨에 날아갈 듯한 기분으로, 나오라고 지정해 준 4월 8일, 우사(牛舎)에 깔아 놓은 짚 가는 것을 점심 전까지 서둘러 끝내고, 평상시보다 이른 밥을 급히 먹고 학교로 달려갔는데, 넓은 운동장 여기저기에 벌써 다른 많은 사람들이 와서 모여 있었다. 오후 1시라고 했는데 벌써 시간이 되었나 하고, 벚나무 아래에 모여서 왁자지껄 서로 이야기하고 있는 한 무리에게 다가가자 "야! 도련님." 하고 그 중의 한 사람이 고함을 쳤다. 이일선(李一善)이었다. 과연 이발

소 직원답게, 칠 대 삼으로 나눈 머리카락을 반짝거리며 국민복에 단화로 멋을 부린 차림으로,

"조금은 깨끗하게 해서 와야지. 오늘은 네 입소식이 있는 기쁜 날이니까."

하고 한 번 고함을 쳐서 모두의 시선을 이쪽으로 모으자 이일선 기분이 좋아져,

"몽룡인 그게 뭐냐. 응? 소똥 아니야."

껄껄 모두에게 웃음거리가 되어 몽룡은 허둥지둥 자신의 옷을 보자 과연 아까 우사를 청소할 때 묻은 것임에 틀림없는, 걷어 올린 바지 위에 소똥이 묻어있는데, 지푸라기까지 머리에 뒤집어쓴 채였다. 멋쩍어서 히죽히죽 웃으면서 옷을 털었다. "일선이 녀석, 나만 보면 늘 바보 취급하지. 소라든가 도련님이라든가 별명만 지껄이고." 몽룡은 입속에서 중얼거리지만 마음으로부터 미워하는 것은 아닌 일선에게 "네 머리는 그게 뭐냐? 기름 항아리에라도 처박았냐?" 적당히 응대하고 있자 "이봐." 하고 병사계(兵事係)의 면서기(面書記)가 불러서 모두는 식장으로 할당된 교실로 들어갔다.

한 사람 한 사람 이름이 불리는 순으로 열을 만들었다.

"예! 하고 크게, 국어로 대답해."

하고 서기한테 주의를 받아도 제대로 된 대답을 하는 사람이 적었다. 간이 학교를 나온 사람이나, 보통학교를 중퇴한 사람이 여러 명 있었는데, 그런 사람은 어떻게든 당황하지 않고 끝났다. 하지만 대개는 네 하고 조선어로 얼버무리거나, 헤 하고 알 수 없는 대답을 하거나, 히죽 웃은 것만으로 끝내거나 해서 그 때마다 모두 목소리를 내는 쪽을 쳐다

보고 킥킥 웃음을 억지로 참았다. 질질, 야무진 데가 없는, 뭔가 어수선한 분위기로 복장도 제각각이었다. 이일선처럼 국민복을 입은 사람도 있고, 양복에 넥타이를 매지 않은 사람도 있고, 풀 먹인 순백의 두루마기에 버선을 신은 시골 양반이 있는가 싶더니, 셔츠만 입은 사람도, 더러운 한복에 각반을 두른 사람도, 몽룡처럼 아래를 걷어 올리기만 한 사람도 있었다. 그 중에서도 고개 아래 부락에 있는 갑룡(甲竜)은 목공이 입는, 상호가 들어간 겉옷 같은 것을 어깨에 걸치고, 빡빡 깎은 머리에 사냥 모자를 달랑 비스듬히 쓴 채, 6척이 넘는 몸을 뒤로 젖혀 주위를 노려보듯 큰 눈을 두리번거리고 있다. 재작년 가을 씨름 대회에서 그에게 심하게 내동댕이쳐진 적이 있는 몽룡은 그를 보면 이상하게 겁이 나는 버릇이 있어서 저도 모르게 그가 있는 쪽만 보고 있자,

"나가모토 유메타츠(永本夢竜)."

면서기는 똑같은 이름을 세 번이나 불렀다. 깜짝 놀라 제정신이 들었다. 하지만 국어로 이름이 불린 것은 태어나서 처음 있는 일, 과연 자신의 일인가 하고 입을 떡 벌린 채 일선을 보자, "너 대답 안 하나?" 하고 찔려서, 허둥지둥 "야—." 하고 무심코 조선어 사투리를 내뱉어, 와! 하고 웃음거리가 되었다.

"꾸물거리지 마. 똑바로 줄을 서라. 전신주 모르나, 전신주. 그것처럼 줄을 서라."

몇 번 말을 들어도 줄줄 머리 부분이 흔들리고, 킥킥 웃거나, 이야기를 하거나 왁자지껄해서, 총원 65명의 점호 정렬에 1시간 이상 걸렸다.

군수 대리, 면장, 주재소 수석, 지방유지 등 내빈을 맞아 식이 겨우 시작되자 이상하게 쥐 죽은 듯 조용해졌다. 이만큼 많은 사람이 모여서

이런 격식을 갖춘 식을 올리는 것이 대부분의 사람들에게 처음 있는 일이어서인지, 정말이지 숨을 죽이고 모두 인형처럼 몸이 경직되었다.

"우향우." "궁성요배(宮城遥拝)."

면서기의 호령에 맞춰 고목처럼 딱딱하게 허리를 굽힌 뒤, 박자도 맞지 않는 '키미가요(君が代)'를 불렀다. 면장이 설립자로서 인사를 했다.

—에, 오늘 여기에 청년 특별 연성소 개소식을 거행하는데 있어—.

그리고 학교 교장이 소장으로서 훈시를 했다. 여위어서 뼈가 앙상한 그는 움푹 들어간 눈이 빛나 보인다.— 모두는 오늘부터 군인이 되기 위한 공부를 한다. 천황폐하의 군인이 된다는 확고한 마음을 가지고 연성(錬成)을 받지 않으면 안 된다. 고마운 일이다. 잘 하는 사람은 군인이 될 수 있다. 천자님을 위해서 충분히 일할 수 있는 기회가 부여되는 것이다. 위의 명령에 의해 나는 앞으로 1년 동안 모두를 확실히 훈련시켜 줄 작정이다—.

군수 대리의 고사(告辭)가 있고, 내빈의 축사가 끝나자, '바다에 가면'(海行かば-1937년 노부도키키요시(信時潔)가 작곡한 노래. 국민의 전투의욕을 고취시키기 위한 곡으로, 전장에 나가는 병사를 배웅하는 노래로 불리웠음. 제2의 일본 국가로 불릴 만큼 애창되었으며, 일제 강점기 동안 한반도에서도 부르도록 강요된 노래임. : 역자) 합창, 황국신민의 서사(誓詞), 일동 경례로 식은 간단히 끝났다. 몽룡은 여우에게 홀린 것처럼 멍하게 서있었다. 식을 행하는 시간이 대단히 길게 느껴졌다. 물론 면장의 이야기는 말할 것도 없고 소장의 이야기도 알 리가 없다. 이런 일은 태어나서 전적으로 처음 있는 일이어서 그저 끝없이 넓은 하늘에 떠 있는 느낌이었다. 몽룡은 몰래 다른 사람을 돌아보았다. 역시 자신처럼 멍하게 입을 벌린 채 무서운 얼굴을 짓고 있는 사람도

있었지만 대개는 무슨 이야기를 하거나 웃고 있었다.

이일선도 그 중 한 사람으로, 턱을 앞으로 내밀고, 유달리 큰 목소리로 아는 척을 하고 있다. 갑룡은 왕자처럼 주위를 얕보며 "응." "그래." 하고 일선의 이야기에 맞장구를 치고 있다. 국어를 모르는 몽룡은 쓸쓸해져 왔다. 그들은 무엇을 서로 이야기하고 있는 것일까? 홀로 남겨지는 것 같은 참을 수 없는 느낌이 들어 몽룡은 몰래 옆으로 몸을 돌려, 역시 자신처럼 국어를 모를 것 같은, 알지 못하는 옆의 남자에게 "당신은 어디 부락입니까?" "나는 절 아래의 토방우(且岩)에서 왔는데. 당신은?" "저는 신촌(新村)의 용이." 의외로 동지를 만난 느낌으로 두 사람이 몰래몰래 이야기를 하고 있자니, 면서기를 선두로, 연성소의 직원이 우르르 들어왔다. 직원이라고 해도 모두 이 학교 직원이 겸임이다. 한 사람씩 소개했다. 교련의 히라카(平賀) 지도원, 네모난 얼굴에 머리가 짙고 엄한 눈을 해서 무섭다. 보통학과의 카나타니(金谷) 지도원, 버드나무처럼 길쭉하고 신경질적인 얼굴. 마찬가지 보쿠모토(朴本) 지도원, 안경이 빛나고 볼이 귀여워 아직 아이 같은 부분이 있다. 그밖에 연성소 전임의 지도원보가 한 사람.

소개가 끝나자 면서기는 돌아가고, 바로 히라카 지도원의 주의가 있었다. 머리를 짧게 깎을 것, 복장에 대해서, 소지품에 대해서, 교문 출입 방법, 경례, 즉 소장이나 지도원을 만났을 때의 예법 등.

"앞으로 점점 익숙해질 것이라고 생각하지만, 이상과 같이 당장 필요한 것만 우선 주의해 두겠다. 내일부터 매일 오후 1시까지 등소, 4시간씩 연성을 받는다 마지막으로 말해 둘 것은 끽연 습관이 있는 사람은 내일부터 단호히 끊을 것, 그리고 될 수 있는 한 조선어로는 이야기를 하지 말 것, 이상 두 가지. 특히 조선어에 대해서는 두 달 후면 소내(所內)에서는 전폐(全廢)시킬 작정이니까 모두 열심히 국어 공부를 해라. 이것이 황군의 일원이 되기 위한 절대요건이기 때문이다."

카나타니 지도원이 그것을 알아 듣기 쉽도록 조선어로 통역을 했다.

소요품(所要品)이 지급되었다. 연성교본, 모자, 각반, 장부, 연필, 어느 틈엔가 친절하게도 지급품에는 전부 명찰을 붙여 놓았다.

모자 쓰는 법, 각반 두르는 법을 대충 배웠다. 대충이라고 해도 한, 두 번으로 금방 할 수 있었던 것은 아니다. 몇 번이나 거듭거듭 다시 해서 겨우 어떻게든 형태만은 만들 수 있었던 것이다.

끝나고 집으로 돌아갈 때, 이일선은 지급 받은 전투모를 아무렇게나 뭉쳐서 주머니에 집어넣고선, 자신의 고급 모자를 머리에 삐딱하게 달랑 얹은 뒤, "머리를 잘라버리다니, 싫다. 쳇!" 하고 화가 치밀어 혀를 끌끌 찼다. "이 따위는 배우지 않아도 알아." 하고, 연성교본을 탁 쳤다. 과연 일선은 간이학교를 나왔으니까 알고 있는 것이겠지. 그러나 나는 모른다. 게다가 모자에 각반은 물론이고 연필까지 주다니 얼마나 고마운 일인가? 군인이 될 수 있다는 것만으로도 꿈같은 기분이 드는데, 모두 이렇게 열심히 일을 해 주고 있다. 이런 경우는 지금까지 보지 못했던 일이다.

몽룡은 돌아가는 길에 또 다시 멍한 얼굴로 이런 일을 생각하고 있었다. — 그러나 자신은 정말로 군인이 될 수 있는 것일까? 스무 살이 되는 지금까지 흙만 만져온 자신에게 그게 도대체 가능한 것일까? 열심히 하면 된다고 한다. 그러나 그것이 정말일까? —.

몽룡은 머리가 뜨거워져 왔다.

5년 전에 이 지방으로 훈련하러 온 N부대의 군인을 본 기억이 되살아났다. 햇볕에 새까맣게 그을린 얼굴. 총을 어깨에 맨 채 가슴을 펴고 손을 흔들며 당당히 행진해가는 건강한 모습. 얏, 얏, 돌멩이처럼 몸을 다져 뛰어가는 씩씩함. 불을 내뱉는 화기. 말 위에서 위풍당당 지도력을 가지고 호령하는 장교. 이들을 넋을 잃고 보면서 손에 땀이 차고 이유없이 가슴이 고동치고 있었는데.

기억은 저 멀리 건너뛰어서 아직 6, 7살이던 옛날, (그 때는 아직 어머니가 살아 계셨다.) T마을 병영에 토목일을 하러 간 아버지를 찾아갔을 때, 거기 병영 뜰에서 눈부실 정도로 많은 군인을 본 것이 기억에 떠올랐다. 이상하게도 지금 한 사람 한 사람 군인들의 모습이 확실히 망막에 떠올랐다. 손짓과 입내로 아버지와 농담을 하고 있던 군인의 얼굴. 머리를 쓰다듬어주던 군인의 얼굴. 더듬거리는 조선어로 "너, 몇 살이지?"라든가 "이름이 뭐지?"라고 물으면서 부드럽게 웃고 있던 군인의 얼굴. 이들의 얼굴이 하늘 가득 확대되어 눈앞에 어른거렸다. 자신이 가까이 할 수 없는 세상인 것처럼 여겨온 그들 군인이, 그리고 자신의 생활과는 너무 동떨어진 느낌에 그 뒤로 잊어버린 그들 군인이, 지금에 와서 선명하게 가까이에서 우상처럼 다가오다니 도대체 어떻게 된 것일까?

2

이 심동도로의 수선 인부가 되기 전 K선 철도 공사장에 있을 때 많은 중국인 노동자와 서로 겨루어 조금도 뒤지지 않았다는 이일성(李一成)의 아들이라서, 몽룡은 힘도 강하고 승부 겨루기를 좋아했다. 어린 시절 잣치기라는, 골프와 하키를 합친 듯한 놀이에 몰두하다 얼굴을 때려, 지금도 주먹코 옆이 동전 크기만큼 빛나 보인다. 겨울은 지게를 썰매 삼아 얼음 위를 굴러다니고, 땅 뺏기 놀이, 닭싸움, 나무타기 등 놀이라면 밥보다 좋아해서, 팔을 부러뜨리거나 허리를 부딪치거나, 늘 어딘가 상처를 달고 다녔다. 아홉 살 때였던가, 도깨비불을 태우는 정월 16일, 옆 마을의 개구쟁이들과 횃불 전쟁놀이를 하다 심하게 화상을 입었었다. 하지만 그래도 지치지 않고 학교 운동회를 보러 갔다가 배운 기마전으로 날 저무는지도 모르다가 이듬해, "나도 학교에 보내 주세요." 열심히 아버지께 매달리자, "우리들한테는 아직 그런 여유는 없어. 꾹 참아. 이 개구쟁이 녀석, 나쁜 짓만 하고, 다른 사람보다 두세 배나 옷을 더럽히고. 그 옷도 제대로 입힐 형편이 안 돼."라며 아버지가 눈총을 주었지만 죽을 후루룩거리는 입가가 조금 떨리고, 쓸쓸한 얼굴빛이었다. 다음 장날 바로 지게를 사주자 이상한 일이다. 그날로부터 몽룡은 10년 동안 묵묵히 일만 했다. "일을 해야 해."라는 말씀을 남기고 돌아가신 어머니를 생각한, 어른스러운 마음에서일까? 좋아하는 놀이를 잊기라도 한 듯 그만두고 돌변한 어른스러움이, 10살치고는 너무 어른스러워서, 갑작스런 변화 모습에 아버지까지 놀랄 지경이었다. 그러나 역시 아이는 아이, 연습하러 온 군인을 보고 저도 모르게 손에 땀을 쥐는 몽룡이다. 돌아가신 어머니에 대한 그리움이 아이다운 순진함을 덮어, 그저 일하는 것에 정신을 집중시켰다는 것이 어쩌면 옳은 것인지도 모른다.

군인이 된다. 스물이 된 지금, 갑자기 그 이야기를 듣고, 몽룡은 옛날의 피가 다시 끓어오는 느낌이었다. T마을 병영에서 본 군인들이 지금은 결코 먼 존재가 아니다. 손이 닿지 않는 구름 위의 별세계가 아니다. 머지않아 자신도 군인이 될 수 있기 때문이다.

꿈같은 느낌이 든다. 이것이 정말일까?

군인이 될 수 있다는 것이 사실일까? 자신 같은 사람이 과연……흙덩이와 같이 살아온 자신이 과연……몽룡은 아무래도 자신을 가질 수가 없었다. 기쁨과 함께 자학과 체념이 가슴을 파고들어 갈피를 잡지 못했다.

이상하게도 이름만 같을 뿐 학식이 있는 것도 아니고 재산이 있는 것도 아니다. 더더욱 지위나 명예는 물론이고, 춘향과 같은 정절 미인이 기다리고 있는 것도 아니다. 도련님이라는 별명이 붙은 것은 그저 듣기 좋은 허울 뿐, 남원부사도 아닌 일개 도로 인부를 아버지로 가진 자신이다. "너는 소다."라는 말을 자주 듣는 것처럼 일하는 것밖에 능력이 없는 자신이 아닌가—.

몽룡은 머리가 혼란스러웠다. 이발소 앞에서 이일선과 헤어진 후 논길을 돌아 집을 향하다가 어찌된 영문인지 문득 돌아가신 어머니의 말씀을 떠올렸다. "꿈속에서 용을 보고 낳은 너인데, 틀림없이 용처럼 훌륭해질 거다."

어머니는 자주 이런 말씀을 하셨지. 응, 나는 군인이 될 수 있어. 아이와 같은 단순함으로, 확신이 드는 것을 생각하고 집 뜰에 들어서자마자, "나도 오늘부터 1학년이야." 하고, 꼴을 베고 있는 아버지와 남동생을 향해 어느 쪽이랄 것도 없이 외치더니, 모자, 각반 등 지급품을 흔들어 보였다. 정말로 1학년 같은 기분이었다. 아버지가 베어 온 꼴을 가마에 넣고 불을 지피면서, 화구 앞에서 몽룡은 몇 번이나 모자를 썼다가 벗었다가 했다. 각반을 둘렀다가 풀었다가 하며, 개구리를 먹은 뱀처럼 볼품없는 다리를 바라보고 혼자서 웃기도 했다. 더러워진 천 조각을 머리에 두르고 가는 헝겊으로 장딴지를 조르면, 그것으로 족했던 지금까지의 몽룡에게 모자와 각반은 분명히 고마운 것이었다.

"형, 이것을 국어로 뭐라고 해?" "보-시(ぼうし)." "이건?" "마키캬한(まききゃはん)." 3학년에 다니고 있는 남동생이 선생님이다. 저녁밥을 다 지은 여동생이 앞치마에 손을 닦으며 부엌문에서 웃고 있었다.

4명의 가족이 밥상에 둘러앉자, 몽룡은 오늘 있은 입소식 장면을 이야기하면서, 평상시처럼 무뚝뚝하기는 해도 점잖게 있는 아버지의 태도가 신경에 쓰여, "하지만 군대에 가면 아버지가 힘들 테니 싫다." 하고 큰맘 먹고 말해 보았다. 말하고 싶지 않다, 아니 말할 수 없는 말이었다. 거의 폐인과 같은 아버지를 앞에 두고 이 말은 무척 가슴 아픈 말이었다. 아차, 이런 말 하지 않는 편이 좋았다, 두근거리면서 몰래 아버지의 안색을 살피자,

"군대에 가는 것이 싫으냐?" 아버지는 천천히 젓가락을 놓고 예상 밖의 질문을 했다.

"아니요, 하지만……"

"하지만이 아니야. 나는 오랜 동안 공사판에서 난폭한 사람들과 섞여 목숨을 건 싸움도 많이 보아왔지만, 그들한테도 의리나 인정은 있어. 게다가 의리나 인정을 위해서 목숨을 내던져 싸움을 한다. 남자의 배짱을 너는 알 리 없지……"

아버지는 천천히 담배를 담으면서 아들을 보았다.

조선팔도의 공사장을 돌아다닌 옛날 피가 이런 아버지에게는 아직 남아 있다.

“나는 어려운 것은 잘 모르지만, 같이 술 마시는 사람들끼리의 작은 의리에조차 목숨을 아끼지 않는 공사판을 생각해 봐, 하물며 나라를 위해서 일어선다고 하는 데는……”

연기를 푸 하고 내뿜고, 아픈 허리를 문지르며 아버지는 베개를 끌어당겼다. 그런 마음에서 말한 것이 아니다, 나도 절대로……라고 몽룡은 생각했지만 말하지 못했다. 아버지의 의외의 말씀이 고마웠다. 할 말이 없다. 누우신 아버지의 검은 얼굴을 제대로 쳐다보지 못했다. 일성이 도로 인부라고 다른 사람은 얕보지만, 아버지는 역시 훌륭하다고 생각했다. 1939년 겨울 그 해는 대흉년이었다. 그 대책으로 상부의 계획에 따라 읍내로 바로 통하는 도로를 다시 만들게 되었다. 뒷산을 파내는 난공사에 이일성이 아니면 안 된다고 해서 불려나갔다가, 다이너마이트 폭파 작업 중 부주의로 목숨은 구했지만 허리를 다쳐서 이제 옛날처럼 힘을 쓸 수가 없다. 더구나 더위나 추위 등 일기에 따라 허리에 통증이 왔다. 완성된 삼등도로의 수선 인부라는 일도 겨우 할 정도여서, 조금이긴 하지만 집안 영농은 몽룡이 혼자에게만 완전히 맡겨 둔 상태였다. 게다가 여동생과 남동생까지 돌봐야 했다. 이런 일을 생각할 때, 지금 아버지의 말씀은 의외였다.

오랜 동안 여행길을 걸어서, 몸을 잘도 망치지 않고 왔다. 가난 —이것은 아버지의 이른바 ‘남자의 배짱’ 덕으로, 생각하기에 따라서는 오히려 고마운 일인지도 모른다. 난폭한 공사판을 상대로 지내왔다고는 해도, 아버지한테는 무뢰성이 없다. 다른 사람의 험담은 전혀 하지 않는 성품이다. 가끔 한 잔 하고 기분이 좋은 때면 예전에 들은 기억이 있는 위협적인 말을, 무슨 노래처럼 늘어놓는 것이 결점이라면 결점이다. 훌륭하다, 좋은 아버지를 가졌다, 몽룡은 설레는, 따뜻한 무엇이 가슴에서 솟구쳐, 못자리용 새끼를 꼬려고 방구석에 걸려있는 짚을 집으러 일어섰다.

3

한 해 동안 통계를 내서 최저 6백 시간 이상 연성을 하게 되어 있다. 그러기 위해서는 휴일과 그 외 사고 일수를 예상하고 매일 4시간씩은 연성을 해야만 했다. 훈육학과를 2시간 내지 3시간, 교련을 1시간 내지 2시간, 게다가 가끔 근로 작업을 1시간씩. 그러나 군인으로서의 기초를 다지기 위해서 이런 시수에 집착하지 않고 연성은 첫날부터 진지했다.

국어의 정확 신속한 습득, 생활 훈련을 통한 정신적인 연성, 좋은 의미에서의 획일적인 형태에 끼워 넣는다는 형식훈련, 신체 단련과 술과(術科)의 기초적 습련(習練), — 이런 갖가지 연성 부분은 진짜 일본인이 된다는 강한 정신적 중핵에 비추어 제각기 중요했다. 따라서 1년이라는 짧은 기간동안 어쨌든 군인이 되기 위한 기초를 확립하기 위해, 6백 시간이나 7백 시간이라는 시수에 그리 구속되어서는 안 되었다.

교문을 영문(営門)이라고 생각하라는, 어제 히라카 지도원으로부터 받은 주의를 잊고, 몽룡은 교문에 들어서면 먼저 해야 하는 경례를 몇 번이나 고치도록 다시 주의를 받고, 바로 을반(乙班)에 들어갔다. 갑반(甲

班)은 국어를 조금 할 수 있는 사람, 을반은 전혀 못하는 사람이다. 단 교련과 근로 작업은 갑을 구별 없이 전원이 함께 했다.

어제의 주의 사항을 다시 한 번 들은 후 지도교관의 이름을 다시 정중히 소개받았다. 다음으로 연성 내용과 연성소의 조직 의의 같은 대요(大要), 교실 출입 방법, 소지품 정돈, 신발 벗는 법과 두는 법, 변소 사용에 대한 주의, 교구 및 교사 내외(内外)의 명칭 및 취급법, 마지막으로 국어로 각자의 이름을 기억하고 점호에 대답하는 법 등, 모든 것이 보통학교 1학년 수준이다. 아니 오히려 1학년보다 이해가 떨어져 똑같은 일을 몇 번이나 거듭해야 겨우 이해하는 수준이었다. 성대와 혀끝이 경직된 탓인지 바른 발음이 되지 않아 웃음거리가 되는 사람이 많았다. 코-쿠쿠신문노세쿠시(こーくくしんむんのせくし-황국신민의 서가(誓歌)를 잘못 발음한 것 : 역자)라고 말한 뒤 킥킥 웃어, 절 아래 사는 박 또바우(且岩)는 수염이 짙은 히라카 교관으로부터 야단을 맞았다.

마지막으로 모자 쓰는 법과 각반 두르는 법을 반복해서 연습한 후 첫째 날은 끝났다.

둘째 날.

시회(始会) 훈련.

훈육 — 바다에 단단히 무릎을 꿇은 채, 목룡우 태어나서 처음으로 20분 동안 정좌를 했는데, 다리가 저려서 일어서지도 못했다. 물론 소장이 하는 훈화는 알 턱이 없었다.

학과 — 아리(あり), 이스(いす), 우시(うし), 에비(えび), 오노(おの), 아이우에오, 카메(かめ), 키(き), 쿠츠(くつ), 케무리(けむり), 코마(こま), 카키쿠케코……. 코레와, 난데스카, 소레와, 혼네스. 조금 쉬웠다. 이제사 생각하니 전에 국어야학회에 잠깐 다닌 일이 의외로 매우 도움이 되었다. 소로반(そろばん)이라고 말하지 못하고 쇼로반(しょろばん)이라고 하고 있는 아오타 준이(青田俊伊), 엔토츠(えんとつ)를 엔토츄(えんとちゅ)라고 밖에 못하는 아라이 진팔(新井鎮八), 박 또바우 외 몇 명은, 몇 번이나 다시 고쳐주어도 츠쿠에(つくえ)를 츄쿠에(ちゅくえ)라고 하고, 자루(ざる)를 쟈루(じゃる)라 하였다.

교련 — 부동자세. 마치 큐피드 인형 같다. 마른 나뭇가지처럼 어깨를 으쓱 치켜올려 아무도 유연성이 없다. 발에 신경을 쓰니 배가 나오고 배에 신경을 쓰니 손이 뻗지 않는다. 아라이 진팔은 특히 아둔해서, 더 빨리 발을 끄는 거야라는 고함을 듣고서도, 갑자기 생각난 듯 천천히 발을 끌어당기고 있다. 아라이만이 아니었다. 거의 발이 따로따로 놀아 가지런하지 않았다. 몽룡은 눈알을 움직이지 마라는 말을 듣고 한 곳만 열심히 바라보고 있자니 비틀비틀 현기증이 나서, "쉬어!"라는 말을 한 것도 모르다가 "이봐!" 하고 야단을 맞았다. 하루 종일 논을 일구는 것보다 힘들다. "차렷!"이라는 것이 이렇게나 힘든 것인지 비로소 처음 알게 되었다.

셋째 날,

시회 — 궁성요배 하는 법, 머리 우, (좌) (중)

훈육 — 대마봉재전배례(大麻奉斎殿拝礼), 최경례 방법, 전국강화(戦局講話). 미국. 영국. 대동아공영권.

학과—50음 연습. 코레가츠쿠에데스(これがつくえです). 소레가코시카게데스(それがこしかけです). 토케이(とけい). 하타(はた). 무치(むち). 모노사시(ものさし)…….

교련 — 부동자세. 쉬어. 경례 동작, 거수의 예, 실내 경례. 정돈. 오른쪽으로 나란히. 앞으로 나란히.

넷째 날,

시종 — 황국신민의 서가 제창 훈련.

훈육 — 변소 사용 뒤 손 씻는 훈련, 학습태도, 자세. 기립 착석. 대답. 학습 용구 사용법.

학습 — 복습, 50음 연습. 주위의 사물 명칭. 단어, 코쿠반(こくばん), 하쿠보쿠(はくぼく), 카베(かべ), 마토(まと), 유카(ゆか)……. 코코가쿄오시츠데스.(ここがきょうしつです)……서사(書写)에 의한 문자 기억. 연필에 침을 바르며 문자라는 것을 처음 써보는 사람들의 표정은 신비, 그 자체이다.

교련 — 차렷, 쉬어. 경례. 정돈 연습. 우향우, 좌향좌. 빙글 도는 순간에 몸의 중심을 잃고 비틀비틀 쓰러지려는 사람이 있다. 몽룡도 그 중 한 사람이었다.

근로 작업 — 학교 앞 도로 준설.

다섯째 날, 여섯째 날, 계속 이렇게 연성은 하루하루 진행되어 갔다. 처음에는 모두 진지했다. 특히 몽룡이 속한 을반 사람은 아무것도 모르는 만큼 멍하게 듣는 대로 열심히 했다. 힘든 일은 계속 잊었다. 수행이나, 말이나, 동작이나, 극히 간단한 일처럼 생각되는 것이라도 그것을 진지하게 생각하고, 올바르게 하려고 하면 좀처럼 쉽게 되는 것이 아니다. 하물며 대부분 머리가 단순하고 근육이 경화되기 시작한 사람들에게 매일매일의 연성은 격한 노동보다 더한 피로를 느끼게 했다. 단순하고 똑같은 일을 몇 번이나 거듭 반복해서 연습함으로써 체득시켜 간다. 따라서 피로와 함께 지루함이 왔다. 당연히 휴식 시간이 즐거워지고,

한 달도 지나지 않는 동안에 벌써 게으름 피울 궁리를 하는 사람조차 생기기 시작했다. 슬슬 결석자가 늘고, 숨어서 담배를 피기 시작하는 사람이 나왔다. 갑반 사람이 특히 심하여, 이와시로 갑룡(岩城甲竜)은 적청(赤青)색 세련된 쌈지를 허리에 슬쩍 드러내놓고, 짧은 담뱃대를 태연하게 조끼에 지르고 있다. "너들, 이 따위 것, 필사적으로 해본들 아무것도 안 돼. 적당히 해." 힘이 좋은 그가 주위를 흘겨보자 모두 흠칫거리는 것이다. "나는 갱부 우두머리까지 한 몸이야." 하고 전에 탄광에서 있었던 일을 언제나 자랑하고 있는 그는 여기에서도 어느 틈엔가 대장격으로 떠받들어졌다. 이일선은 그것이 불만이어서, "저런 불량배가!" 하고 얕잡아 보고 있다. 이발소 봉사로 오랜 동안 도회에서 생활해온 일선은 여기서는 박식한 축이어서 함부로 그의 앞에서 이야기를 꺼낼 수 없었다. "바보, 그런 건 없어." 하고 바로 반박을 당하기 때문이다. 일본 전체에 그가 모르는 것은 없다. 교관이 전쟁 이야기를 하면 그것을 비판하고, 군인 이야기를 해서 들려주면 그렇지 않다고 험담을 하며, 다 아는 척 한다. 어쨌든 긴 머리 자른 일을 괴로워하며 "싫다!" 하며 버릇처럼 미끈한 머리를 쓰다듬고 있다. 매일 쉬면 주인한테 미안하다는 것을 좋은 구실로 삼아 빈번히 결석을 했다. 가끔 날이 저물어 늦게 연성에서 돌아오는 몽룡을 보면, 이발소 안에서 짤가닥짤가닥 가위를 울리면서 "이 도령도 고생하시는군요." 하고 놀린다. 이일선에게 밑질세라 이와시로 갑룡도 자주 결석을 했다.

그러나 다른 사람들은 역시 모두 성실했다. 조선어로는 회화를 못하게 되어, 그럭저럭 어떻게든 국어로 하는 회화에 점점 익숙해졌다. 노력이라는 것은 무서운 것이라, 대부분 조사를 뺀 이상한 국어이긴 해도,

대개의 것은 서로 의미가 통했다. 특히 을반은 가끔 1시간씩 더 남아서 카나타니 지도원으로부터 회화 지도를 받았다. “어이, 몽룡, 와타시 하라 이타이 쿠스리 노무(わたしはらいたいくすりのむ-나 배 아파 약 먹는다).”라고 이일선으로부터 말을 듣는 것이 싫어서 몽룡은 학교에서 돌아오면 언제나 남동생을 붙잡고 여러가지 말을 국어로 걸어, 자주 여동생한테 웃음을 샀다. 네가 웃고 있지만, 너도 국어를 못하면 시집을 못 간다고 야단을 치고는, 다시 웃고, 코레와난데스카(これはなんですか), 소레와치게데스,(それはちげです) 하고 다시 시작한다. 오마에와난데스카(おまえはなんですか). 와타시와우시데스(わたしはうしです). 남동생이 없을 때는 소가 상대이다. 키오츠케(きをつけ), 야스메(やすめ), 마에에스스메(まえへすすめ), 마와레미기(まわれみぎ), 마에에스스메(まへへすすめ), 밭에서 고함을 지르며, 혼자서 다리를 올렸다 내렸다 하였다. 사실 몽룡은 오른쪽으로 돌아, 앞으로 가가 되지 않아서 3일 동안 계속 늦게까지 남은 적이 있었다. 다행히 3일째에 겨우 외워서 괜찮았지만, 아라이 진팔, 박 또바우, 가네모토 돌이(金本乭伊) 등은 요즘도 매일 남아 있는 조다. 박 또바우는 운동신경이 매우 둔한 편이라 속보행진이 아직 안 된다. 엇갈려야 할 손과 발을 함께 올리고도 태연하다. 본인은 모르는 것 같다. 게다가 자주 웃는 아라이 진팔. 언제나 헤 하고 입을 벌린 채 침까지 흘려 ‘살짝 바보’가 그의 별명이다.

언제부터인가 성적이 나쁜 사람이나 게으른 사람은 징벌을 받게 되었다. 빨리 뛰기로 운동장 10바퀴, 변소의 분뇨 퍼내기 10번, 연성 종료 후 특별히 남기. 대개 이런 류의 벌칙인데, 물론 더 나쁜 사람은 소장 앞에 가서 1시간이나 2시간씩 훈계를 받았다. 그런데 그것보다도 오히려 모든 사람 앞에서 운동장을 달리게 하거나 비료통을 짊어지게 하는 것이 더 싫었다. 그러나 아라이 진팔이라든가 박 또바우 등은 벌써 면역이 생겨 별로 부끄럽지도 않은 것 같았다.

매일 오후에는 집일을 쉬지 않으면 안 되었기 때문에 몽룡은 들일에 쫓겼다. 잘못하면 못자리 시기를 놓칠 우려도 있고, 게다가 못자리용 풀을 베러 산으로 가는 아버지의 고생을 보지 못하여 몰래 하루 연성소를 쉬고 소를 끌고 논으로 나갔다. "다른 사람의 눈을 속이면 안 돼!" 라고 입버릇처럼 말씀하시는 아버지에게 들키면 안 된다고 생각하면서, 논을 일구고 집으로 돌아가자 다행히 아버지는 아직 돌아오지 않았다. 남동생과 꼴을 베면서 "어이, 이건 뭐야." "츠츠지(つつじ)." "진달래를 꺾어 줄 테니까, 네가 알고 있는 국어를 가르쳐 줘." "하지만, 이제 형 이 나보다 더 잘 알고 있으면서." 사실 단어 쪽은 이제 형 쪽이 더 알고 있었다. "내가 외울 테니 너는 잘 듣고 틀린 부분을 가르쳐 주는 거야." 몽룡은 큰소리로 "모시모시춋토오타즈네이타시마스(もしもしちょっとおたずねいたします). 하이난데쇼오카(はいなんでしょうか). 야마다산노오타쿠와도치라데쇼오카(やまださんのおたくはどちらでしょうか). 야마다타케오상데스네(やまだたけおさんですね). 하이, 소오데스(はい、そうです).……" 어제 배운 부분을 외워 보이자, "시장가에서 짚 파는 사람 같아." 하고 남동생은 손을 쳤다. 부엌 입구에서 여동생 킥킥 웃고 있다. "코코와, 유우빈쿄쿠데스(ここは、ゆうびんきょくです). 킷테오, 캇테, 이루, 히토가, 아리마스(きってを、かって、いる、ひとが、あります).……" 웃고 있는데, 아버지가 돌아와서 "너, 오늘, 학교 쉬었구나!" 갑자기 고함을 쳤다. "분명히 산에서 보고 왔어." 평소와 다른 격한 목소리였다. "나는 연성소라는 것이 어떤 것인

지 잘 모르지만 사람이란 모름지기 시작했으면 뭐든 성실하게 해내야 하는 거다. 결코 다른 사람의 눈을 속여서는 안 돼." 그날 밤 오랜 만에 설교를 들었다. 다음날 학교에 가자 시회 때 소장이 "야마모토(山本) 사령장관이 전사하셨다."고 말했다. 몽룡은 그것이 어떤 일인지 잘 몰라 일선에게 물었더니 해군에서 제일 훌륭한 분이 미국 총알에 맞아 전사하셨다고 했다. 교관들의 심상치 않은 긴장감이 몸에 느껴지고, 야마모토 교관의 전사가 마치 자신이 어제 쉰 탓으로 여겨져, "이래서는 군인이 될 수 없어." 죄를 범한 듯한 지책감에 매우 부끄러웠다.

휴일인 다음 일요일 날 급한 일은 대부분 해치워 버리려고 아침부터 못자리에 나갔다. 멍하게 흐려지는 햇빛과 솔리는 듯한 아시랑이, 바람에 가슴이 부풀어 오를 것 같은 봄날이었다. 요전에 배운 군가를 부르고 있자니 "야, 도련님, 잘 하네." 일선이 논길을 걸어왔다. "오늘 지원병 배웅이 있으니 10시까지 모이래, 아까 학교에서 연락이 왔어." 하고 말했다.

서둘러 학교에 가니 배웅하는 사람은 벌써 많이 모여 있었다. 그리고 연성소의 65명도 정례를 끝내고 기다리고 있었다. 붉은 어깨띠를 늠름하게 걸친 지원병이 단에 올랐다. 몽룡이 잘 알아들을 수 없는 국어로 인사를 했다. 정말 믿음직하고 기운찬 모습이었다. "아, 저 사람, 재작년 씨름대회에서 나한테 진 사람이 아닌가?" 하고 마음속으로 중얼거려보는 것조차 기가 죽는 발랄함에 몽룡은 눈을 크게 떴다. 완전히 몰라보게 젊은이가 되어 있었다. 군대에 가면 저렇게 사람이 달라지는 것인지 이상한 느낌이 들었다. 계속해서 배웅하는 사람들이 모여들어 운동장을 메웠다. 펄럭이는 깃발, 흔드는 국기 물결, 만세 외침, 축사, 울려 퍼지는 환호 속에서, "그럼 다녀오겠습니다." 퍼뜩 거수경례를 하고 지원병이 선두에 서자, 군중의 물결이 그 뒤를 따랐다. 환호하는 군중의 울림보다도 선두에 선 지원병의 늠름함에 압도 당한 듯한 얼굴로, 몽룡은 문득, 옛날에 본 군인의 모습을 지금 눈앞에 보는 놀라움에 어안이벙벙해, 몇 번이나 앞 사람의 발뒤꿈치를 차서 혼이 났다.

역까지 가는 길목에 있는 주재소까지 배웅을 하고 돌아오는 길에 몽룡은 다시 가슴의 고동을 느꼈다. 감격도 있었지만 그것만이 아니었다. 요즘 나날이 연성에 마음을 빼앗긴 후 여태까지 한 번도 느낀 적이 없는 가슴의 두근거림이었다. 나는 도저히 저렇게는 될 수 없다. 아무리 애써도 안 된다. 어차피 나는 흙덩이밖에 안 된다. 그런 마음에서 오는 일종의 초조였다. 자칫하면 어리석은 체념이 그림자처럼 늘 붙어 다녔다. 국어도 제대로 못하는 자신이다. 오른쪽으로 돌아! 앞으로 가!도 되지 않아서 3일 동안 남아 있어야 했던 자신이다. 온 마을의 골목대장이었던, 어렸을 때의 기운은 어디에 갔는가? 아니 지금도 기운은 있다. 힘도 있다. 그러나 오늘 그 지원병처럼 도대체 나는 될 수 있을까?

그러나 이런 생각은 끝없는 생각이었다.

"이제 끝났느냐?"

갑자기 말을 걸기에 뒤돌아보니 아버지가 서있었다. 전에 비로 무너진 길을 고치고 있었다. 묵묵히 열심히 잔디를 심고 있다.

허리가 아플 것이다. 그러나 아픈 듯한 모습을 감추고 있는 아버지였다. "제가 할까요?" "됐다. 너는 빨리 돌아가서 못자리라도 돌봐라." 돌같은 아버지 태도를 보면 몽룡은 언제나 가만히 있을 수밖에 없었다. 생활력에 대한 위압과 신뢰가 무의식중에 있었다. 추하게 비뚤어져 보이는 아버지의 요골 중 햇볕에 그을어서 검게 빛나는 부분을 멍하게 응시하고 있자, 50년 아버지의 생애가 마치 자신의 과거인양 머리에 떠올랐다. 그리고 부글부글 든든함이 가슴에 솟아올라 "나는 옛날 중국인을 상대로 한 노동에 조금도 뒤지지 않았다."고 자주 말하는 아버지의 말대로, 다른 사람의 눈을 속이지 않고 열심히 하면 뭐든 안 될 것 없다, 소장님도 그렇게 말하지 않았는가, 몽룡은 이런 생각을 했다.

4

하나, 군인은 충절을 다하기를 본분으로 삼아야 한다

하나, 군인은 예의를 바르게 해야 한다

하나, …………

시회 때, 군인 칙유(勅諭)를 봉송(奉誦)하고 있는데 뭐가 우스웠는지 이일선이 킥킥 웃다가 히라카 교관한테 심하게 맞은 뒤, 어두워질 때까지 앉아 있었다.

2, 3일이 지나 이와시로 갑룡이 아라이 진팔을 때렸다. 이와시로는 그날 담배를 피웠다는 모퉁이에서 한나절 동안 소장한테 훈계를 받았다. 이유인즉 분명히 진팔 녀석이 교관한데 몰래 고자질한 것임에 틀림없다는 이유로 있는 힘껏 때린 것이다. 늘 이와시로한테 "살짝 바보!"라는 말을 듣는 것에 화가 나서 "네가 담배 피는 것을 내가 교관한테 이를 거야." 하고 진팔이 으르대고 있었기 때문에 의심 받는 것도 무리

는 아니다. 살짝 바보인 진팔이 와! 하고 큰 입을 벌리고 침을 흘리면서 울기 시작하자 진팔의 종형뻘인 진식(鎭植)이라는 사람이 이와시로한테 달려들어 싸움은 커졌다. 덕분에 소생(所生) 전부가 1시간 동안 마루방에 무릎을 꿇고 앉아 있었다. 요즘의 공기는 아무래도 야무진 데가 없어졌다. 소내(所內)의 공기에 벌써 익숙해진 때문일까? 아니면 해가 긴 초여름의 더위 때문일까? 운동장을 달리는 사람과 늦게까지 남겨져 특별 지도를 받는 사람이 늘어났다. 국어도 조금 할 수 있게 되었고, 몸도 조금은 부드러워져 다소 요령을 알게 되었기 때문에 오히려 꾀를 배웠을지도 모른다.

이와시로가 오래 결석을 했다. 도망을 쳤다는 소문이 들렸다. "나도 도망칠까!" 이일선이 푸념을 했지만 확실히 말하지 않을 뿐 일부 다른 사람에게도 태만과 무기력이 아지랑이처럼 솟아오르고 있었다. 쉬는 시간이 되면 곧장 줄줄 조선어로 이야기하기를 하거나 교관의 험담을 낙서하는 등 처음의 긴장은 점점 옅어져갔다.

그즈음이었다.

어느 날 대마봉재전 앞에 소생을 정렬시키고 함께 배례를 하고 나서 소장은 천천히 단상에 올라 엄숙하게 입을 뗐다.

"춥고 추운 북쪽 끝, 애투(attu - Aleutian 열도 서쪽 끝의 섬으로 1942~43년간 일본군이 점령했었음 : 역자) 섬을 지키고 있는 2천의 황군이 옥쇄(玉碎)했다. 지휘관 야마자키(山崎) 대좌 이하 군속에 이르기까지 2천의 정령이 불덩이가 되어 적진에 쳐들어가 용맹스러운 최후를 마쳤다. 게다가 불행히 다쳐서 적을 쓰러뜨릴 수 없던 사람들은 모두 사전에 자결했다."

소장의 목소리는 점점 떨렸으며 격렬하게 복받치는 오열을 참고 있었다.

"10배쯤 되는 적을 맞아 싸우길 20여일, 일본 남자의 면목을 잘도 발휘해 절해의 고도를 계속 지키면서, 한 명의 군인의 도움도 청하지 않았다. 결국 최후라고 여겨지자 칼집에서 뺀 칼을 휘두르며 적군을 마구 베고 베어, 아름답게도 야마토(大和) 벚꽃으로 져갔다. 이 충혼 2천의 원수를……"

격정을 이기지 못하고 소장은 목메어 울었다. 침착한 눈에서 주르르 떨어지는 눈물을 닦으려고도 하지 않고 흐트러진 목소리를 가라앉히고 주먹을 꽉 쥐었다.

"이 원수를 우리들은 꼭, 꼭 반격하지 않으면 안 된다. 결코 2천 동포의 죽음을 헛되게 해서는 안 된다. 먼저 야마모토 원수(元帥)의 전사 소식과 또 여기에 황군 2천의 옥쇄(玉碎) 소식을 들은 이때, 우리들의 가슴은 찢어질 뿐이다."

조용히 목소리를 삼키고, 희미한 숨소리조차 들리지 않는다. 교관 이하 60 여명의 마음이 하나로 녹아든, 긴 순간이었다. 소장은 잠깐 동안 말을 멈추고 마음을 가라앉힌 뒤 흥분을 억누르며 이야기를 계속했다.

"이 원수는 너희들이 갚지 않으면 안 된다. 천자님의 마음을 이해하지 못하고 쳐들어오는 자들은 단호히 쳐부수는 것이 우리나라 신대(神代)로부터의 가르침이다. 일상 속에서 우리들의 작은 동작까지도 모두 천자님의 마음을 알리기 위한 동작이라고 나는 믿고 있다. 그렇기 때문에 우리들은 기쁘게 나날을 보내고 있고 쇼와 황대(皇代)에 태어난 행복에 빠져 있다. 하물며 총을 잡고 적을 쏘는 사람의 광영은 얼마나 큰가? 말로 표현할 수 없는 것이다. 너희들은 정말로 행복하다. 고마운 일이다. 머지않아 천황폐하의 부르심을 받아, 폐하를 위해서 직접 큰 전쟁에 참가할 수 있기 때문이다. 천황폐하의 마음은 신과 같은 마음이다. 어렵게 말하면 황국의 길이다. 늘 말하듯이 대동아의 여러 나라와 국민들이 즐겁고 친밀하게 살 수 있도록, 그리고 세계가 하나의 가족처럼 친하게 되도록 하는 크고 엄숙한 마음이다. 이것은 아마테라스오오미카미(天照大神)의 생각이며, 신대칠대(神代七大-쿠니노토코타치(国之常立)로부터 이자나키(伊耶那岐), 이자나미(伊耶那美)에 이르는 7대 12신을 지칭함 : 역자)신들의 생각이기도 하다. 그리고 또 대대에 걸친 천자님의 생각이기도 하다. 이 신들의 마음인 큰 길을 우리들 스스로 활개치고 걸으면서, 나아가고, 넓혀가는 것이 우리들의 기쁨이다. 현재 우리들이 싸우고 있는 대동아 전쟁은 그런 의미에서 신들의 마음에 의한 하나의 큰 조치이다. 이 조치를 위해 몸을 내던지고, 신들의 길을 알리기 위해 목숨을 바치는 것을 최상의 영광이라고 생각하고 있는 것이 일본인이다. 애투 섬의 2천 용사는 완전한 일본인으로서의 훌륭한 죽음이었다. 분명 최상의 기쁨으로 웃으며 죽었음에 틀림없다. 너희들은 그 원수를 무찔러야 한다. 꼭 그 원수를 무찌르기 위해서, 곧장 지금보다 두 배의 열정으로 연성에 힘쓰지 않으면 안 된다. 더욱 열심히 하는 사람은 꼭 천황폐하의 군인이 될 수 있는 기쁨의 날이 올 것이다……"

헤매고 있던 공기가 날아갔다. 저절로 몸이 긴장되는 것을 느끼며 무의식중에 주먹이 쥐어졌다. 소장의 이야기를 잘 이해했기 때문이 아니다. 이해하고 못 하고를 넘어 그대로 심장에 전해오는 전율이 있었다. 황제의 땅 북녘 끝을 지키다 아름답게도 옥쇄해 버린 숭고한 사실이 있다는 사실만으로도 많든 적든 소생들의 혈관에는, 스스로는 의식하지 못하지만, 격한 피가 흐르고 있었다.

신의 마음이라는 것은 어떤 것일까? 신들의 길이라는 것은 어떤 것일까? 생각해서 알 수 있는 것은 아니다. 그저 아는 것은, 거기에는 뭔가 멋진 것, 빛이 가득 찬 것, 편안한 것, 생을 넘어서는 가치 있는 것, 그런 것이 있을 것 같은 느낌이 든다는 것이다. 아니 분명히 있을 것임에 틀림없지만 희미하다. 안타까운 느낌이었다. 몽룡은 뭔가에 쫓기는 듯한, 중요한 일을 하다 남기고 왔을 때처럼 이상한 기분으로 다른 모든 사람들과 함께 기운찬 목소리로 군인 칙유를 봉송했다. 신이 무엇인가? 몽룡에게는 구름을 잡는 것처럼 매우 어렴풋한 이야기이다. 신의 마음을 모르면 군인이 될 수 없다는 건가? 그렇다면 자신은 낙제이다.

그러나 이런 일을 의식해서 생각해 본 것이 아니다. 문득 그저 그런 일이 머리를 스치고 지나갔을 뿐, 그 뒤로는 고작 연성을 받았을 뿐이었다.

국어 수업이나 교련에도 전에 비해 배가 된 진지함으로 임했다. 지도원들의 진지함에 압도된 때문만이 아니다. 그 이상으로 속에서 솟아오르는 뭔가가 분명히 있었다. 조선어로 하던 수다는 줄었다. 일단은 빈정거리는 이일선의 입이 무거워졌다. 91, 2%대를 오르락내리락 하던 출석률도 95%를 넘었다. 요즘 모내기로 바쁜데도, 간혹 이와시로만 나오면 100% 출석날이 계속되었다.

어느 날 밤 몽룡은 별 뜻 없이 거리로 나갔다. 그런데 의외로 이발소 안에 이와시로 삽룡의 모습이 슬쩍 비쳤다. 어! 하고 들어가 보니 역시 갑룡이었다. 어디에 가있었는지, 조금밖에 자라지 않은 머리를 이일선이 깎아 주고 있었다.

“어디에 갔다 온 거야?”

“이도령이 알 바 아니야!”

그러자 일선이 “K군(郡) 탄광에 가있었데.” 하고 말해 주었다. 정말 옛날에 하던 산 생활을 잊을 수 없었다는 것인가? “어째서 돌아왔어? 옛날 갱부 우두머리는 이제 안 되나 보지?” “바보 같이, 너, 사람 놀리기냐?” 무서운 기세로 노려보았다. 그러나 이내 차분한 목소리로, “역시 여기가 좋아.” 차근차근 이야기하기 시작했다. 옛날 생각을 하고 산으로 갔지만, 막상 가보니 옛날 기분은 아무데도 없었다. 탄갱 전사(戰士)라고 해서 온 산이 마치 전쟁하는 것처럼 기를 쓰고 있어, 결코 주정뱅이나 불량배의 소굴이 아니었다.

거기에도 훈련소나 특별연성소가 있으며, 더군다나 남녀노소 누구나 일주일에 한 번은 연성을 받고 있어, 옛날을 생각하고 간 스스로가 오히려 부끄러워져, 역시 나도 언제까지나 무시근한 사람이어서는 안 된다고 생각했다는 것이다.

― 이야기를 듣고, 아, 그래서 돌아왔구나 하고, 뭔가 시대의 큰 일을 깨달은 듯한 막연한 느낌 속에 이걸로 좋아, 뭐가 좋을까, 어쨌든 그런 안심이 가슴에서 생겼다.

다음날 이와시로는 소장 앞에 불려가 어둑해질 때까지 엄청 훈계를 받았다. 그가 나오자 소생들이 와! 하고 둘러싸 왁자지껄 떠들썩하게 서로 이야기를 했다. 그런데 이번에는 몽룡이 불려갔다. 무슨 일인가 하고 조심조심, 그러나 큰 목소리로 “나가모토 몽룡, 왔습니다!” 하고 소장 앞에 서자, 거기에는 그 외에도 4, 5명이 더 와 있었다. “너희들은 내일부터 갑반으로 가.” 의외의 말을 들었다. 그리고 “다른 사람의 눈을 속여서는 안 된다."고 말했다. 이것도 역시 아버지 덕분인지도 모른다. 몽룡은 아픈 허리를 문지르고 있을 아버지의 모습을 떠올렸다.

5

이모작이 끝나고 농가가 조금 숨을 돌리는 틈을 타서 열흘간의 합숙 훈련이 시작되었다. 마침 학교가 여름 방학에 들어가서, 교사를 이용한 여러 가지 훈련을 하기에도 좋고, 지도원도 아동에 쏟는 힘을 그대로 이쪽에 쏟을 수 있어서 좋았다.

전원이 침식을 함께 하면서 더 철저한 생활 훈련을 통해 겉만이라도 군인 정신 터득에 힘쓰려고 했다.

식료품 일절과 식기, 침구 등은 각자 지참하였다. 교실을 정리해서 잠자리를 만들었다. 램프를 달아 야간학과 훈련에 대비했다.

아침 5시 나팔소리에 맞춰 기상, 바로 일조점호, 군인 칙유 봉송으로 하루는 시작되어, 체조, 세수, 청소를 하고 6시 반 아침 식사, 8시부터 훈련을 하여 12시 점심 식사, 2시까지 낮잠, 2시부터 6시까지 훈련, 6시 반 서닉 식사, 8시까지 정좌(正坐) 훈련 훈화 또는 군가 연습, 8시 반 일석점호, 9시 소등 — 대체로 하루 생활은 이렇게 짜여졌다. 그 사이에 식사·취사·청소·물집번 능 당번 근무 훈련도 짜서 65명을 세 반으로 나누고 반장은 지도원이 맡았다. 그것은 대단한 패기로 3일 정도는 눈 깜짝할 사이에 지나갔다. 이런 생활에 전혀 경험이 없는 소생들은 일종의 군중 심리와 호기심에서 들뜬 기분으로 처음은 아이처럼 떠들어 대었다. 그렇지만 그런 호기심이 오래 계속될 리가 없었다. 차게 자서 설사를 하는 사람이 하나씩 나오기 시작했다. 나흘째부터는 피로가 급격히 소생들을 덮쳤다. 더위도 더위지만 목이 말라 몰래 물을 마시기도 했다. 밤에는 모기도 극심했다. 게다가 시간을 정한 규율 생활이 뭐라고 해도 제일 자극되는 것 같았다. 지금까지 시간이라는 것과 교섭 없이 살아온 대부분의 사람한테 익숙해지기까지 역시 제일 서툰 것은 시간일지도 모른다. 5시 기상 나팔이 울려도 쿨쿨 코를 골아 반장으로부터 세게 엉덩이를 맞는 사람도 많았다. 9시에 소등을 해도 12시 가까이까지 잠들지 못해 괴로워하고 있는 사람도 많았다. 그렇다고는 해도 이런 생활의 변이에 의한 괴로움보다는 훈련의 격렬함으로 인한 피로가 더 괴로웠다. 그러나 괴롭다 괴롭다하면서도 불평하는 사람은 아무도 없었다. 모두 열심이었다. 타는 듯한 더위 속에 빛나는 태양이 요물처럼 춤추고, 하루 종일 땀에 젖자 현기증이 났다. 우향우, 앞으로 가, 좌향좌, 앞으로 가, 똑같은 것을 몇 십 번, 몇 백 번 반복하는 동안 지도원은 물론 소생들도 돌처럼 묵묵히 임해 괴롭다거나 즐겁다는 생각조차 할 여유가 없었다. 매일 매일이 그런 식이었다. 학과 시간이 되어, 어휴 살았다 하고, 책상을 앞에 둔 순간 맹렬한 졸음이 한꺼번에 덮쳐, 교관의 주먹으로 맞는 일이 종종 있었다. 스스로 눈꺼풀을 꼬집어보거나 머리를 두드려 보거나 해도 좀처럼 쉽게 깨지 않는다. 저녁 식사 후 정좌 훈련도 힘들었다. 무릎이 펴지지 않아 서자마자 쓰러지는 사람이 많았다. 그러나 유쾌한 시간도 있었다. 군가 연습 시간이다. 적은 몇 만이 있어도 모두 오합지졸이다. 힘껏 목소리를 높여 부르자, 가슴이 후련해지고, 뭐라고 말할 수 없는 기분이 들었다.

차게 자서 설사를 하는 사람, 말라리아에 걸린 사람, 그 중에는 일사병으로 쓰러지는 사람 등 사고자가 나왔지만, 들일로 단련된 농촌 청년들이라서 대개는 건강하고, 튼튼하게 모두 잘 버텨냈다.

마지막 이틀은 행군이었다. 여기에서 남쪽으로 1리, 신천(新川)이라는 역으로 가서, 거기에서 철도갓길을 똑바로 나아가, 약 7리의 길을 T마을로 간다. T마을 시내를 견학하고 북으로 꺾어, 거기에서 시골길로 들어가, 팔봉산(八峰山) 기슭을 크게 우회해, 그날은 해룡사(海竜寺)라는 산사에서 머문다. 다음날 새벽, 산사를 출발, 바로 팔봉산 절정에 다다라, 거기에서 산을 향해 배례하고, 아침 식사를 끝내고 곧장 귀교한다.—— 대체로 이런 계획인데, 대략 20리의 노정이었다. 될 수 있는 한 짐을 가볍게 꾸려야 한다고 해서 삼시 세끼 분의 주먹밥을 짊어진 것 외에 아무것도 몸에 지니지 않았다.

병이 있는 사람은 말하라고 해서 6명이 남게 되었다. 나머지 59명은 겨우 길을 걷는 것쯤이야, 하며 큰소리를 쳤다. 게다가 T마을을 볼 수 있다는 기쁨까지 더해, 대단히 힘 있는 체 했다.

아침 5시 출발. "많은 떨기의 벚꽃인가 옷깃의 색, 꽃은 요시노(吉野)에 세차게 불고, 야마토 남자로 태어났다면, 산병선(散兵線-산개(散開)로 이루어진 전투 대형의 선 : 역자)의 꽃으로 져라."(加藤明勝가 쓴 시에 永井建子가 곡을 붙인 군가「歩兵の本領」: 역자) 군가에 맞추어 기운 찬 걸음이었다. "너희들은 아무것도 가지지 않고 걸으니까 기운에 찬 얼굴이지만, 군인은 총과 배낭 뿐만 아니라 무거운 것을 짊어지고 하루 10리, 20리 길을 걸어간다." 히라카 교관한테 그런 말을 듣고, 무슨 우리들도 하루 10리나 20리는 거뜬하다며 웃었다. 아침 길이 즐거웠다. 복장만은 제각각이었지만 이렇게 대열을 정돈해 행진해 보니, 역시 지금까지 4개월 동안 애 쓴 것이 헛수고는 아니었다고 생각되었다. 왁자지껄하여 야무진 데라고는 도무지 찾아볼 수 없는 사람들로밖에 보이지 않던 것이, 이제는 벌써 어엿하게 하나의 의지로 융합되어, 늠름한 아름다움까지 느끼게 했다.

"지금은 기운차지만 나중이 되면 지칠 거야. 낙오하지 않도록 마지막까지 버텨야 해."

히라카 교관이 주의를 주었다. 신천역에서 잠깐 휴식. 큰길을 똑바로 서쪽을 향해 걸었다. 해가 높아질수록 점점 더워져 슬슬 갈증을 호소하는 사람이 나왔다. 더위는 급속도로 심해졌다. 딱딱한 포장도로가 달아올라 여름의 더운 기운을 푹푹 내뿜었다. 짚신 아래로부터 열기가 그대로 발바닥에 전해져 현기증이 났다. 이제 군가를 부르는 사람은 없었다. 슬슬 이야기에도 싫증났다. 모두 땀을 흠뻑 흘리고 있었다. 조금만 있으면 대열조차 흐트러질 것 같다. 목이 타는 듯한, 심한 갈증을 참을 수 없었다. 세 번째 짧은 휴식이 끝난 뒤 일어설 때에는 말을 맞춘 것처럼 선 채로 머뭇거렸다. 햇볕에 그을린 새빨간 얼굴을 마주 보면서 이러려던 게 아니었는데 하고 아침의 힘을 떠올렸다. 이내 모두 하하 웃고 난 뒤, 이제 입이 없는 사람처럼 아래만 보고 계속 걸었다. 어찌할 수 없는 여름의 지독한 더위 지옥이다. 발이 아픈 것보다도, 목이 마른 것보다도, 후끈거리는 더위를 가장 견딜 수 없었다.

T마을 바로 앞에서 점심 식사를 마친 후 30분만 쉬었다. 드디어 T마을에 들어갔을 때에는 이미 마을을 볼 기운조차 없었다. "적의 성에 들어가는 것처럼 기운을 내." 하고 서로 격려하면서도, 삶긴 듯 빨갛게

익은 볼을 힘없이 옆으로 돌려 마을의 집들을 한 번 훑자 얼굴을 들 기력도 없어졌다. 아침부터 너무 떠들어서 정력을 다 쓴 때문인지도 모른다. 그 중에서도 몽룡은 특히 약해져 있었다. 2, 3일 전부터 설사를 하여 몸이 전반적으로 약해져 있는데다, 어젯밤은 불침번을 서 잠도 충분히 자지 못했기 때문에 신천역 앞을 지날 때부터 벌써 지쳐있었다. 뭐 이 정도쯤이야 하며 어렸을 때부터 지기 싫어하는 성격 탓에 열심히 따라온 것이다.

"약해진 사람은 여기에서 기차로 돌아가도 좋으니까 말해."

교관의 말을 들었을 때 무의식적으로 반쯤 올라가기 시작한 손을 깜짝 놀라 내렸다. 힘을 내야지 하며 스스로 다짐을 했다. 오후 3시, 느니어 시골길로 접어들어 팔봉산 기슭을 걸을 때에는 머리가 흔들거리고 눈앞이 가물거려서 멍하게 의식이 이상해지기도 했다. 따가운 태양의 직사는 없었지만, 숨 막힐 듯한 더운 풀숲에서 풍기는 훗훗한 열기도 대단한 것이었다. 끝도 없는 시골길은 문자 그대로 꾸불꾸불한 산길로 가도 가도 앞이 보이지 않았다. "교관님, 아직 멀었습니까?" 끈질기게 몇 번이나 물어서 야단을 맞기도 했다. 20년이나 우러러보며 자란 이 팔봉산이 이렇게나 큰지는 미처 몰랐다. 돌고 돌아도 역시 팔봉산 기슭이라고 한다.

겨우 산사에 도착한 것이 8시쯤이었을까? 산 중턱에 있는 절에 도착하자마자 들맹이처럼 몸을 내던졌다. 하지만 밥만은 욕심을 내어 가득 밀어 넣었다. 방에 들어가는 것조차 귀찮았다.

밤중에 세 번이나 변소를 갔다. 다음날 아침 엉덩이를 차여서 눈을 뜨자 몸의 마디마디가 아프고, 막대처럼 다리가 경직되어 도무지 움직일 수가 없었다. 그러나 이를 악 물고 일어나자, 벌써 다른 사람은 어두운 뜰에서 왁자지껄 출발 준비를 했다. 제기랄, 낙오할 성 싶으냐, 까칠까칠한 입을 물로 헹구자 머리는 다소 맑아졌지만 열이 났다.

캄캄한 숲속이었다. 담쟁이덩굴이 바위를 기고, 가시나무가 뒤엉켜 전혀 짐작되지 않는 산길을 눈 앞 사람의 흰 옷깃을 유일한 의지로 삼아, 반은 기어오르는 "정글전이다." 선두에서 농담을 하는 히라카 교관의 말은 듣고 있을 때가 아니었다. 어디를 어떻게 오르고 있는지 "절벽이다, 주의해!" 몇 번이나 선두에서의 목소리가 들렸다. 발이 걸리고 걸려, 나무뿌리를 잡고 위로, 위로, 오를 생각만 머리에 가득 했다. 앞으로 꼬꾸라져서 지금이라도 덜컥 구부러질 것 같은 다리를 힘껏 딛고 디뎌 "질 성 싶으냐, 질 성 싶으냐." 스스로도 의식하지 못하고 이런 각오를 마음속에서 분명히 하고 있었다.

어느 정도 올라갔을까. 대충 날도 새려는 즈음, "조금만 가면 된다, 힘내라!" 누군가가 외친 그 목소리에 힘을 얻은 것일까? 몽룡의 뒤를 따라 오르고 있던 한 사람이 갑자기 발을 재촉해서 몽룡을 제친 그 순간에 몽룡은 털썩 쓰러지더니 그대로였다. 어떻게 해도 움직일 수가 없었다. 일어나려는 의식은 분명히 있었지만, 몸은 조금도 생각대로 되지 않았다. 이래서는 안 된다, 이래서는 안 된다고 생각하고 있는 동안에 주위는 인기척이 없는 조용함에 빠지고, 일행도 한 사람 없는 선뜩한 바위 그늘에 쓰러진 채, 극히 일순간, 졸다, 깜짝 놀라 정신을 차렸을 때, 바위 그늘의 어둠 속에 희게 빛나는 것이 있었다. 이런 한여름에 눈(雪)이었다. 과연 상당히 오른 것 같다. 정상은 바로 저기일 것이다. 딱딱한 눈덩이를 하나 입에 집어넣자 깜짝 놀랄 정도의 차가움이 배에 스몄다. 비로소 맹렬한 갈증이 일었다. 욕심껏 눈을 급히 먹었다.

어느 정도 기운을 차린 다리를 뻗어, 자, 하고 바위 위에 기어오르자, 몽룡은 이상한 것을 보았다. 파도처럼 크고 작은 기복이 있는 군산(群山)의 장관이 아니다. 지금이라도 새빨간 구름을 끓어오르게 하여 소용돌이치게 하면서 올라오는 태양의 신성함도 아니다. 옅은 우윳빛의 아지랑이 사이로, 멀리 아래의 작은 산의 습곡을, 희미하게 희게 실과 같은 것이 기어오르고 있는 것을 본 것이다. 처음은 환상인가 생각했다. 그러나 갑자기 이상하게 눈에 들어온 그것을 자세히 보니, 아버지가 허리를 불구로 만들면서까지 바위산을 파서 뚫은 길이었다. 그 길을 알아본 몽룡은 깜짝 놀라 가슴을 치는 듯한 충격을 느꼈다. 그 삼등도로를 수리하기 위해 아버지는 매일 한 번씩은 읍내까지 1리를 왕복했다. 멍하게, 가만히, 그 실과 같은 것을 내려다보고 있자, 이윽고 그것이 띠처럼 크게 보이기 시작했다. 점점 크게, 그것은 산의 습곡을 기어올라, 이윽고 하늘에 퍼져 강처럼 크게 군산을 덮었다. 이렇게 생각하자, 희고 가느다란 길이 하늘 가득히 거미집을 만들어, 사통팔방, 마치 그물코를 엿보는 것 같다. 그리고 또 그것은 큰 강과 같은 한 줄기 광대한 길로 모여, 몽룡은 활개를 치고 그 속을 행진하는 연성소생 65명의 보무(步武)를 보았다. 이것이 늘 듣던 신의 마음이라는 것일까? 우리들은 어느 틈엔가 신의 길 속에 있는 것은 아닐까?

몽룡은 꿈꾸는 듯한 모습으로 바위 위에 우뚝 서 있었다. 갑자기 "어이, 몽룡, 빨리 올라와!" 하고 아래로부터 말을 듣지 않았으면 언제까지 그렇게 하고 있었을지도 모른다. 말을 듣고 깜짝 놀라 제정신이 들었다. 아, 환상을 보고 있었구나! 내 머리는 어떻게 된 건지도 모른다.

그러나 머리는 아무렇지도 않았다. 시원스러운 말로 표현할 수 없는 편안함이 있었다.

"너도 낙오한 거냐?" 아래에서 쳐다보는 일선에게 웃어보였다. 두 사람은 나란히 산을 올랐다.

표고(標高) 4천척의 팔봉산의 정상은 바로 저기였다.

다시(ふたゝび)

오쿠히라 슈이치로 奧平修一郎

나의 얼굴에 어떤 특징도 없는 것처럼, 나의 지금까지의 지내온 내력은 구립 강습소를 나온 이래 15년 동안 단지 하급관리의 길을 걸어왔었다. 그렇지만 나는 오늘날 편안하고 안정된 관리생활로부터 조그만 조합 서기로 눈을 질끈 감고 뛰어 들었다. 앞으로 내 작품의 우수함이 나온다고 한다면 내가 선택한 길에서, 나의 인간으로서의 새찬 탈피가 지속되었기 때문일 것이며, 나 자신의 진정한 소설은 지금부터 쓸 수 있을 것이라고 자부한다.

1

이 이야기는 될 수 있으면 마사오(正男)에게 확실하게 자신의 눈앞에서 거절하게 하고 싶었다. 그렇지만 그것을 마사오에게 강요하는 것은 뭔가 뒤가 켕기는 기분이었다. 그렇다고 해서 신키치(信吉) 자신이 상대의 말을 거절할 수 있는 입장도 아니었기 때문에 마음속에 깃들어오는 한 줄기 분노의 감정을 참으며, 다시 바른 지 얼마 되지 않은 장지의 흰색에 눈을 돌려 가을 아침의 쌀쌀함을 가만히 느끼고 있었다.

이 기분은, 급사 취직자리도 구해 이제부터 본인의 새로운 생활도 시작되려는 와중에, 갑자기 상대에게 마사오를 빼앗기는 것에 대해 화가 나는 것이기도 했다. 그렇지만 그보다 더 근본적인 것은, 짧은 세월이긴 하지만 그 사이에 거두고 있던 마사오에 대한 애정과 신키치들에게는 전혀 생각하지 못한 상대의 출현에 기인한 것이다.

그날 아침 집 앞 청소를 하고 있던 마사오가 난폭하게 뒷문을 열더니 뛰어 들어왔다.

"누구야?"

심하게 연 문 소리에 깜짝 놀라 부엌에 있던 수미(寿美)가 얼굴을 내밀자, 마사오가 대빗자루를 안은 채 거친 숨을 쉬며 우두커니 서 있었다.

"무슨 일이야?"

"………"

"마사오, 무슨 일이야?"

마사오는 갑자기 바로는 대답을 할 수 없다는 듯 가만히 집 앞 쪽의 낌새를 살폈다. 누군가에게 쫓기어온 것 같았다.

"무슨 일이냐고?"

수미의 엄한 목소리에 옆방에 있던 신키치도 조간에서 눈을 떼고서는 가만히 귀를 기울였다.

"수, 숙모가 와요."

겨우 마사오가 대답했다.

신키치는 마사오의 말을 듣더니 움찔했다. 불길한 예감이 들었다. 바로 데리러 온 것이구나 하고 생각했다.

"실례합니다."

그 때 현관에서 남자의 목소리가 들렸다.

"어쨌든 아저씨가 계시는 곳에 가 있어."

수미는 그렇게 마사오한테 말한 뒤 천천히 현관으로 나갔다. 아내도 자신과 마찬가지로 똑같은 것을 느꼈구나 하고 신키치는 생각했다.

"마사오!"

하고 불렀다.

"……"

평상시에는 늘 "예 —"하고, 어디에 있더라도 바로 대답을 하는데,

오늘 아침은 가만히 방으로 들어왔다.

"데리러 온 게 아닐까?"

웃으면서 말한 신키치의 말에 깜짝 놀란 듯 마사오는 신키치의 얼굴을 쳐다봤다. 그러나 이내,

"저요?"

하고 금방 울 듯한 얼굴이 되었다.

"여보!"

수미가 그 때 현관에서 신키치를 불렀다.

"그런가?"

신키치는 마사오의 기분을 알 것 같았다.

"네가 돌아가고 싶지 않다면 돌아가지 않아도 돼. 이쪽으로 와서 화롯불이라도 쬐고 있으려무나."

신키치는 아직 눈을 내리깐 채로 우뚝 서있는 마사오한테 말을 건네고서는 천천히 현관으로 나갔다.

현관에서는 아내가 온 몸으로 적의를 보이며 앉아 있었다. 신키치는 아내의 긴장된 뒷모습을 보니 이상하게 오히려 안정되었다.

"무슨 일이야?"

신키치를 보자 현관에 서 있던 두 사람의 방문자가 꾸벅 머리를 숙였지만 신키치는 모르는 체 했다.

"마사오를 찾아왔어요."

"마사오?"

신키치가 다시 두 사람 쪽으로 몸을 돌렸다.

"예. 실은 댁에 쿠니야마 마사오(国山正男)가 와 있다고 하던데요."

젊은 남자가 한 발자국 나서면서, 내성적인 성격인 듯 보이는데, 능숙한 국어로 끼어들었다.

그 뒤에 우두커니 서있던, 아이를 업은 한복 입은 중년 여인은 신키치와 눈이 마주치자 조금 멈칫했지만, 바로 힘차게 다시 서서 가볍게 머리를 숙였다. 그것은 뭐라할까, 무척 뻔뻔스러운 느낌을 주었다.

"당신은?"

신키치는 이 두 사람이 부부가 아니라면 부모, 자식 사이인가 하고 생각했다.

"친척입니다."

젊은 남자가 대답했다.

"친척이라면?"

"그렇습니다. 이 사람이 마사네(正根), 쿠니야마 마사오의 숙모입니다."

"그럼, 당신은?"

"저 말입니까? 저는 이 사람을 따라온 사람입니다."

"그래요?"

신키치는 가볍게 대답을 했다.

"드리면 어떻겠어?"

하고, 수미에게 말했다.

"네?"

수미는 아직 노골적으로 적의 섞인 태도를 보이고 있었다.

"어쨌든 출근까지 그다지 시간이 없으니 빨리 이야기를 해 주십시오. 그리고 당신은 빨리 식사 준비를 해 줘."

하고 말하자,

"자."

그 젊은 남자를 재촉하여 신키치는 먼저 손님방으로 갔다.

"여보!"

수미가 뒤따라 쫓아가서 신키치를 식당으로 불러들였다.

"저 사람들에게도 아침 식사를 줘요?"

하고 부루퉁했다.

"저 사람들 얘기에 달렸지. 하지만 가능한 한 안 주는 것이 좋겠지."

"그렇다면 괜찮지만."

수미는 바로 손님방으로 가더니 두 사람에게 방석을 권했다.

이야기인즉슨 역시, 이번에 어떤 공장에 마사오가 채용이 되어서 데려가고 싶다는 것이었다.

"어때?"

그 이야기를 다 듣고 나더니 신키치는 마사오를 보았다.

마사오는 슬쩍 숙모를 보더니 그대로 눈을 깔았다. 겁내고 있구나라는 생각이 들었다. 그런 마사오의 태도를 보고서는 신키치는 그 숙모에 대해 반감을 가졌다.

"확실히 하지 않으면 안 돼! 어쨌든 네 생각에 달렸으니까, 싫으면 싫다고 말하면 되는 거야."

"그래요, 마사오!"

젊은 남자는 신키치의 말에 조금 당황하는 기색으로 말하더니,

"이봐, 이홍선(李洪善)을 알고 있지? 게다가 박영근(朴永根), 김광희(金珖熙), 모두 이번에 간다고, 게다가."

라고 말하며 빠른 말투의 조선어로 뭔가를 말했다.

"자네!"

신키치는 강한 어조로 그것을 가로막았다.

"중요한 이야기 중이오, 국어를 쓰시오!"

라며 노려보았다.

젊은 남자는 조금 얼굴을 붉히더니

"죄송합니다."

라고 말했다.

신키치의 말에 반발이라도 하는 듯, 지금까지 가만히 있던 숙모라는 그 중년의 여자가 마사오에게 말을 걸었다.

"이 사람은 국어를 모릅니다."

그 젊은 남자는 신키치에게 미리 양해를 얻더니,

"돌아와. 그러면 야학에도 다니게 해주고, 네가 원하는 대로 해줄 거야. 더욱이 여동생 정희(貞姬)도 이번 정월에는 한 번 다니러 오겠다고 했답니다."

라고 통역해 주었다.

신키치는 거짓말 하지 말라고 속으로 말했다. 그리고 지금에사 아무리 그렇게 말한들 모두 거짓말임에 틀림없다고, 마사오로부터 들은 그 즈음의 이야기를 떠올리면서 그 뻔뻔스러움에 화가 더욱더 신키치의 마음 밑바닥에서 솟구쳐 올랐다.

2

마사오가 신키치의 집에 온 지 벌써 3개월이 지났다.

처음 마사오를 거두게 된 것은 순화(順化) 병원에 근무하는 친구 요시지마(吉島)가 놀러 와서, 어때, 내 병원에 귀찮은 소년이 한 명 있는데 거두어 주지 않겠냐고 말한 데에서 비롯되었다.

귀찮은 소년이라고는 하지만 특별히 불량스럽다는 것은 아니었다. 무료 치료 환자로 입원을 했는데 병이 다 나았어도 고아라서 갈 데가 없어 간병인 등의 심부름을 하며 그대로 질질 병원에 붙어 있는 소년이었다. 병원에서도 언제까지니 그런 식으로 그냥 둘 수는 없고, 그렇다고 갈 데도 없는데 쫓아낼 수도 없다는 것이었다.

신키치네는 요시지마와 같은 대가족도 아니고 부부 둘만의 생활이었다. 생활도 마음만 먹으면 요시지마의 말처럼 소년 한 명 정도 거두지 못할 배도 아니다.

"어때?"

신키치가 수미를 보자,

"그렇군요, 하지만 병원이 병원이라서 말이죠."

하며, 슬쩍 요시지마를 보더니 킥킥 웃었다. 그렇지만 그것은 그다지 찬성하는 배도는 아니었다.

"미안하군."

요시지마는 머리를 긁적이더니 바로,

"그 점은 염려마세요. 제가 책임지죠. 게다가 본인의 병도 아주 가벼운 파라티푸스였거든요."

"바보, 그런 걱정을 하고 있으면 아무것도 되지 않지 않는가?"

"하지만."

"사실 제수씨가 말한 대로 병원이 병원인지라 무리도 아니지만, 하지만 거둔다고 하면 만전을 기해서 책임은 지겠습니다."

"아니, 괜찮아."

신키치는 친구의 진지한 눈을 보자, 더 이상 요시지마에게 말하게 하는 것은, 뭔가 자신이 잘난 체 하는 것 같아 마음이 편치 않았다.

"정말로 친척도 없이 경성에 와서 어떻게 하려고 했던 걸까요?"

"고학(苦学)할 작정이었데요."

"어머!"

"그게 말이죠, 태어난 곳은 군산(群山)인 것 같은데, 거기에서 걸어서 경성까지 왔다는 군요."

"어머!"

"올 때는 영등포(永登浦)에 형이 있다는 친구와 함께 둘이서 걸어왔다고 합니다. 그런데 친구 형 집에 도착한 날 밤부터 심한 열이 나더니만 좀처럼 내리지 않자, 이상하다 싶어 세브란스 병원 무료치료 하는 곳에 진찰을 받으러 오게 된 겁니다. 그런데 파라티푸스 진단을 받고난 뒤 곧장 저희 병원으로 이송된 것입니다. 제법 머리가 좋은 아이에요. 제수씨 어쨌든 한 번 보러 오세요."

"네!"

"아니, 가지 않아도 돼. 좋은 기회인데 내일이라도 좋아. 데려오도록 하지."

"어머, 하지만 4, 5일 뒤로 해 주지 않으면, 이것저것 준비도 필요해요."

"그렇겠지요. 어쨌든 부탁합니다."

요시지마는 익살스럽게 수미에게 머리를 숙였지만, 결코 눈은 웃고 있지 않았다.

그 다음날 관청으로 요시지마가 전화를 걸어왔다. 그런데 아이는 이미 오늘부터 병동으로는 보내지 않기로 했기 때문에, 제수씨한테도 그렇게 말을 해서 안심시켜 달라고 했다.

"그럼 내일이라도 데리러 가지."

"아니, 재촉하는 게 아니야, 그저."

"아니, 알고 있어."

신키치는 그렇게 말하면서 기왕 거둘 것이면 역시 빠른 편이 좋다, 준비 같은 건 어떻게든 될 것이라고 생각했다.

그날 밤 그 일을 수미에게 말했다. 그런데 꽤 당황해 할 것이라고 예상하고 있었는데,

"그래요? 그럼 내일 점심 때쯤 다녀올까요?"

하며 태연하고 침착하게 말했다. 그것을 보자 오히려 신키치 쪽이 약간 불안해졌다.

"준비는 괜찮아?"

"어떻게든 될 거예요."

수미는 자리에서 일어나 보자기를 가져왔다. 안에 소년의 옷부터 속옷까지 깔끔하게 준비되어 있었다.

"본인도 보지 않았는데, 이런 옷이 맞을까?"

"맞지 않으면 바꿀 수 있어요."

"그래, 준비가 너무 잘 되었는걸! 별로 내켜 하지 않았잖아?"

"하지만 당신이 서두르니까, 반드시 일이 이렇게 될 거라고 생각했어요. 다행이에요."

그리고 이것은 속옷, 이것은 상의, 하는 식으로 하나하나 신키치에게 보이면서, 그것들을 다시 꼼꼼하게 무릎 위에서 접어갔다. 신키치는 그것을 보고 있자니 이제부터 뭔가 소년과의 새로운 생활에 꿈같은 즐거움이 느껴졌다.

"이것이 모두, 정말 자신의 아이 것이라면 말이죠."

수미는 갑자기 생각난 듯 신키치를 보더니 쓸쓸한 얼굴을 했다. 신키치는 갑작스러운 수미의 말에 낭패감을 느꼈으나 이내 그것을 속으로 감추었다. 그리고 그런 것은 아무래도 좋다는 얼굴을 지었다. 그러나 신키치는 결혼 후 5년이 지나 서른둘이나 되고 보니 내심 어떤 쓸쓸함은 있었다. 그리고 그것을 가장 잘 알고 있는 사람도 역시 수미일지도 몰랐다.

"미안해요."

수미는 보자기를 다 싸자 쓸쓸한 얼굴로 일어났다.

신키치는 애매한 표정을 지으면서 양 손가락을 깍지 낀 채 뚝뚝 관절을 꺾었다.

다음날 수미는 마사오를 데리러 갔다.

돌아와 보니 현관 옆쪽에 아이의 검정 운동화가 깔끔하게 놓여있었다. 신키치는 와있구나 하고 생각하자 즐거웠다.

"다녀오셨어요?"

마중하러 나온 수미의 뒤에서 열넷치고는 작은 듯한 소년이 호기심

이 가득한 얼굴로 우뚝 서있었다. 신키치와 시선이 마주치자,

“다녀오셨어요?”

하고, 확실히 머리를 숙였다.

“어때. 언제쯤 왔어?”

“예, 점심쯤에 왔습니다.”

“그래?”

신키치는 소년의 작은 얼굴을 쥐듯 하며, 문득 수미가 ‘병원이 병원이라서’라고 했던 말을 떠올리며 쓴 웃음을 지었다. 그런 것까지 이 소년에 대한 어떤 친근한 친밀감으로 되는 것 같았다.

그날 밤 신키치는 여러 가지 것을 물어보았다. 묻는 말에 마사오는 척척 대답을 했지만, 결코 자신이 먼저 쓸데없는 것은 말하지 않았다.

아버지가 그물을 던져 고기를 잡다가 익사했다고 했다. 아버지 사후에는 숙부가 거두어주었는데, 그 날로 이미 어머니는 어디 먼 곳으로 가버려, 단 하나 뿐인 여동생도 어쩔 수 없이 봉사에 나가게 되었는데, 가있는 곳을 알 수 없다며 눈물을 글썽였다.

“그럼 넌 경성에 와서 무엇을 할 작정이었느냐?”

“공부를 하고 싶었어요.”

“공부는 숙부님이 계신 곳에서도 할 수 있지 않느냐?”

“……”

그러니 마사오는 그것에는 대답을 하지 않고, 가만히 고개를 숙였지만, 그 모습은 이상하게 애처로웠다.

“학문을 해서 장래 뭐가 될 작정이냐?”

“지, 전기기사(電気技師)가 될 겁니다.”

그 말투는, 고향에서 아버지를 잃고 나서의 여러 가지 슬픈 추억이 신키치와 이야기하고 있는 동안에 뜨거운 물처럼 끓어올라서, 어린 가슴이 벅차오는 말투였다. 울 것 같은 얼굴을 꾹꾹 참으며, 덤벼들 것 같은 어조였다.

신키치도 소년의 뜻밖의 말투에 놀랐지만, 그것보다도 전기기사가 되고 싶다는 말에 한층 놀랐다.

“그래, 그렇게도 전기가 좋으냐?”

“네, 게다가 이제부터는 전기의 세상이라고 선생님께서 말씀하셨어요.”

“그런가? 선생님이 말이지.”

신키치는 그렇게 말했지만 소년의 너무나도 실제적인 꿈이 쓸쓸했다.

“국민학교는 몇 학년까지 다녔느냐?”

“6학년 2학기 조금입니다.”

“그것 참 아깝구나.”

신키치는, 어째서 졸업을 하지 않았느냐 라는 말이 목구멍까지 나왔지만 소년의 어두운 기억을 다시 캐는 것 같아서, 생활하면서 차차 알 수 있을 것이라고 생각해서 그만두었다.

3

이제는 아침에 일어나면 현관부터 집 주위 청소는 거의 마사오의 일이 되었다. 그렇지만 신키치의 집에 온 다음 다음날 아침, 수미보다 일찍 일어나 밥을 지으려고 해서 수미에게 심하게 야단을 맞은 적이 있다.

그것은 신키치의 집에 온 다음날 아침 수미와 함께 일어난 마사오는 수미의 아침 일을 하나하나 보고 있었던 모양이다. 그 다음날 아침에는 수미보다도 먼저 일어나 흙으로 만든 풍로에 불을 피워 밥을 짓고 있었던 것이다.

"어머 뭐하고 있니?"

수미는 그것을 보자 전혀 예기치 못한 낭패감에 화가 나서,

"남자가 바보처럼!"

하고 야단쳤다.

신키치는 그 목소리에 깜짝 놀라 귀를 기울이니,

"어머, 나와 주렴."

하고 말하는 위태로운 수미의 다음 말에 잠자리를 떨치고 가보았다. 그러자 부채를 든 마사오가 부엌 풍로 앞에 맥없이 고개를 떨어뜨리고 있었다.

"무슨 일이야?"

"밥을 짓고 있잖아요."

수미는 그렇게 말하면서 한심한 눈으로 신키치를 돌아보았다.

"뭐야? 밥을 짓고 있었다고? 그런 일은 남자 아이가 할 일이 아니야. 그런 일보다 집 앞이라도 청소를 하는 게 좋아."

"예!"

마사오는 그렇게 말을 듣더니 안심한 것처럼 신키치를 보았다.

날이 지남에 따라 마사오는 신키치의 책장에서 낙치는 대로 소설책

을 빼내어서는 열심히 읽었다.

"이해하겠느냐?"

신키치가 묻자 마사오는 말없이 부끄러워했다.

"있잖아요, 정말로 괜찮을까요? 저렇게 소설책만 읽어서."

수미는 괜찮다고 하는 신키치의 말이 믿을 수 없다는 듯 걱정스러운 얼굴을 했다. 그렇지만 신키치는 뭐든지 좋다, 쉴 새 없이 책을 읽는 것에 대해서는 그런 불안을 느끼기 전에 좋은 일이라고 생각했다.

마사오가 숙부들의 일을 수미에게 이야기한 것은 신키치의 집에 와서 1개월이나 지나서였다.

"마사오의 숙부님이라는 사람 말이에요, 대단한 사람이에요."

어느 날 관청에서 돌아오자, 수미는 신키치가 옷을 갈아입는 것을 거들면서 말했다.

"대단하다니, 어떤 식으로 말이야?"

"어떤 식이라니, 도깨비 같아요."

"그래? 도깨비 같다고?"

"웃을 일이 아니에요."

"마사오한테 무슨 이야기를 들은 거야?"

"네!"

수미는 말없이 잠시 있더니만 말을 이어갔다.

"마사오가 여동생의 일을 자주 우리들한테 이야기하잖아요. 그 여동생이 봉사하러 간 것은 국민 학교 4학년 때래요. 불쌍하게도 말이에요. 그 여동생이 단 한 번만 봉사하는 데서 돌아온 적이 있대요. 하지만 마사오는 결국 만나지 못했대요. 숙부가 만나게 해주지 않았대요. 그리고 여동생은 그날 밤 무척 꾸중을 들었답니다. 맞고 있는 소리에 눈을 떴는데, 처음에는 누가 숙부한테 야단맞고 있는지 몰랐기 때문에 가만히 숨을 죽이고 있었답니다. 그런데 아무래도 점점 여동생 같은 느낌이 들어서 깜짝 놀랐을 때, 꾸중이 계속 되고 있는 상태에서 또 맞는 소리가 나자, 오빠! 하고 부르는, 필사적인 울음소리를 들은 거예요. 아, 정희구나 생각이 들자, 벌떡 잠자리를 박차고 일어났대요. 그러자 옆에 자고 있던 조부가,

"마사오! 가지마라."

하면서 가는 손을 뻗어 마사오를 말렸는데도 마사오는 벌써 필사적으로 목소리 쪽으로 박차고 일어나고 있었대요. 마침 문을 잠그고 있던 숙부가,

"뭐 하러 일어났어!"

하고 무서운 눈으로 노려보았대요. 마사오는 그 숙부가 무서워서 목구멍까지 나오던 여동생의 이름을 부르지 못하고 그 자리에 못이 박힌 듯 가만히 있었대요. 그러자,

"안 자?"

하고 또 고함을 쳐, 마사오는 고개를 떨어뜨린 채 방으로 들어갔지만, 눈물이 뚝뚝 떨어져 견딜 수가 없었답니다. 그리고 조부의 여윈 몸에 매달려서, 가만히 울음소리를 참으며, 밖에서 새어 나오는 듯한 여동생의 울음소리를 열심히 귀를 기울여서 들으려고 했대요. 다음날 아침 일찍 마사오는 밖으로 나와 봤지만 벌써 여동생의 모습은 근처에 없었다고 해요. 이야기 도중에서 마사오도 울기 시작했지만 나도 덩달아 울어버렸어요."

신키치는 마사오가 자주, 여동생은 감을 좋아했다든가, 2학년 때 운동회 도보경주에서 1등을 했다든가, 이런저런 일에서 자주 여동생을 연상하는 느낌이 처음으로 수긍이 가자, 심야에 여동생의 울음소리를 가만히, 자신의 울음소리를 참고 계속 들었던 슬픈 모습이 측연하게 가슴을 울리는 것이었다.

"진짜 숙부인데도 너무해요. 마사오 아버지가 죽자 마사오 일가는 숙부 집에서 거두었는데, 조부는 그 때 병으로 몸져누워 있었대요.

마사오는 매일 학교가 끝나면 겨울 온돌에 땔 장작을 다른 사람의 산으로 주우러 가야했는데, 주운 것이 적으면 저녁밥도 주지 않아, 자주 조부가 자신의 밥을 먹여 주었대요. 미안한지 알면서도 배가 고파서 그것을 먹지 않을 수 없었답니다. 허겁지겁 먹으면서 조부를 보면, 조부는 눈에 가득 눈물을 머금고 자신을 보고 있었대요.

조부는 종일 멍하게 누운 채 천장을 보고 있었는데, 입버릇처럼 자신이 죽으면 봉사든 뭐든 좋으니까, 어디든 멀리 가라고 말했대요.

아무도 없을 때 딱 한 번 마사오는 조부의 몸을, 물을 뜨겁게 끓여 닦아준 적이 있다는데, 무척 여윈데다가 새까만 때가 뚝뚝 벗겨지듯 나와, 조부가 결국 목 놓아 울기 시작했대요. 그 때 네 어머니는 목포(木浦)에 있다고만 말해 주었대요."

지금 그 숙모가 야학에도 보내주겠다는 말에 신키치는 아내로부터 들은 그 즈음의 이야기가 연상되어, 숙모의 속이 훤히 보이는 말의 비천한 근성에 역겨운 반감을 느끼는 것이었다.

4

마사오는 돌아간다고도 어쩐다고도 하지 않고, 숙모의 말을 듣고 있었다. 그런데 굳어진 표정 속에서 어떤 하나의 감정의 소용돌이가 흐르기 시작한 것을 신키치는 느끼고 있었다. 그것은 고향에 대한 사모의 마음도 있었겠지만, 그것보다도 더 강한 마음으로 평소의 여동생에 대한 애정이 조금씩 퍼져, 정말로 정희와 만날 수 있을지도 모른다고 생각하기 시작했을 것이라고 신키치는 생각했다. 그리고 이제 이력서만 내면 되면 되게 되어 있는 마사오의 취직 일이 마음에 걸렸지만 어쩔 수 없다고 생각했다.

원래 취직은 마사오가 자신의 본적지를 알고 있으면 벌써 결정되었을 일이다. 그런데 마사오가 중요한 그것을 몰라서 바로 숙부한테 그것을 물어 보았다. 그리고 함께 조회한 학업증명서는, 마사오의 담임이었던 카나타니(金谷) 선생님이 마사오의 그러한 가정 사정과 함께 본인의 성격 등을 자세히 쓴 의뢰 편지를 동봉해 바로 보내주었다.
그 편지와 함께 마사오한테도 한 통 편지가 왔는데, 그것에는 졸업식에는 꼭 학교에 나오라는 것이었다. 그런데 이미 마사오가 숙부 집에서 나갔기 때문에, 언젠가 마사오의 행방을 꼭 알 수 있을 것이라고 생각해, 졸업증서는 담임이 가지고 있었다고 한다. 부지런하고 정직하게 일해서 정희의 아버지를 안심시켜드리지 않으면 안 된다는 말이자세히 써여 있고, 졸업증서도 동봉되어 있었다.

마사오는 그 편지를 몇 번이나 거듭해서 다시 읽었다. 그 뒤에도 생각이 나면 바로 이 편지를 읽고는, 수미에게 자주 선생님에 대한 자랑을 했다. 그러나 뭐라 해도 체념하고 있던 졸업이 훌륭하게 되어 있었던 것은 마사오에게 세상에 대한 비소감(卑少感)을 얼마나 덜어주었는지 몰랐다.

숙부에게는 그로부터 두 번 정도 편지를 더 보냈지만 한 통의 답장도 없었다. 그래서 결국 신키치도 속을 끓이다가 그 일도 또 선생님께 부탁을 했다. 그런데 이번에는 좀처럼 답장이 오지 않았다. 그리고 2, 3일 전 겨우 답장이 왔다. 병 때문에 고향에 귀성 중이었는데 학교에서 편지가 회송되었기 때문에, 답장이 매우 늦었다고 사과를 하면서, 머지않아 학교에 갈 작정이니까, 그때까지 기다려 주었으면 좋겠다는 정중한 답장이었다.

신키치는 바로 취직자리에 그 편지를 보였다. 그리고 기다린 김에 조금만 더 기다려 달라고 부탁한 지 얼마 되지 않았는데, 그것을 거절하게 된다면 매우 오랜 동안 불편을 참고 기다려 준 것인 만큼 그 일이 우울했다.

"이 사람이 뭐라고 하는지 모르겠지만, 도저히 나는 이 사람이 말하는 것을 신용할 수가 없어."

신키치는 그렇게 말하고 젊은 남자를 보았다. 그렇지만 사실은 옆에 앉아 있는 마사오에게 들려주는 말이었다. 신키치가 힐끗 마사오를 보니 마사오는 고개를 숙인 채였다.

"여동생이 정월에 돌아온다니, 정말인가?"

"글쎄요, 정말이라고 생각합니다."

"정말이라고 생각한다니, 자네는 그 일을 확실히 모르는 건가?"

"그렇습니다, 잘 모릅니다."

"근처에 살지 않나?"

"근처에 삽니다."

"그렇다면, 정월에 돌아올지 어떨지 정도는 짐작이 가겠지?"

물고 늘어지는 것 같은 신키치에게 젊은 남자는 기가 죽어서인지 눈을 내리깐 채,

"모릅니다."

하고 대답했다.

"당신, 늦어요!"

수미가 그 때, 식당에서 얼굴도 내밀지 않고 신키치를 불렀다.

"응!"

신키치는 그래도 아직 단념하지 못하고,

"그럼 관청 일도 있고 해서 이걸로 나는 실례하겠지만, 대체 자네는 마사오가 돌아가는 편이 행복한지, 돌아가지 않는 편이 나은지, 어느 쪽이라고 생각하나?"

가만히 바라보고 있는 신키치의 시선을 피하듯 젊은 남자는,

"저는 모릅니다."

하고 낮은 말로 대답했다. 신키치는 상대로부터 냉대를 받은 모습이었다.

"돌아갈 마음이라면, 돌려보내면 되지 않아요."

식당으로 나온 신키치에게, 수미는 화가 난 듯 말하니,

"마사오, 밥 먹어!"

하고 차가운 목소리로 불렀다.

"예!"

마사오가 방에 들어오자, 3명이 함께 아침 식탁을 둘러싼 채 묵묵히 밥을 먹기 시작했다.

5

절반은 이미 체념한 기분으로 나중의 일을 수미에게 부탁하고 신키치가 현관에서 신발을 신고 있자니, 그때까지 잠자코 배웅을 나와 있던 마사오가,

"아저씨!"

하고 불러 세웠다.

신키치는 그 말에 깜짝 놀라서 오히려 거꾸로,

"돌아갈래?"

하고 스스로도 느낄 정도로 부드러운 얼굴이 되어 있었다.

"예!"

"그러니, 그럼 돌아가는 편이 낫겠지?"

신키치는 여기서 말리는 것이 상대에게 진 것 같은 기분이 들었다.

"돌아가도록 해줄까?"

"네!"

수미는 힐끗 마사오를 보더니,

"바보구나."

하고 말했다.

"아무것도 못해주었지만, 가서 나쁘면 다시 와야 된다."

신키치는 지갑에서 5원짜리 지폐를 꺼내더니, 필요없습니다라고 말하며 눈물을 가득 담고 있는 마사오에게, 억지로 쥐어 주었다.

"받아두어라. 아주머니는 아무것도 못해주니까. 하지만 정말로 돌아간들 좋을 것 없어."

"이제 그런 말은 하지 마! 애써 돌아갈 결심이 섰으니까!"

신키치는 초조해져 오는 자신의 기분을 꾹 누르는 듯 조용히 현관문을 열었다.

"아저씨."

마사오가 불러 세운 뒤 뒷모습에 대고,

"화내지 마세요, 저는."

하며, 목 놓아 울기 시작했다.

"바보로구나, 우는 녀석이 어디 있니."

신키치는 밖으로 나가자 쫓기는 듯이 쭉쭉 큰 걸음으로 길을 걸어가면서, 왜 자신은 더 강한 태도로 그 녀석을 말리지 않았을까, 어떻게 해서라도 말리지 못한 것이나, 그 숙모한테 언제나 자신을 부담스러워하는 느낌을 심어 주었어야 하지 않을까 라는 후회가 여러 가지로 생각나서, 관청에서도 그 일만 신경 쓰였다.

관청에서 돌아와 보니 사람이 하나 줄어든 집안은 지금까지 느껴본 적이 없었을 정도로 쓸쓸했다.

"사람이 하나 줄어드니 쓸쓸하네."

"그런가요?"

수미는 그렇게 말하며 신키치의 눈을 피했다.

"언제 갔어?"

"그 때 그러고는 바로요."

수미는 신키치가 옷 갈아입는 것을 거들지도 않고, 멍하게 뒤에 서있었다. 이 사람도 쓸쓸한 것이라고 신키치는 생각했다.

"돈은 좀 줬어?"

"네, 20원 정도 줘놓았는데, 도중에 그것도 뺏기지 않을까요?"

"글쎄."

신키치는 허리를 다 매자, 책상 위의 석간을 집어들고 식당으로 들어갔다.

"정말로, 당신이 확실히 더 해두셨으면 좋았어요."

"어떤 식으로."

"정말로 우리가 있는데도 속여서 데려가 버린 것 같은 걸요."

"속기야 했을라고? 우리가 그 아이한테 돌아가라든가, 돌아가지 마라든가 할 권리가 없잖아."

"권리라든가 의무라든가 그런 것보다, 마사오는 어린 아이니까, 그 아이가 행복해지도록 잘 대해 주면 되는 거예요."

"그런 말을 한들 무슨 소용이야. 그 아이가 돌아갔으니까 불행해 질 거라는 말은 할 수 없어. 게다가 본인이 돌아간다고 했으니까, 정말 어쩔 수 없잖아?"

"하지만."

"뭐가 하지만이야. 어쨌든 그런 이야기보다 밥이나 줘."

신키치는 자신의 약점을 찔린 듯해서 발끈하더니, 거칠게 신문을 옆에 던지고 식탁을 향했다.

돌아간 마사오로부터는 기다리던 편지는 물론 엽서도 오지 않았다.

"어떻게 된 걸까요? 엽서라도 괜찮은데, 도착한 것 쯤은 알려주면 좋은데 말이죠."

수미는 돌아간 마사오의 일이 상당히 신경 쓰이는 것 같았다.

"어떻게 해줬는데, 그런 아이는 안 돼!"

신키치는 그렇게 말은 했지만 마음으로는 마사오를 미워하지 않고, 역시 수미와 함께 계속 소식을 기다리고 있었다. 그리고 엽서 한 장 보내지 않을 아이도 아닐 것이라고, 이상하게 마사오가 돌아간 일이 어이없었다.

결국 마사오로부터 아무런 소식도 없었다. 그리고 그 해에는 대동아 전쟁이 발발하고, 해를 넘기자 가을에는 수미도 아기를 낳게 되어, 전쟁과 이기의 일로 신키치 부부는 이미 마사오의 일 같은 건 완전히 잊어버리고 있었다.

6

그 해 11월에 들어서, 갑자기 생각이 난 것처럼 마사오로부터 편지가 왔다.

"다시 오고 싶다고라도 해?"

수미로부터 편지 이야기를 듣자, 이제 와서 제멋대로구나 하는 마음이 들었다.

"그게 아니고요. 역시 고생하고 있는 것 같아요."

수미는 그렇게 말한 뒤 연필로 쓴 봉투를 가져왔다.

아저씨!

아주머니!

잘 지내시리라 믿습니다. 저는 그로부터 쭉 숙부와 함께 공장에 다니고 있습니다. 그런데 이번 달을 마지막으로 우리들이 하고 있는 공장일도 끝이 나서 우리도 그만두게 된다고 합니다. 그러나 숙부는 계속해서 일할 수 있도록 부탁해준다고 합니다.

오랫동안 격조해서 정말로 죄송합니다. 오늘 공장에서 돌아오는 길에 카나타니 선생님을 만났습니다. 무척 그리웠습니다. 하지만 아저씨와 아주머니에게 한 번도 편지를 쓰지 않은 일로 심하게 꾸중을 들었습니다. 저도 늘 걱정하고 있었습니다만, 급료를 모두 숙부가 관리를 해서, 우표를 살 수 없었습니다. 선생님께서 1원을 주셔서 바로 그걸로 우표 16장을 살 수 있었습니다. 이제부터는 자주 편지 보내겠습니다.

아저씨와 아주머니께 돌아올 때 받은 돈은 돌아오는 길에 숙모가 모두 맡아두겠다면서 가져갔습니다. 하지만 저는 아무렇지도 않습니다. 그저 빨리 어른이 되고 싶습니다. 그리고 훌륭한 지원병이 되어 미운 미국과 영국을 무찌를 작정입니다. 그때까지 저는 열심히 몸을 단련하겠습니다. 그저 여동생이 온다고 했기 때문에 그것만을 기대하고 돌아왔습니다만 결국 올해 정월에도 오지 않았습니다. 있는 곳도 가르쳐주지 않습니다. 이것만이 안타깝습니다. 숙모의 아이한테 물어도 제가 집을 나가고 나서 한 번도 온 적은 없다고 합니다. 거짓말쟁이입니다.

그러나 저는 속아도, 어떻게 되더라도 괜찮습니다. 자신만은 니노미야 킨지로(二宮金次郎-에도시대의 사상가(1787-1856)로, 가난한 농민출신이었지만 학업으로 출세한 인물이면서 황무지 개척과 농촌재건에 탁월한 수완을 발휘한 농정가임 : 역자)처럼 바른 길로 나아가, 빨리 훌륭한 군인이 되어, 천황폐하께 충성을 다하고 싶습니다.

편지는 이것으로 끝나 있었다. 천진난만한 듯한 글이었는데, 완전히 단념한 듯한 쓸쓸함이 느껴져, 그것이 자신의 책임이라고 신키치는 생각했다.

"매우 심하군! 역시 돌려보내는 것이 아니었어."

"정말로 한 번 더 불러 오면 어떨까요?"

"부르는 것은 좋은데 어떻게 그 일을 마사오에게 알릴까가 문제야."

직접 그런 일을 마사오한테 말할 수 없을 것 같았다.

"하지만 저 번의 그 선생님께 부탁하면 어떨까요?"

"카나타니 선생님 말이야?"

"네. 꼭 어떻게든 해주실 거예요."

"그래, 그렇게 해볼까?"

부탁을 하면 분명히 형편에 맞게 마사오를 위해서 노력해 줄 것으로 신키치도 생각했다.

그날 밤 신키치는, 만약 경성으로 본인이 오고 싶은 의사가 있으면 급히 알려 주기를 바란다고 써서 마사오로부터 온 편지까지 동봉했다.

다음날 아침 편지를 보내면서 뭔가 간절히 빌고 싶은 마음까지 들었다. 그런데 그 편지의 답장은, 신키치의 예상과 달리 좀처럼 오지 않았다.

"안 되는 걸까요?"

"그럴 리가 없어. 마사오를 만날 수 없는 것일 거야."

"그렇다면 다행이지만." 수미는 어두운 얼굴을 했다.

편지를 보낸 지 딱 보름 쯤 지났을 때였다. 신키치가 아침밥을 먹고 있자니,

"야마세(山瀨) 씨, 전보입니다."

현관문이 열렸다.

"전보?"

신키치는 잠시 머뭇거렸지만, 바로 젓가락을 놓고 나가 보니 역시 신키치의 예감대로 카나타니 선생님으로부터 온 것이었다.

다시 마사오 부탁함/지금 출발 시켰음 카나타니

신키치는 그 전보를 보자, 지난 보름 동안의 카나타니 선생님의 고생이 직접 마음에 전해오는 듯 했다.

"정말로 잘 됐어요."

신키치는, 안심하는 아내를 보자, 이번에야말로 그 아이의 행복을 위해서 무엇이라도 해줘야 하겠다고, 그것이 자신들의 책임이라고 생각했다.

역자 노상래

경북 상주에서 태어났다. 영남대학교를 졸업하고, 동대학원에서 『카프 문인전향연구』로 박사학위를 받았다. 『한국문인전향연구』가 문화관광부 선정 우수학술도서가 되기도 했다.

요즈음은 해방 전 이중어소설 연구에 몰두하고 있다.

신반도문학선집 제2집

초판인쇄 2008년 2월 20일
초판발행 2008년 2월 28일

편자 이시다 코조(石田耕造)
역자 노상래
발행 제이앤씨
등록 제7-220호

132-040 서울시 도봉구 창동 624-1 북한산 현대홈시티 102-1206
TEL (02)992-3253 / FAX (02)991-1285
e-mail jncbook@hanmail.net / URL http://www.jncbook.co.kr

ISBN 978-89-5668-590-8 93810 정가 10,000원